clave

Sir Ken Robinson es experto en el desarrollo del potencial humano. Considerado «uno de los mejores pensadores mundiales sobre creatividad e innovación» por la revista *Fast Company*, ha colaborado con múltiples gobiernos europeos y asiáticos, entidades internacionales, empresas de primera línea, sistemas educativos y algunas de las organizaciones culturales de mayor proyección en el mundo. Durante doce años ejerció como profesor de educación en la Universidad de Warwick (Reino Unido), donde en la actualidad es docente emérito. Su famosísima charla TED de 2006 es la más vista en la historia de la organización con varios millones de visionados en más de ciento cincuenta países. Es británico de nacimiento, pero se trasladó a vivir a Los Ángeles con su esposa Terry y sus dos hijos.

Lou Aronica es autor de tres novelas y coautor de varias obras de no ficción entre las que se cuentan *El Elemento*, *Encuentra tu Elemento*, *Escuelas creativas* y *Tú, tu hijo y la escuela*. Vive en Connecticut con su esposa Kelly y sus cuatro hijos.

KEN ROBINSON
con LOU ARONICA

Tú, tu hijo y la escuela

Traducción de
Rosa Pérez Pérez

DEBOLSILLO

Papel certificado por el Forest Stewardship Council®

MIXTO
Papel procedente de
fuentes responsables
FSC® C117695
www.fsc.org

Título original: *You, Your Child and School*

Primera edición en Debolsillo: mayo de 2019

Printed in Spain – Impreso en España

ISBN: 978-84-663-4730-3
Depósito legal: B-7.638-2019

Impreso en Novoprint
Sant Andreu de la Barca (Barcelona)

P 3 4 7 3 0 A

Penguin
Random House
Grupo Editorial

Para James y Kate, con amor

Índice

Agradecimientos

Según reza una vieja leyenda, la única pregunta de un examen imperial de la China antigua era: «¿Qué sabe?». El candidato que daba la respuesta más larga obtenía el puesto de funcionario de la corte imperial. Cuando me propuse escribir un libro sobre educación para madres y padres, tuve una sensación parecida. La educación abarca tantos temas y las familias son tan diversas que tardé un tiempo en saber qué decir, de entre todo lo que se me ocurría. La respuesta, por supuesto, fue centrarme en lo que considero más importante y reconocer que, siempre que se abordan temas como estos, es imposible dejar a un lado los valores personales. Casi todo lo que expongo aquí se sustenta en investigaciones y experiencias profesionales y lo he tratado con la mayor objetividad posible. Parte de ello está influido, como es natural, por mi concepto de educación. Espero que quede claro qué es qué y por qué ambos aspectos son importantes.

Como la educación es un campo tan amplio, y nadie lo sabe todo, estoy profundamente agradecido a todas las personas a las que acudí en busca de consejo y quienes a menudo me sacaron de mi error en hechos objetivos y me libraron de caer en un atolladero. Como de costumbre, no puedo mencionar a todo el mundo o jamás terminaría, pero sí quiero nombrar a las siguientes, quienes me dieron expertos consejos sobre temas específicos: Lily Eskelsen

Garcia, Laura Gross, Bob Morrison, Andy Hargreaves, David Price, Peter Gamwell, Hadley Ferguson, Richard Gerver, Pasi Sahlberg, Kate Robinson, Anthony Dunn, Jerry Mintz, Elliot Washor, James Robinson, Cynthia Campoy-Brophy, Mitchell Bass, Michele Kinder y Heather Bryant.

Debo un agradecimiento especial a mi colaborador, Lou Aronica, por sus sabios consejos en la redacción y por encargarse de gran parte de las investigaciones, entrevistas y estudios de casos prácticos iniciales, en los que se basa este libro. Como de costumbre, doy las gracias a nuestro agente literario Peter Miller, por su incansable entusiasmo por mi obra y su incomparable capacidad para promocionarla. Gracias a Jodi Rose, por organizar mi agenda y mantener a la gente a raya cuando necesité más tiempo para escribir. De no ser por la experta guía de Kathryn Court, nuestra excepcional editora de Penguin Random House, y su excelente asistente, Victoria Savanh, no tendrías este libro en las manos. Sobre todo, doy las gracias a mi compañera de trabajo y de vida, Terry, por creer siempre en todo lo que hago y por apoyarlo sin vacilar. Gracias. Como siempre.

1

Situarte

Si tienes hijos en edad escolar, este libro es para ti. Mi objetivo es ayudarte a facilitarles la educación que necesitan para tener una vida provechosa y plena. Trabajo desde siempre en el ámbito de la educación. Con los años, he mantenido innumerables conversaciones con madres y padres sobre la escuela. También tengo hijos y sé por experiencia que ser padre es un reto además de un placer. La situación se complica cuando nuestros pequeños empiezan a ir al colegio. Hasta ese momento, nosotros hemos sido los principales responsables de su desarrollo y bienestar. A partir de entonces, los dejamos en manos de otras personas durante la mayor parte del día, a quienes concedemos que tengan una enorme influencia en su vida durante los años más cruciales de su formación.

Ver cómo tu hijo va a la escuela el primer día suscita diversas emociones. Esperas que tenga ilusión por aprender, haga buenas amistades y esté contento y motivado. Asimismo, es probable que sienta bastante temor. El colegio conlleva una nueva serie de relaciones. ¿Cómo reaccionará tu hijo ante sus profesores? ¿Verán estos lo que tiene de especial? ¿Qué hay de los otros padres y niños? ¿Superará los escollos sociales desconocidos hasta entonces o se tropezará con ellos? Cuando entra en la escuela ese primer día, no es de extrañar que notes un nudo en la garganta. Piensas que ya nada volverá a ser igual. No te equivocas.

Emma Robinson (no somos parientes) es profesora en Inglaterra. También es madre y sabe qué sienten los padres cuando dejan a su hijo en la escuela el primer día. Compuso un poema titulado «Querido profesor», que desde entonces han compartido miles de progenitores. Aquí tienes un extracto:

Sé que estás muy ocupado,
es el primer día, vaya follón.
Todos los pequeños son nuevos
y este de aquí es el mío.

Sé que lo tienes todo controlado
y que no es tu primera vez,
pero mi hijo es muy pequeño,
todavía no ha cumplido los cuatro.

Vestido de uniforme esta mañana,
¡qué alto y mayor se le veía!,
pero ahora, junto a tu fantástica escuela,
no sé si está realmente preparado.

Casi parece que fue ayer,
la primera vez que lo acuné.
Mi deber ha sido quererlo, enseñarle,
protegerlo de todos los males.

Cuando le doy un último beso
y lo miro mientras se aleja,
sé que ya nunca volverá a ser completamente mío
como lo había sido hasta hoy.[1]

A los padres y madres siempre les ha preocupado dejar a sus hijos en manos de otras personas, pero hoy en día la escuela les causa incluso más preocupaciones. A muchos les exaspera lo que sucede en el ámbito de la educación. Les inquieta que haya demasiados exámenes y presión en las aulas. Les parece que el plan de estudios se ha vuelto restringido en exceso debido a recortes en programas importantes en las áreas de las artes, los deportes y las actividades al aire libre. Les intranquiliza que no traten a sus hijos como individuos y que los colegios no consigan estimular su curiosidad, creatividad y talento. Les angustia la cantidad de niños y niñas a los que diagnostican problemas de aprendizaje y medican para que mantengan la concentración. Les inquieta la posibilidad de que sus hijos sean víctimas de intimidaciones y acoso. Si estudian secundaria, les preocupa el coste cada vez mayor de los estudios universitarios y que no encuentren trabajo, vayan o no a la universidad. Más que eso, a menudo sienten que, como progenitores, no tienen poder para influir en nada.

ENFADO Y PREOCUPACIÓN

Hace poco, pregunté a la gente que me sigue en Twitter y Facebook cuáles eran sus mayores preocupaciones con respecto a la educación de sus hijos. En menos de una hora, centenares de personas de todo el mundo habían respondido. Bec, una joven madre que reside en Estados Unidos, hablaba en nombre de muchos cuando decía: «Las virtudes de los niños no se valoran y sus defectos se exageran. Sus notas son más importantes que su identidad». Kimmie, otra madre, preguntaba: «¿Descubrirán mis hijos su verdadero potencial y los orientarán hacia unos estudios que les gusten y apasionen?». Conchita escribió: «Tengo toda clase de inquietudes con respecto a mis dos hijas. Me parece que el sistema actual no las dejará brillar y que mi hija de diez años podría no recibir la ayuda que necesita para superar sus problemas de aprendizaje y ansiedad».

A Jon le preocupa que a los niños «les estén enseñando poco a poco a no disfrutar del aprendizaje: este es, por alguna razón, un duro rito de iniciación por el que todos estamos obligados a pasar sin que haya razones de peso para hacerlo. Es una guerra constante mantener viva esa chispa de curiosidad y placer por aprender cuando el sistema encorseta la educación y tiene una idea preconcebida de esta». Karin decía: «La educación está rota. Hay demasiada presión, demasiados exámenes, demasiadas exigencias, demasiado gregarismo. ¿Cómo podemos reiniciar el sistema? ¿Cómo podemos preparar a nuestros hijos para una vida radicalmente distinta de la vida para la que los prepara el sistema actual?».

A Carol le inquietaba que el «enfoque de que una sola fórmula sirve para todos, acordado por individuos que no deberían determinar la política educativa, está creando alumnos que son incapaces de pensar por sí mismos y tienen un miedo atroz al fracaso». La principal intranquilidad de otra madre era si las escuelas «enseñan a su alumnado a resolver los problemas de forma creativa. Los exámenes no aleccionan a los niños y niñas a ser pensadores versátiles». Tracey señala una cuestión alarmante para muchos padres: «Lo que más me preocupa es el hecho de que los responsables de la política educativa parecen mostrar poca consideración por las opiniones de los progenitores. La cultura imperante subestima estas opiniones en el mejor de los casos, y quienes toman las decisiones sobre el alumnado no tienen la menor idea de lo que verdaderamente ocurre en las aulas». Todas estas son inquietudes fundadas y, si las compartes, tu preocupación está justificada.

A veces, la educación se entiende como una preparación para

lo que sucede cuando tus hijos terminan la escuela: encontrar un buen trabajo o ir a la universidad. Esta idea tiene parte de verdad, pero la infancia no es un ensayo. Tus hijos viven en este momento con sus propios sentimientos, pensamientos y relaciones. La educación tiene que ocuparse de ellos en el presente, igual que haces tú. Quiénes serán y a qué se dedicarán en el futuro está muy relacionado con las experiencias que tienen hoy. Si tus hijos reciben una formación limitada, es posible que no descubran los talentos e intereses que podrían enriquecer su vida en el presente y servirles de inspiración para su futuro después de la escuela.

¿CÓMO PUEDE AYUDAR ESTE LIBRO?

Así pues, ¿cómo puede ayudarte este libro? Espero que te sea útil de tres maneras. La primera es mediante un análisis de la clase de educación que los niños necesitan en la actualidad y qué papel desempeñas como padre. Los progenitores piensan a menudo que sus hijos necesitan el mismo modelo de formación que ellos recibieron. Depende de cómo los educaron, pero, en general, lo más probable es que no sea cierto. El mundo cambia tan deprisa que la educación también necesita hacerlo. La segunda es mediante un análisis de las dificultades a las que te enfrentas cuando ayudas a tus hijos a recibir esa educación. Algunas de estas guardan relación con la política oficial en esta materia y otras, más generales, con los tiempos en que vivimos. La tercera es con un análisis de las opciones y de la capacidad de los padres para superar estas dificultades. Antes de continuar, permíteme hacer una serie de advertencias.

En primer lugar, este libro no es un manual sobre cómo ser buenos padres. Yo no me atrevería a escribirlo. Estoy seguro de que esto es un alivio para ti, porque, según parece, los demás sí se atreven. Desde Benjamin Spock hasta las madres tigre, ya soportas un bombardeo de consejos sobre cómo educar a tus hijos. Aparte de los consejos gratuitos de amistades, familiares y probablemente incluso de tus propios hijos sobre cómo hacerlo mejor, hay más de cuatro millones de blogs en la red y más de ciento cincuenta mil títulos en la categoría de libros sobre educación en las librerías en línea. No quiero bombardearte todavía más.

Mi mujer y yo tenemos dos hijos adultos y muchos parientes y amistades que son asimismo padres. Hemos pasado por muchas de las dificultades que tratamos aquí. También lo ha hecho el coautor de este libro, Lou Aronica, padre de familia numerosa. Sabemos que el peso que los progenitores llevan sobre los hombros no se aligera jamás. Siempre te preocuparás por tus hijos e intentarás ayudarles a abrirse camino en la vida. Nunca se deja de ser padre o madre. A veces puede ser duro, y hay momentos que son infernales. Este libro puede ser un alivio momentáneo de parte de ese peso. No habitamos en una realidad alternativa superior donde todos viven mejor que tú. Quiero proponerte una serie de principios para criar a tus hijos que son importantes en el ámbito de la educación y ampliamente respaldados por investigaciones y experiencias. No obstante, te aseguro que estoy en el mismo nivel que tú y que los consejos que ofrezco se basan en la perspectiva de quienes se han equivocado en más de una ocasión.

Este libro tampoco es una guía de buenas escuelas. A menudo me preguntan por colegios o sistemas concretos y si los recomendaría. No hay dos centros educativos iguales. Hay escuelas públicas magníficas y otras deficientes; lo mismo ocurre con las concertadas, las privadas y las alternativas. Mi respuesta siempre es la misma: visitar el centro y valorar si os conviene a tu hijo y a ti. Para hacerlo, necesitas tener una noción de qué se considera una buena escuela, y eso es lo que tratamos en este libro.

No estoy sugiriendo que una sola fórmula sirva para todos. Al contrario, no hay dos niños iguales y los tuyos no son distintos.

Tus propias experiencias y circunstancias influyen, como es natural, en tus opciones y prioridades para educarlos. Si crías tú solo a tu hijo en un barrio pobre, tus opciones son distintas a las de una persona que tiene asistenta y vive en una zona acomodada. Tal vez no estás en situación de elegir la escuela que quieres para tu hijo. La mayoría de los progenitores no lo están. Así que no tienes más remedio que aguantarte, ¿verdad? De hecho, no. Tienes opciones, y veremos cuáles son.

En general, mi objetivo es ofrecer consejos sobre qué se entiende por buena educación y qué puedes hacer para asegurarte de que tus hijos la reciban. Eso incluye recomendaciones para apoyarlos en su camino por el sistema educativo actual, o fuera de este si así lo decides. Estas son algunas de las cosas que podéis hacer los progenitores.

- Matricular a tu hijo en la escuela local y dejar que el centro se ocupe de todo.
- Participar en su formación manteniendo una relación fluida con el profesorado y apoyándole en casa.
- Participar más en la vida general de la escuela.
- Influir en la legislación educativa a través del consejo escolar local.
- Promover cambios haciendo campaña con otros padres y madres.
- Buscar otra escuela.
- Educar a tu hijo en casa.
- Aprovechar las posibilidades del aprendizaje en línea.

Si puedes escoger escuela, ¿cuál deberías elegir y por qué? En caso contrario, ¿qué deberías esperar de la escuela de tus hijos, y qué puedes hacer si no se adecua a tus necesidades? La decisión de qué camino tomar depende de varios aspectos, que trataremos en los siguientes capítulos. El primero es valorar qué funciones tienen las familias en general y en relación con la educación. El segundo es considerar el desarrollo global de tus hijos desde que nacen hasta que se convierten en jóvenes adultos. Es importante conocer cómo se desarrollan para saber qué clase de experiencias deberíais brindarles tú y la escuela y por qué. El tercer tema es la importancia de reconocer sus talentos, intereses y personalidad. El cuarto es preguntarte si la educación que tus hijos necesitan hoy puede o debe ser distinta de la que tú recibiste. El quinto aspecto es por qué hay tantos colegios que siguen sin ofrecer este tipo de formación y qué puedes hacer para cambiar eso.

APRENDIZAJE, EDUCACIÓN Y ESCUELA

Antes de entrar en materia, permíteme diferenciar tres términos, que aparecerán a menudo a lo largo del libro: *aprendizaje*, *educación* y *escuela*.

- *Aprendizaje* es la adquisición de nuevos conocimientos y destrezas.
- *Educación* es un programa de aprendizaje organizado.
- *Escuela* es una comunidad de personas que aprenden.

A los niños les encanta aprender; no siempre les gusta que los eduquen, y algunos tienen problemas graves con el colegio. ¿Cuál es la razón?

El *aprendizaje* es natural en los niños. Los bebés aprenden a una velocidad prodigiosa. En el caso del lenguaje, por ejemplo, en los primeros veinticuatro meses pasan de ser criaturas que gritan y gorjean a saber hablar. Es una hazaña y nadie, ni siquiera sus padres, se lo «enseña». No lo hacen porque no podrían. Aprender a hablar es demasiado complicado. ¿Cómo lo consiguen los bebés? Tienen una capacidad innata para ello y les encanta aprender. Escuchan e imitan a sus padres y otras personas que están con ellos. Tú los estimulas con tus sonrisas y regocijo, y ellos te estimulan con los suyos. Aprenden a hablar porque quieren y pueden. Con los años, adquirirán muchos otros conocimientos y destrezas de todo tipo solo por su afán de aprender: porque quieren y pueden.

Educación es una manera más organizada de abordar el aprendizaje. Puede ser reglada o no reglada, autónoma u organizada por otra persona. Puede ser en casa, en línea, en el trabajo o en otro lugar. Peter Gray es profesor investigador de psicología en el Boston College y autor de *Libres para aprender*. Los niños, afirma, «están perfectamente preparados, por naturaleza, para dirigir su propia educación. Durante la mayor parte de la historia de la humanidad, se han educado solos, al observar, explorar, cuestionar, jugar y participar. Estos instintos educativos siguen funcionando a la perfección en aquellos niños a quienes se les brindan las condiciones adecuadas para florecer».[2]

Una *escuela* es cualquier comunidad de personas que se reúnen para aprender juntas y unas de otras. Hace poco me preguntaron si creía que las escuelas continuaban siendo una buena opción. Lo creo, y la razón reside en que casi todo lo que aprendemos en la vida lo aprendemos de otras personas y con ellas. El aprendizaje es un proceso tan social como individual. La verdadera pregunta es: ¿qué clase de escuelas ayudan a los niños a aprender mejor? Muchos jóvenes detestan la educación no porque no quieran aprender, sino porque los rituales y rutinas de los colegios convencionales son un inconveniente para ellos.

Para la mayoría de nosotros, la principal experiencia con la educación reglada es la escuela de enseñanza primaria. ¿Qué imágenes te evoca el concepto de «escuela»? Si piensas en un instituto de secundaria, quizá visualices largos pasillos con taquillas, aulas llenas de pupitres con pizarras o pizarras digitales, un salón de actos con un estrado, un gimnasio, laboratorios de ciencias, un aula de música o un taller de arte y una cancha deportiva en alguna parte. Y ¿qué hay de lo que sucede ahí? Tal vez pienses en diversas asignaturas (unas más importantes que otras), horarios fijos, timbres y campanas, alumnos agrupados por edades que van de un aula a otra, trabajos, exámenes y actividades extraescolares. ¿Y si piensas en el parvulario o el centro de enseñanza primaria? Opines lo que opines de la escuela, lo cierto es que, si te desmayaras en alguna parte y recobraras el conocimiento en una de ellas, lo más probable es que enseguida la reconocieras como tal. Desde que se introdujo la escolarización de las masas en el siglo xix, las escuelas se han convertido en lugares reconocibles con un funcionamiento característico. En gran medida, muchos de sus rituales no se cuestionan porque son así desde hace mucho tiempo. Pero no todas lo son, y no hay nada que las obligue a ser de esa manera. El hecho de que tantos centros educativos sigan el mismo modelo estereotipado se debe a la costumbre, no a la necesidad. Describiremos distintos conceptos de escuela y veremos cómo las mejores crean condiciones en las que el alumnado se lo pasa bien aprendiendo y quiere darlo todo de sí. Es importante que tus hijos disfruten con la educación, por su bien y por el tuyo.

¿CUÁL ES EL PROPÓSITO?

Desde que aprenden a andar, la mayoría de los niños y niñas estadounidenses pasan unos catorce años en la escuela, cuarenta semanas al año, cinco días a la semana, durante una media de ocho horas diarias si se tienen en cuenta los deberes. La suma total son unas veintidós mil horas de escolarización, sin incluir aquí la universidad. Ese es más o menos el mismo tiempo que todos los conductores suizos pasaron en embotellamientos en 2016. Los suizos son un pueblo paciente, pero, aun así, eso es mucho tiempo. Esta cifra no cuenta el tiempo que dedicas a preparar a tus hijos para ir al colegio por las mañanas, a llevarlos, recogerlos, ayudarles con los deberes, asistir a actos y reuniones, ni todas las horas que pasas en embotellamientos a consecuencia de ello. ¿Qué esperas de esta ingente inversión de tiempo y energía? Para empezar, ¿por qué educas a tus hijos? ¿Qué esperas que la escuela les aporte? ¿Y a ti?

Según mi experiencia, casi todos los padres quieren que sus hijos aprendan sobre el mundo que los rodea, desarrollen sus talentos e intereses innatos y adquieran los conocimientos y destrezas que necesitarán para convertirse en personas cívicas y ganarse bien la vida. Estas son expectativas razonables. Nosotros las teníamos cuando nuestros hijos iban a la escuela, y nuestros padres las tuvieron cuando lo hicimos nosotros. Quieras lo que quieras, ¿qué clase de educación crees que necesitan tus hijos? Si consideras que una formación académica convencional respaldada por unas notas perfectas es lo mejor, puede que te equivoques. Aunque no pienses así, muchos responsables de la política educativa lo hacen, y eso es un problema. En mi opinión, ellos también se equivocan.

TODO SON CAMBIOS

Una de las razones por las que debemos modificar nuestro concepto de educación hoy en día reside en que el mundo en el que viven tus hijos es muy distinto de aquel en el que tú y tus padres crecisteis. Trataremos este tema en profundidad en posteriores capítulos, pero estas son algunas de las nociones básicas.

Las familias están cambiando. En la actualidad, el 60 por ciento de los niños de Estados Unidos viven en familias en las que su padre y su madre biológicos están casados. El otro 40 por ciento vive en situaciones muy diversas: solo con su madre, solo con su padre, con sus abuelos, con progenitores del mismo sexo, en una familia reconstruida, o en ninguno de los casos anteriores. El escenario es similar en muchos otros países. A propósito, por si tú o tu pareja os preguntáis si sois padres, haré una aclaración. Ante estos enormes cambios sociales, para el propósito que nos ocupa ser padres significa cumplir determinadas funciones más que tener un parentesco de sangre. Podéis ser o no los padres biológicos de vuestro hijo. Cualquiera que sea la situación, si sois los principales responsables del cuidado y bienestar de un niño en casa, sois padres.

Los niños están cambiando. Físicamente, los niños maduran más pronto que antes, sobre todo las niñas. Están sometidos a fuertes presiones sociales ejercidas por la cultura popular y las redes sociales. Experimentan graves niveles de estrés y ansiedad, relacionados en gran parte con la presión que sufren en la escuela. Cada vez llevan una vida menos saludable y más sedentaria. Por ejemplo, la obesidad infantil ha aumentado a más del doble en los últimos treinta años y más de cuatro veces en adolescentes.

El trabajo está cambiando. Las tecnologías digitales están trastocando muchos mercados de trabajo tradicionales y creando otros nuevos. Es casi imposible predecir qué clase de tareas desempeñarán los alumnos actuales dentro de cinco, diez o quince años, suponiendo que tengan siquiera empleo.

El mundo entero está cambiando. Seamos realistas, se producen cambios convulsos que azotan al planeta en todos los frentes: cultural, político, social y ambiental. La educación debe tenerlo en cuenta si ha de ayudar a tus hijos a abrirse camino, por no hablar de prosperar, en un mundo que cambia más rápido que nunca.

Evidentemente, los gobiernos son conscientes y trabajan sin descanso en salas de reuniones y cámaras constitucionales, intentando controlar lo que sucede en las escuelas. Con los años, la educación se ha convertido en un importante problema político, y tú y tus hijos estáis en el punto de mira.

¿Cuál es el problema?

Desde hace más de treinta años, gobiernos de todo el mundo invierten grandes cantidades de recursos en tentativas de reformar la educación y mejorar el nivel de las escuelas. Sus motivos son sobre todo económicos. Como las tecnologías digitales en particular han transformado los ámbitos del comercio y del trabajo a escala internacional, los responsables políticos han reconocido que la calidad de los sistemas de educación es crucial para la prosperidad y competitividad de los países. No se equivocan. Los problemas para ti y tus hijos radican en las estrategias que han adoptado para «mejorar» la educación. En muchos países, hay cuatro estrategias principales: *disciplinas STEM*, *exámenes y competencia*, *academicismo* y *diversidad* y *posibilidad de elegir*. En algunos países, concretamente en Estados Unidos, existe una quinta: *beneficios*. A primera vista, algunas de estas estrategias de reforma pueden parecer razonables. En la práctica, a menudo han fracasado con consecuencias preocupantes para muchos jóvenes y sus familias.

Disciplinas STEM

Quieres que tus hijos saquen buenas notas y encuentren un trabajo que encaje con sus talentos y les ayude a tener estabilidad económica. Los gobiernos quieren algo similar para el país, pero no piensan concretamente en tus hijos, sino en la población activa en su conjunto y en cuestiones de mayor envergadura como el producto nacional bruto. En consecuencia, han conferido especial relevancia a las disciplinas STEM (ciencia, tecnología, ingeniería y matemáticas; del inglés, *science, technology, engineering, mathematics*) en las escuelas con la clara convicción de que son las más importantes para el crecimiento económico y la competitividad. Sostienen que las innovaciones en estas disciplinas son las que impulsan en gran parte las economías modernas, y que las personas con los requisitos adecuados pueden optar a buenos empleos en estos campos.

Las disciplinas STEM son fundamentales en la educación, tanto en sí mismas como por razones monetarias. Pero los profesionales de la ciencia, la ingeniería y las matemáticas no son los únicos que hacen prosperar las economías. Estas dependen del talento de personas empresarias, inversoras y filántropos; también progresan gracias a la labor de diseñadores, escritores, artistas, músicos, bailarines e intérpretes. Apple es una de las compañías más prósperas del mundo. Su éxito no lo han impulsado solo expertos en ingeniería de software y programación, pese a lo indispensables que son, sino personas de múltiples disciplinas: narrativa, música, cine, marketing, ventas y muchas otras.

La obsesión con las disciplinas STEM ha reducido los recursos destinados a programas de humanidades y artes en las escuelas, los cuales son igual de importantes para el desarrollo equilibrado de tus hijos y la vitalidad de nuestras comunidades y economías. Se transmite a tus hijos el mensaje erróneo de que, si no dominan las disciplinas STEM, el mundo no los necesita, cuando de hecho lo hace, y mucho.

En 2011, el Grupo de Investigación Farkas Duffett (FDR; del inglés Farkas Duffett Research Group) encuestó a mil docentes de tercero de primaria a primero de secundaria que enseñaban en centros públicos de Estados Unidos.[3] El objetivo era reunir información sobre el comportamiento del profesorado y su manera de impartir clase. El sondeo pedía a los docentes que proporcionaran información sobre lo que sucedía en sus aulas y escuelas: qué hacían durante la clase; cómo influían los exámenes normalizados en su labor, y qué áreas del plan de estudios recibían más atención y cuáles menos. Según la mayoría de los encuestados, los colegios restringían el plan de estudios, dedicaban más tiempo y recursos a matemáticas y lenguaje y menos a arte, música, lengua extranjera y ciencias sociales. Todo el alumnado parecía afectado. La encuesta sugería que el plan de estudios estaba limitándose sobre todo en las escuelas de enseñanza primaria.

Bob Morrison es el fundador de Quadrant Research y un destacado experto en cómo influye la política oficial de Estados Unidos en los recursos destinados a las artes en las escuelas. Sostiene que una de las tendencias que se observa en todos los ámbitos a consecuencia de la insistencia en preparar al alumnado para exámenes es una disminución tanto de los viajes de estudio como de los talleres prácticos de artes. Cuando les preguntan la razón, los administradores escolares lo atribuyen casi de forma unánime a la falta de tiempo.[4]

La mayoría de los docentes encuestados creían que un plan de estudios amplio es fundamental para brindar una buena educación, y que los exámenes normalizados de matemáticas y lenguaje son la causa de la restricción del plan de estudios, y que el sistema de pruebas había provocado profundos cambios en la enseñanza cotidiana y la cultura escolar. Según opina el profesorado, poner el énfasis en las matemáticas y el lenguaje a costa de otras disciplinas ha tenido consecuencias. Nueve de cada diez docentes dijeron que, cuando una disciplina está incluida en el sistema de exámenes normalizados, las escuelas se la toman mucho más en serio. Dos de cada tres afirmaron que era más fácil obtener dinero para tecnología y materiales para disciplinas que van a examen.

Muchas personas educadoras y partidarias de enfoques educativos más equilibrados abogan por ampliar STEM y que incluya la A de las artes: STEAM. Me alegra que lo hagan. Las escuelas también deberían dar cabida a las humanidades: así que, ¿SHTEAM? ¿Y qué hay de la educación física? Ya ves cuál es el problema. La verdadera respuesta es tener un planteamiento de la educación bien concebido y sin acrónimos, y eso es lo que todos deberíamos exigir.

Exámenes y competencia

Muchos responsables de la política educativa inciden en la necesidad de mejorar el nivel académico de las escuelas. Es difícil no estar de acuerdo con esa ambición. ¿Por qué habría que empeorarlo? El método elegido suele ser la administración masiva de exámenes normalizados, a menudo con preguntas tipo test. Las respuestas se procesan con escáneres ópticos y generan aluviones de datos, fáciles de volcar en gráficas comparativas y tablas de clasificación. En concordancia con el énfasis en las disciplinas STEM, estos exámenes son sobre todo en matemáticas, ciencias y lectoescritura.

La introducción de los exámenes de alto impacto pretendía ser un acicate para mejorar el nivel académico. En cambio, se ha convertido en una tediosa cultura que desmoraliza a alumnado y profesorado por igual. En los años ochenta, los alumnos de secundaria estadounidenses contaban con que harían unos pocos exámenes en cada curso. No me refiero a un control sorpresa de vez en cuando: me refiero a exámenes de los que dependía que pasaran de curso y terminaran la etapa secundaria, o que fueran a la universidad y a cuál. Hoy saben que harán una serie de exámenes aparentemente interminable, curso tras curso, desde primaria (y a veces ya incluso en educación infantil), con presiones cada vez mayores sobre ellos y también sobre sus progenitores. No se llaman exámenes de alto impacto porque sí. Las notas que sacan tus hijos se utilizan para elaborar tablas clasificatorias de las escuelas, lo que puede influir en el sueldo de los docentes, en lo bien financiadas que están o en si no reciben ninguna financiación en absoluto.

Anya Kamenetz es una escritora y periodista estadounidense con un interés especial en la educación. También es madre. Corrobora la desmesurada importancia que las escuelas públicas conceden a los exámenes normalizados anuales. Las pruebas tipo test, despreciadas casi de forma unánime, señala, «se utilizan en la actualidad para decidir no solo los destinos de los alumnos, sino de sus profesores, centros, distritos y sistemas locales de educación enteros, aunque estos exámenes tienen poca validez cuando se emplean de esta manera». Como son determinantes para pasar curso y graduarse, «esto excluye a gran cantidad de minorías, los pobres, los que están aprendiendo lengua inglesa y los que tienen discapacidades de aprendizaje. Hacen las veces de rasero para medir el rendimiento del profesorado, a quienes se niega un puesto fijo o incluso se despide, en virtud de las notas de sus alumnos. Las escuelas que no alcanzan el rendimiento académico exigido son sancionadas, pierden puntos o cierran; los distritos y estados deben gestionar la realización de los exámenes y acatar las reglas o, de lo contrario, pierden miles de millones de dólares en ayudas nacionales a la educación».[5] Como dice Kamenetz, estas solo son las consecuencias más evidentes y directas de los exámenes; las consecuencias indirectas de juzgar nuestras escuelas con estos baremos repercuten en toda la sociedad.

La obsesión con los exámenes está convirtiendo muchas escuelas públicas, «en las que están matriculados nueve de cada diez niños estadounidenses, en lugares poco agradables. Las prácticas de examen, junto con los exámenes de prueba, diagnóstico y conocimientos, aumentan el número total de exámenes normalizados hasta treinta y tres al año en algunos distritos. La educación física, el arte, las lenguas extranjeras y otras materias fundamentales pierden terreno en favor de una mayor preparación en las materias troncales que van a examen [...] En distritos pobres, es incluso más probable que enseñar para aprobar los exámenes sustituya a las otras actividades que los alumnos tanto necesitan».[6]

Existe una mayor competencia por obtener plaza en determinadas escuelas y facultades, y las decisiones que toman los seleccionadores suelen basarse en las notas. Cada vez más pronto, el alumnado oye que obtener buenas notas es la clave para tener éxito en la vida y que un único desliz podría ser catastrófico. Saca mala nota en ese examen y no podrás ir a clases de nivel avanzado, y si no vas a esas clases, las universidades de élite no te tomarán en serio, y si no te aceptan en una de ellas, ya puedes ir olvidándote de encontrar un empleo decente y bien pagado. Este mensaje está plagado de errores, pero los niños y niñas lo reciben a diario por parte de la escuela y, a menudo, también de sus familias.

La cultura de los exámenes ha engullido miles de millones de dólares de los contribuyentes sin lograr una verdadera mejora del rendimiento escolar. Los niveles académicos en matemáticas, ciencias y lenguaje apenas han cambiado; tampoco lo ha hecho la clasificación internacional de Estados Unidos en estas disciplinas. Entretanto, están generando grandes tensiones para ti, tus hijos y sus profesores. Por cierto, a los docentes de ciencias, tecnología y matemáticas también les preocupa que la cultura de los exámenes acabe con el placer y la creatividad del alumnado en sus disciplinas.

Academicismo

La idea central de la reforma educativa reside en aumentar el nivel en la clase de aptitudes académicas que se requieren para obtener un título universitario. Los gobiernos animan a ir a la universidad al mayor número de personas posible, porque suponen que los graduados universitarios poseen las cualidades que las empresas necesitan y tienen más posibilidades de conseguir empleo que aquellos que carecen de estudios superiores.

La estrategia parece razonable, pero no está dando los resultados que se esperaban. Un título universitario ya no es garantía de un trabajo bien remunerado, en parte por la cantidad de titulados universitarios que hay en actualidad. Las empresas tampoco están contentas, y es a estas a quienes los políticos intentan complacer. Dada la velocidad a la que está cambiando el mundo laboral, el empresariado arguye que necesitan personas versátiles y capaces de acometer nuevas tareas y desafíos; personas creativas y que aporten ideas para nuevos productos, servicios y sistemas, y personas capaces de colaborar y trabajar juntas. Se quejan de que muchos jóvenes con titulaciones académicas convencionales no son versátiles ni creativos ni saben trabajar en equipo. ¿Cómo van a ser de otro modo? Han pasado años en el sistema educativo aprendiendo que el régimen de constantes exámenes premia la conformidad, el acatamiento y la competencia.

No se trata únicamente de un problema estadounidense. En 2016, el Foro Económico Mundial publicó un informe sobre las competencias clave que los trabajadores de todo el mundo necesitarán en 2020: creatividad, flexibilidad, colaboración, capacidad de trabajar en equipo e inteligencia emocional.[7] El foro reconocía que estas competencias tienen que cultivarse en el ámbito de la educación. El énfasis en los exámenes académicos también ha restringido los programas de formación técnico-profesional, que antes eran una útil vía de acceso al mundo laboral para muchos jóvenes cuyos intereses y capacidades no están reconocidos en las escuelas actuales.

Diversidad y posibilidad de elegir

En otra época, los padres y madres se limitaban a llevar a sus hijos a la escuela pública local. Hoy en día puedes elegir entre escuelas públicas, privadas, concertadas, virtuales y especializadas, o educar a tus hijos en casa o libremente. O quizá vives en un distrito que aplica un sistema de cupones. En sí mismos, los colegios que ofrecen alternativas a la educación pública pueden ser buenos o no, pero la consecuencia general de financiarlos ha sido un empobrecimiento de los recursos del sistema público y una reducción de las posibilidades de elegir para muchas personas. Tomemos el caso de los sistemas de cupones.

Varios estados de Estados Unidos y algunos países de Europa han probado los sistemas de cupones. En lugar de asignar dinero público a las escuelas basándose en el número de alumnos, el dinero que corresponde a cada alumno se entrega a los progenitores en forma de cupón. En teoría, ellos pueden elegir el colegio al que quieren que vaya su hijo y entregarles el cupón a ellos. La idea es fomentar la competencia entre centros educativos con el supuesto de que permitir que los padres elijan mejorará el nivel de todos ellos. Aparentemente, estos sistemas resultan atractivos. Si no te gusta tu escuela pública local, puedes emplear tu cupón para llevar a tu hijo a otra, o para matricularlo en un centro concertado o privado. En la práctica, los sistemas de cupones no han dado estos resultados.

Las escuelas tienen un número limitado de plazas, y las que gozan de más popularidad enseguida reciben un exceso de solicitudes. Cuando tienen demasiados candidatos, estos centros educativos tienen dos opciones. Establecen criterios de selección concretos —notas o características de la familia, por ejemplo— que reducen la probabilidad de que tu hijo sea aceptado, u organizan un sorteo, y tú tienes las mismas posibilidades de ganar que el resto de los participantes. Si pierdes, la opción que te queda es probablemente el centro público local, que ahora dispone de menos dinero porque el sistema de cupones ha reducido su financiación.

Ofrecer la posibilidad de elegir escuela parece un gesto admirable. En la práctica, la posibilidad de elegir suele ser más aparente que real.

Beneficios

La educación pública es costosa y los gobiernos de la mayoría de los países aceptan este hecho. Algunos, en particular los de Estados Unidos y Reino Unido, no lo han asumido y parecen empeñados en acabar con el sistema público al ponerlo a disposición de la empresa privada. En consecuencia, la formación se ha convertido en un suculento mercado para las grandes compañías, con redes de escuelas privadas, nuevas plataformas tecnológicas, millares de aplicaciones e innumerables dispositivos, vendidos todos con fines lucrativos y la promesa de mejorar las notas, rendimiento académico y éxito de tus hijos. Como es evidente, uno de los motivos de esta política gubernamental reside en pasar la responsabilidad de sufragar la educación del erario público a la empresa privada. Esta estrategia acarrea las mismas consecuencias que en otros mercados impulsados por los beneficios: las empresas rentables prosperan, las que no lo son, se hunden. La cuestión es si crees que el precio puede garantizar una educación de calidad y si no te incomoda que la índole de la educación de tu hijo dependa de intereses privados.

FUERA DE JUEGO

Esta caótica vorágine de estrategias reformistas está causando problemas a muchos jóvenes y sus familias, y los padres, tanto por su cuenta como de manera colectiva, pueden desempeñar importantes funciones para contrarrestarlas. Para algunos jóvenes, son especialmente perjudiciales.

La cifra de estudiantes que no terminan la enseñanza secundaria es preocupante. En Estados Unidos, en torno a uno de cada cinco alumnos que comienzan tercero de secundaria no termina cuarto. En otras palabras, todos los años más de un millón de jóvenes abandonan los estudios antes de graduarse; eso equivale a uno cada veintiséis segundos más o menos. La cifra es mucho mayor en algunas regiones y distritos. Los números varían de un año a otro, pero para tener una idea de la magnitud, un análisis publicado en 2016 observó que la ciudad de Albany, Oregón, tenía el menor índice de graduación del país, ya que poco más del 50 por ciento de los alumnos de secundaria se graduaban sin repetir curso. (El mayor índice de graduación correspondía a Sherman-Denison, Texas,[8] donde casi el 95 por ciento de los alumnos terminaron la etapa secundaria.) Estoy evitando el término *abandono escolar*. Decir que una persona ha abandonado sugiere que ha fallado al sistema. Con cifras como estas, probablemente es más exacto decir que el sistema le ha fallado a ella.

Olvida por un momento los porcentajes y piensa en personas de carne y hueso y en sus familias. Cada alumno tiene sus razones para dejar los estudios antes de graduarse. La pobreza puede ser un factor. Otro puede ser vivir con un único progenitor que está pluriempleado y dispone de poco tiempo para contribuir a la educación de su hijo. Se estima que en Estados Unidos más de la tercera parte de los jóvenes menores de dieciocho años viven en familias monoparentales. El embarazo adolescente puede ser otro motivo. Únicamente el 40 por ciento de las madres adolescentes terminan la etapa secundaria. Este patrón tiende a repetirse: solo unas dos terceras partes de los hijos de estas madres se gradúan en secundaria.[9]

Hay numerosas razones para no terminar la educación secundaria, pero para muchos de los alumnos que no se gradúan, sentirse presionados y aburrirse es, sin duda, una de ellas. Si se ven obligados a pasar todo el día sentados realizando tareas mecánicas de poco nivel para un examen al que no le ven ningún sentido, no es de extrañar que se angustien o desconecten. A ti te ocurriría lo mismo. Los exámenes son un factor, pero algunos alumnos no rinden todo lo que podrían debido a la típica dinámica de la mayoría de las escuelas. Lo que les desanima no solo es el *qué* de la educación, sino también el *cómo*.

MARGEN PARA EL CAMBIO

Hay muchas buenas escuelas y un profesorado estupendo que trabaja en ellas. También existen enormes presiones políticas sobre estos docentes, presiones que distorsionan la educación que incluso los mejores profesionales quieren ofrecer a tu hijo. Si no te gusta la cantidad de exámenes que se realizan ni las repercusiones que estos causan en tu hijo, y tienes toda la razón para que no te guste, quizá te consuele saber que a la mayoría de los educadores tampoco les agrada. A menudo estos se ven obligados a dedicar montones de horas a los exámenes y su preparación a costa de ayudar a tu hijo a aprender cosas verdaderamente importantes. Se sienten agobiados y les molesta que su papel como profesionales se vea reducido a tediosas tareas administrativas para las empresas que preparan material de exámenes. Como tú, saben que la educación de un niño no debería ser una angustiosa carrera de obstáculos jalonada de exámenes y notas con un permanente miedo al fracaso. Como tú, quieren ver cambios en las escuelas y su colaboración es imprescindible para hacerlos posibles.

Dicho esto, algunas de las rutinas adquiridas en los colegios generan a su vez sus problemas. Muchas de ellas son costumbres, no mandatos. Por ejemplo, tener a los niños rígidamente agrupados por edades en cada curso puede ser una traba para los alumnos que avanzan más deprisa o más despacio en áreas de aprendizaje concretas. Los centros que descartan los programas prácticos y técnico-profesionales en favor de los exclusivamente académicos marginan a los alumnos cuyo verdadero talento es poner ideas en práctica. Cuando las escuelas se juzgan y financian en virtud de los resultados de los exámenes en determinadas disciplinas, es comprensible que recorten en otras áreas. Es un error, pero es comprensible. Si se cambia el sistema, el problema a menudo desaparece.

La buena noticia es que hay margen para el cambio, y muchas escuelas lo están haciendo. La voz de los padres es una de las razones para ello. Algunos sistemas nacionales también están cambiando, y los efectos desestabilizadores de las nuevas tecnologías son otro motivo. La educación puede ser distinta y tú tienes más poder del que quizá crees para cambiarla. El primer paso consiste en tener claro qué esperas de la formación de tu hijo y qué tipo de escuela se la brindará.

ENTENDER LA EDUCACIÓN

Derribemos algunos falsos mitos. En primer lugar, una buena escuela no necesita tener un determinado aspecto. No hay una correlación entre el prestigio que la envuelve y la calidad de la educación que se imparte entre sus paredes. Existen colegios a bordo de barcas en Bangladesh; una dentro de una cueva en China, y en la India un programa completo de escuelas en andenes de tren. El centro de enseñanza primaria Abo de Nuevo México está construido por entero bajo tierra (se fundó durante el punto álgido del miedo a una guerra nuclear); las High Tech High de San Diego, California, tienen paredes de cristal y un diseño ultramoderno, y la Escuela del Futuro de Filadelfia parece más un museo que un centro de enseñanza de tercero de secundaria. La virtual de Florida no tiene sede física, ya que todas sus clases se imparten en línea. Todas estas son verdaderas escuelas, aunque no se parezcan a las de la película *El indomable Will Hunting*.

Otro falso mito es que los colegios privados o los concertados son automáticamente mejores que los públicos. No lo son. Hay buenas escuelas de todos los tipos, y también las hay malas. ¿Qué factores hay que tener en cuenta?

Escuelas públicas

En Estados Unidos, algo más del 90 por ciento de los niños y niñas en edad escolar (50,4 millones) estudian en escuelas públicas. Estas las pagan los contribuyentes y son gratuitas. Reciben financiación del distrito escolar local en función de su número de alumnos, y recaudan fondos adicionales por mediación de la comunidad, en especial de los familiares de los alumnos. Cuánta financiación recibe cada centro en particular depende del distrito y de la comunidad. El distrito decide a qué escuela van los alumnos, habitualmente a la más próxima a su lugar de residencia, y quién enseña en ellas. A menos que puedan demostrar buenas razones para lo contrario, los centros públicos tienen que aceptar al alumnado y profesorado que les asignan. Y deben cumplir los preceptos locales y nacionales en materia de educación, como el plan de estudios, el régimen de exámenes y la acreditación del personal docente. Buenas o malas, estas normas tienen importantes repercusiones en el funcionamiento de las escuelas públicas y la formación que los alumnos reciben.

La situación varía en otros países. En muchos, la mayoría de los alumnos estudian en escuelas públicas, pero los padres pueden elegir a cuál llevan a su hijo, y los profesores pueden solicitar trabajar en centros concretos en vez de ser asignados a ellos. Estos colegios se financian de acuerdo con fórmulas estándar que tienen en cuenta las necesidades específicas del centro, los alumnos y la comunidad. En la mayoría de los países, las escuelas públicas son, con diferencia, el recurso más importante que la mayor parte de los niños y sus familias tienen para optar a la educación.

Escuelas concertadas

En Estados Unidos, las escuelas privadas subvencionadas o concertadas son escuelas públicas que funcionan de forma independiente. Estas suelen especializarse en algún aspecto: en determinadas disciplinas o métodos de enseñanza o en enseñar a comunidades culturales concretas. Se atienen a algunos preceptos nacionales y locales, pero no a todos, lo que significa que tienen más libertad que los centros públicos corrientes en lo que enseñan y cómo se dirigen. La primera escuela subvencionada de Estados Unidos abrió en Minnesota en 1992. Esta modalidad de centros educativos se ha promovido en otros estados, supuestamente para impulsar una mayor innovación en la enseñanza pública. En 2016 había casi seis mil centros subvencionados en Estados Unidos, en los que estudiaba en torno al 5 por ciento del alumnado de la educación pública.

Un grupo cualquiera de personas —profesionales de la educación, padres y madres, miembros destacados de la comunidad, empresariado del sector educativo, etc.— puede presentar una solicitud para fundar una escuela concertada. Deben elaborar un proyecto en el que expongan los principios en los que se fundamentará el centro, cómo se dirigirá y cuáles serán sus responsabilidades. En la mayoría de los casos, las escuelas subvencionadas están sujetas a un acuerdo que firman con su estado: mayor autonomía a cambio de mayores responsabilidades. Si el estado autoriza la escuela, la financia como a un centro público corriente en virtud del número de estudiantes. Una diferencia es que el distrito no asigna a los alumnos; la escuela tiene que captarlos. En consecuencia, los centros concertados que gozan de popularidad también pueden elegir a su alumnado, lo que implica que a menudo son selectivos. Una crítica frecuente es que la selección confiere a estas escuelas una ventaja desleal cuando su rendimiento académico se compara con el de las públicas. En sí mismas, no son mejores que las públicas tradicionales. Algunas son muy competentes y otras no lo son tanto.[10]

Escuelas privadas

En Estados Unidos, aproximadamente uno de cada diez niños estudia en escuelas privadas. Estas no reciben ninguna subvención pública y se financian con las tasas de matrícula y otras actividades destinadas a recaudar fondos. En 2016, el coste medio de estudiar en un centro privado ascendía a casi 10.000 dólares por alumno, aunque es mucho mayor en ciertas regiones del país.[11] Aunque los privados suelen estar mejor financiados que la mayoría de los colegios públicos, mediante las tasas de matrícula y donaciones, también tienen dificultades económicas en la actualidad. Pocas familias pueden permitírselos y, con la expansión de los centros subvencionados, las redes de escuelas privadas y la enseñanza virtual, algunos de los que sí pueden se están interesando por alternativas menos caras.

Las escuelas privadas varían en tamaño, especialización y filosofía, desde centros religiosos hasta especializados en disciplinas o métodos de aprendizaje específicos. Varían mucho en calidad y utilidad para el alumnado. Algunas tienen instalaciones magníficas y clases reducidas. Muchas no exigen una acreditación oficial a sus profesores y a menudo les pagan menos. Dejando aparte sus otros beneficios, algunas familias prefieren determinados centros privados por un sentido de la tradición y por las oportunidades sociales que ofrecen a sus hijos.

Robert Pianta es decano de la Escuela Curry de Educación de la Universidad de Virginia. «Casi todos los "efectos" de la enseñanza privada —sostiene— pueden atribuirse a la influencia de las familias en los alumnos a medida que se hacen mayores, y a los recursos y decisiones familiares que ponen a estos niños en el sector educativo privado, y no a la escuela privada en sí.»[12] Si la enseñanza privada tiene algún efecto, este se debe sobre todo a la influencia de los compañeros en el aprendizaje y la motivación, que tiende a ser mayor en las aulas de los centros privados. Las escuelas privadas suelen enseñar a alumnos de entornos más privilegiados, pero las públicas a menudo las superan en rendimiento.[13]

Escuelas libres

Hay escuelas públicas, subvencionadas e independientes que se basan en filosofías y metodologías concretas. Montessori, Waldorf, Dalton, Big Picture, KIPP y Green Dot son algunos ejemplos. Los padres a menudo me preguntan si las recomiendo. Respaldo firmemente varios de estos enfoques y trato algunos más adelante. Si te plantéas matricular a tu hijo en una escuela libre, mi consejo siempre es el mismo: examina a fondo su material didáctico general y después visita el centro en cuestión. Cualquier método puede ejecutarse bien o no tan bien. Conocer a los profesores, hablar con otros familiares y con los alumnos, y familiarizarse con la escuela es recomendable para asegurarte de que es adecuada para tu hijo y para ti.

EL BIEN MAYOR

Me gustaría hacer un inciso para hablar sobre la importancia de las escuelas públicas. En la mayoría de los países, los sistemas públicos de educación de masas se desarrollaron en el siglo XIX. Surgieron en el contexto de la Revolución Industrial y una de las principales razones por las que lo hicieron fue económica. En aquella época, los gobiernos sabían que una población activa convenientemente formada era fundamental para el crecimiento de la economía industrial.[14] La estructura de la población activa industrial —una clase obrera predominante con una clase profesional más reducida— es uno de los motivos por los que la mayoría de los sistemas educativos tienen la organización que tienen. Algunos precursores de la enseñanza pública también tenían otros objetivos. Eran sociales y culturales.

Lily Eskelsen García es presidenta de la Asociación Nacional de Educación. Subraya los objetivos de mayor calado que algunos filántropos y legisladores tenían en mente, en especial la lucidez de Horace Mann, a quien muchos consideran el padre de las escuelas públicas estadounidenses. Fue clarividente al entender la enseñanza pública como un bien público y una necesidad democrática.

> A mediados del siglo XIX, este abogado de Boston ve la mezcolanza de escuelas privadas, de mujeres que ejercen de maestras (en las conocidas como *dame schools* o escuelas de amiga), y ve la creciente afluencia de poblaciones inmigrantes. Se pregunta cómo este nuevo país va a unirse con lenguas, costumbres y religiones tan diversas. Empieza a pensar en un lugar en el que todos se juntarían. Sería un lugar físico de la comunidad; tendría docentes profesionales; acogería, por ley, a todos los niños y personas que nunca se sentarían juntos en la iglesia ni se relacionarían de ningún otro modo si no hubieran comenzado todos como niños sentados uno junto a otro aprendiendo a leer. Estaba convencido de que este era el sistema necesario para que todos los estadounidenses se vieran como tales.[15]

Uno de los objetivos fundamentales de un sistema educativo financiado con fondos públicos reside en garantizar la equidad de oportunidades para todos los niños y niñas, sea cual sea su situación. Como la igualdad, la equidad es, o debería ser, un principio básico de las sociedades democráticas. La igualdad consiste en proporcionar a todas las personas los mismos derechos y estatus.

La equidad consiste en reconocer que algunas personas necesitan más apoyo o recursos que otras para beneficiarse de esos derechos. El ideal de la educación pública es brindar a todos los alumnos las oportunidades que precisan para tener una vida plena y contribuir al bien común. Esto significa ayudar a quienes más lo necesitan y no solo ayudarnos a nosotros mismos. Como padres, es natural que queramos las mejores escuelas para nuestros hijos, pero, en palabras de Eskelsen García, hay peligros para todos nosotros «si no existe una noción básica de que la educación pública es un bien público que está al servicio de los niños y niñas de la comunidad y las funciones públicas de la democracia».[16]

Las escuelas concertadas y las privadas pueden ofrecer o no una formación de base sólida. He visitado muchas y algunas lo hacen y otras no. He conocido muchos educadores motivadores y entregados a su labor en los sectores de la enseñanza concertada y la privada. Sin duda, tienen más libertad para innovar que muchos centros públicos, los cuales deben ceñirse a preceptos locales y nacionales. Unos innovan y otros no. La mayoría de los países —incluidos los que tienen sistemas educativos eficaces— no promueven las escuelas privadas o las concertadas como hace Estados Unidos. Invierten en la solidez de sus sistemas escolares públicos. Uno de los argumentos en favor de las escuelas concertadas y privadas estadounidenses es que pueden dinamizar el sector público mediante la difusión de nuevas ideas y prácticas. Quizá. Desde luego, sus detractores podrían tenerlas en mejor concepto si colaboraran de forma constructiva con los centros públicos en lugar de quitarles recursos.

En cualquier caso, para la mayoría de los niños y sus familias, las escuelas públicas son su única vía de acceso a la educación.[17] Muchas de ellas realizan su labor en circunstancias adversas y a menudo en contra de una fuerte oposición política. Crear las condiciones óptimas para que estas desempeñen su mejor labor es el verdadero desafío de la reforma educativa. Esto solo se logrará si se entiende, como hicieron Horace Mann y muchos otros precursores de la educación pública, que la formación de nuestros hijos es demasiado importante para que especulemos con la salud de nuestras democracias. Deberíamos comprenderla como un bien público, no solo personal, y no como una fuente de ingresos privados. En la formación, como en todo lo demás hoy en día, igualdad y equidad son principios que requieren nuestra constante y enérgica protección.

Obrar el cambio

Mi anterior libro se titula *Escuelas creativas: la revolución que está transformando la educación*. Trata sobre la necesidad de obrar cambios radicales en la formación que reciben nuestros hijos, si queremos que afronten los desafíos reales de vivir y trabajar en el siglo xxi. También habla acerca de cómo obrar esos cambios y brinda muchos ejemplos de escuelas que ya los están efectuando. Ese libro dedica un capítulo a los padres y madres. El libro que tienes ahora en las manos es una continuación de *Escuelas creativas* y va dirigido específicamente a ti.[18]

Como progenitores, nuestra función general reside en brindar a nuestros hijos la mejor oportunidad de tener una vida feliz y provechosa. Una de las maneras más importantes de conseguirlo es por medio de la educación. Como para la mayoría de los padres, es probable que tu mayor preocupación sea que tus hijos reciban una educación que les ayude a desarrollarse como los individuos únicos que sabes que son. ¿Aprenden conocimientos e información importantes y provechosos? ¿Adquieren destrezas útiles?

¿Descubren sus valores y reciben ayuda en las áreas que les cuestan más? ¿Les exigen lo máximo y eso les gusta? ¿Desarrollan su confianza y aptitudes? Estos son algunos de los temas que se tratan y sobre los que ofrecemos ideas, indicaciones y recursos para ayudarte a abordarlos.

Si te preocupa la naturaleza de la educación de tus hijos, tienes tres opciones: impulsar cambios *dentro del sistema actual*, concretamente en la escuela de tus hijos; hacer presión para que *el sistema cambie*, o educarlos *al margen del sistema*. Es posible que la formación de tus hijos sea lo único que te interesa: en tal caso, hay maneras de participar más en ella. Tal vez tu interés por la educación sea mayor; entonces puedes influir de un modo práctico en la política educativa a escala local y estatal. Puedes actuar por tu cuenta o con otras personas, como otros padres, docentes o grupos y campañas de defensa, los cuales aceptan encantados la intervención de los familiares en su lucha por reformar la educación desde perspectivas muy diversas.

El mejor punto de partida es saber qué quieres para tus hijos a medida que crecen y se desarrollan, qué necesitan ellos de ti en este proceso y cómo encaja la educación en todo esto. Algunas partes de este panorama están cambiando con rapidez, y otras apenas lo hacen. Saber qué es cada cosa forma parte de los retos y las satisfacciones que entraña ser padres.

2

Conocer tu papel

Cuando piensas en padres y familias, ¿cuál es la primera imagen que te viene a la cabeza? Quizá aquella en la que el padre llega a casa después de trabajar, los niños acuden corriendo a saludarlo y la madre sale de la cocina para preguntarle qué tal le ha ido el día. De acuerdo, quizá no; a fin de cuentas, el año 1956 hace mucho que pasó. Pero aún es posible que, cuando piensas en «padres», imagines un matrimonio que cría a sus hijos biológicos. Esta todavía es la estructura predominante en muchos países, pero por poco. En la actualidad, la familia nuclear clásica no es lo habitual en gran parte del mundo.[1] Las combinaciones son casi infinitas.

En un artículo del *New York Times*, Natalie Angier, ganadora de un Premio Pulitzer, describió modelos sorprendentemente distintos de la familia estadounidense en perpetua evolución, empezando por los Burns. Su familia reconstituida es «un grupo grande y a veces frágil, integrado por dos hijos de mirada penetrante de los dos anteriores maridos de la esposa, una hija y un hijo del segundo matrimonio del esposo, excónyuges con diversos grados de implicación, las parejas de los excónyuges, los perplejos suegros y una gatita llamada Agnes a quien le gusta dormir en los teclados de los ordenadores». Si los Burns no parecen una típica familia nuclear estadounidense, ¿qué me dices de los Schulte-Wayser,

[...] una alegre cuadrilla formada por dos hombres casados, con seis hijos y dos perros? O los Indrakrishnan, un próspero matrimonio de inmigrantes de Atlanta cuya hija adolescente reparte su tiempo entre prosaicos deberes y el preciso juego de pies de la danza antigua hindú; los Glusac de Los Ángeles, con sus dos hijos casi adultos y su rosario de retos de clase media que parecen epopeyas menores; Ana Pérez y Julian Hill de Harlem, que no están casados y apenas tienen para vivir, pero sueñan con que sus tres hijos pequeños lleguen lejos, y la alarmante cantidad de familias con padres o madres encarcelados, una lamentable consecuencia del estatus de Estados Unidos como el primer país carcelero del mundo.[2]

Lo pillamos. La familia de Lou la forman dos hijos de un matrimonio anterior, una hija que su mujer y él tuvieron juntos, y otra que adoptaron en Etiopía. Sea cual sea nuestra situación familiar, si somos padres, el papel viene acompañado de una larga lista de responsabilidades. Así pues, ¿cuáles son?

Es posible que hayas visto el famoso triángulo compuesto por el psicólogo Abraham Maslow, en el que identifica la jerarquía de las necesidades humanas. Este gráfico es un excelente compendio de las responsabilidades de los padres. En la base de la pirámide de Maslow se hallan las necesidades fisiológicas, las cosas básicas que nos mantienen con vida. Como mínimo, tienes la responsabilidad de cubrir las necesidades fisiológicas de tus hijos. Si discrepas, no tiene mucho sentido que sigas leyendo. El siguiente nivel es el de la seguridad, todo lo que protege a tus hijos. Si esto también necesita justificación, deberías plantearte buscar ayuda profesional. El tercer nivel es el del amor y el sentimiento de pertenencia. Aquí es donde las cosas pueden volverse un poco más sutiles.

El cuarto nivel corresponde a la estima, ayudar a tus hijos a sentirse respetados y seguros de sí mismos, y a ser respetuosos con los demás. En la cima de la pirámide se encuentra la realización personal. Este es un término curiosamente aséptico para una aspiración profundamente humana. Significa hallar nuestro sentido y propósito en la vida y convertirnos en la persona realizada que todos queremos ser. Tú también desempeñas un papel para que tus hijos se realicen.

Jerarquía de las necesidades humanas de Maslow

Dedica un momento a preguntarte si estás de acuerdo en que estas son las funciones de los padres. Yo lo estoy, pero no todos piensan, o pensaban, lo mismo. Hay grandes diferencias en los conceptos de infancia y de las funciones de los padres que se tenían en otras épocas y aún se tienen en algunas culturas.

Una (muy) breve historia de la infancia

La infancia tal como la entendemos en la actualidad es un concepto relativamente reciente. Comenzó a tomar forma en Europa y Estados Unidos a finales del siglo XIX. Hasta entonces, los niños eran tratados como adultos en miniatura y se les exigía hacer su parte en la comunidad social y laboral. Realizaban el mismo trabajo que los adultos en cuanto eran físicamente capaces de ello. Si vivían en el campo, trabajaban en las tierras de labranza. Durante la Revolución Industrial, millones de personas se desplazaron a las ciudades en busca de empleo y niños de todas las edades trabajaron arduamente junto a los adultos en las minas, las fundiciones y las fábricas.[3]

En su mayor parte, las nuevas clases trabajadoras urbanas se hacinaban en edificios con instalaciones sanitarias insuficientes o nulas y en barrios que podían ser violentos e implacables. Infinidad de niños vivían en pésimas condiciones: sin estudios, analfabetos, sin sistemas de salud ni asistencia social, y con pocas perspectivas de mejorar. En Estados Unidos, tras la reconstrucción de los estados sureños, miles de niños exesclavos vagaban por las calles de las ciudades, perdidos o huérfanos.

En medio de esta vorágine surgió un variopinto elenco de reformistas sociales que crearon instituciones, organizaciones benéficas y sistemas de asistencia social dirigidos a aliviar el sufrimiento, mitigar la pobreza y salvar a los indigentes. Muchos de estos reformistas se interesaron de manera especial por la difícil situación de los niños. Por otra parte, educadores y otros grupos diversos de profesionales empezaban a fascinarse con nuevas ideas sobre la infancia en sí misma.

A finales del siglo XVIII, el filósofo Jean-Jacques Rousseau publicó *Emilio, o de la educación*, un influyente tratado sobre la infancia y la educación. En él, representaba la niñez como una etapa de pureza e inocencia que debía atesorarse y protegerse de la influencia corruptora de los valores adultos. Esta noción de infancia caló hondo en los reformistas sociales victorianos y en los precursores contemporáneos de la psicología, psiquiatría y pediatría. La niñez pasó a entenderse de manera generalizada como un período delicado del desarrollo que requería la guía y protección de adultos y profesionales sensibles. Los sistemas de educación de masas comenzaron a adquirir forma en esta época. A medida que estos arraigaban, la infancia institucionalizada se alargó para incluir la pubertad, más adelante la preadolescencia y por fin una especie hasta entonces desconocida: los *teenagers*, o adolescentes de entre trece y diecinueve años. Cuando mi padre dejó de estudiar en 1928 a los catorce años, no tenía la menor idea de que era un *teenager*, ni él ni nadie. El concepto de *teenagers* no se creó hasta los años cincuenta del siglo xx.

Las funciones que tenemos como padres las entendemos de una manera muy relacionada con lo que pensamos de la infancia y con lo que creemos que los niños pueden y no pueden hacer sin nuestro apoyo. Nuestras funciones también las determinan valores y creencias culturales. Siempre es tentador pensar que el modo de ver las cosas en nuestra cultura obedece al sentido común. En lo que respecta a la educación, como en casi todos los ámbitos de nuestra vida, a menudo no lo es. En Europa y América del Norte, por ejemplo, se da por hecho que niños y niñas deberían tener las mismas oportunidades y recibir el mismo trato de sus padres.[4] No siempre es así, pero se presupone.

En algunas partes del mundo árabe tienen un punto de vista distinto. Culturalmente, las mujeres y las niñas están subordinadas a los hombres y necesitan el permiso de sus tutores masculinos —padre, marido o hermano— antes de tomar la mayoría de las

decisiones o participar en actividades concretas. En zonas del sub-
continente indio, las diferencias en la actitud de los padres hacia
hijos e hijas pueden ser extremas y letales. Muchas parejas que esperan un hijo rezan fervientemente para que sea varón y si es niña
se lo toman como un castigo. Por consiguiente, las mismas familias
son las que a menudo castigan, degradan e incluso asesinan a las
propias niñas, fundamentalmente por el hecho de ser niñas.[5]

SER PADRES

Suponiendo que estás de acuerdo con las cinco funciones que se
infieren de la jerarquía de las necesidades de Maslow, desempeñar-
las con tus hijos es un entramado de complejidades.

Necesidades fisiológicas

Tu primera responsabilidad consiste en proporcionar a tu hijo los
medios para que siga vivo: comida, agua y techo. Para muchos padres esto ya es una preocupación constante. Millones de familias
del planeta tienen problemas para conseguir alimentos saludables, agua potable o un techo seguro. A medida que las poblacio-
nes aumentan y el cambio climático se acelera, garantizar estas
necesidades básicas se hace más difícil para todos nosotros.

La disponibilidad de estos recursos es una cosa, poder permitírselos es otra. En todo el mundo, seiscientos millones de niños
viven en extrema pobreza, y casi la mitad de la población mundial, más de tres mil millones de personas, subsisten con menos de
2,50 dólares diarios.[6] Este problema no es exclusivo de los denominados países «en vías de desarrollo». En Estados Unidos, uno
de cada cinco menores, unos catorce millones, vive por debajo del

umbral de pobreza, y otros catorce millones lo hacen en familias cuyos ingresos son menos del doble del umbral de pobreza. En 2015, más de cuarenta y tres millones de estadounidenses vivían en la pobreza, con 2 dólares diarios o menos que gastar antes de recibir ayudas. Para ellos, poner comida en la mesa es una lucha diaria.

Hoy en día, incluso las familias acomodadas pueden estar al filo de la pobreza. Con el aumento de la brecha entre ricos y pobres, las clases medias estadounidenses antes prósperas han perdido mucha capacidad adquisitiva. En los núcleos familiares biparentales, es probable que ambos progenitores trabajen, y que uno o ambos tengan dos empleos. Seguramente no lo hacen para enriquecerse, sino para mantenerse a flote. Si solo trabaja uno de los dos, bien podría ser la madre.

Hay otras presiones sobre los padres en lo que concierne a cubrir las necesidades básicas de sus hijos. Las familias reciben un bombardeo constante de apetitosas imágenes de comida rápida y bebidas baratas. Cuando el dinero no alcanza y el tiempo escasea, y todo sabe tan rico, es fácil dejarse llevar y poner en la mesa esta clase de comida y bebida. Eso puede ser comprensible, pero la consecuencia de ingerir tantos alimentos procesados baratos es una devastadora crisis en la salud de gran parte del mundo desarrollado. Así pues, incluso el primer nivel de la pirámide puede suponer un problema para muchos padres.

Seguridad

Es natural que los padres se preocupen por la seguridad física de sus hijos, aunque, como hemos visto, las creencias culturales pueden llevarlos en la dirección contraria. El instinto de proteger a las crías está muy arraigado en la naturaleza, aunque hay excepciones. Tony Barthel es responsable de mamíferos en el parque zoológico nacional Smithsoniano de Washington, D.C. Explica casos de perros, gatos, osos, reptiles (y arañas, obviamente) que han matado y devorado a sus crías. Puede parecer antinatural, arguye Barthel, pero hay razones que están relacionadas con los recursos.

Los mamíferos solo pueden amamantar a sus crías si están bien alimentados. Una osa, leona o perra salvaje que no encuentra comida suficiente puede devorar a su descendencia para obtenerla. Por lo común, solo lo hará si su cría está enferma o con malformación. Pero en la naturaleza, cuando el alimento escasea, las madres echan mano de lo que haya: «Esto la alimenta —explica Barthel— y tiene la ventaja añadida de eliminar el cadáver para que no haya nada descomponiéndose en su guarida que atraiga depredadores».[7] Puede parecer una crueldad, pero los humanos son capaces de adoptar medidas drásticas a costa de sus hijos. De acuerdo, comérselos es algo excepcional, pero sí los abandonan.

La avalancha de filantropía victoriana se produjo en parte por la cantidad de indigentes que dejaban de alimentar a sus hijos y los abandonaban a su suerte en las calles. Por desgracia, millones de niños de todo el mundo siguen viviendo en la pobreza. En ciertas zonas, la lucha diaria por conseguir alimento también induce a algunos padres a abandonar a sus hijos, o a ponerlos a trabajar como mendigos o incluso a venderlos, a sabiendas o no, como esclavos. Se estima que hay veinticinco millones de personas que viven en la esclavitud, un elevado porcentaje de las cuales son menores. Incluyen esclavos sexuales, nacionales y extranjeros, esclavos de los sectores pesquero e industrial, y niños obligados a servir en violentas facciones militares.[8]

Incluso en circunstancias óptimas, algunos padres son capaces de crueldades terribles con sus hijos. Cuando conocemos casos de este tipo, sentimos repugnancia precisamente porque hacer daño a un niño es tan contrario a nuestro instinto de protegerlos. No obstante, el castigo físico infantil solía ser habitual en las culturas occidentales, y en algunas continúa siéndolo. Hasta no hace mucho, los padres de la mayoría de los países, Estados Unidos incluido, no solo eran libres de castigar físicamente a sus hijos, sino que los alentaban a hacerlo. «La letra con sangre entra», les decían. En otra época, las zurras, palmetazos y azotainas eran corrientes en las escuelas estadounidenses y europeas, y en ciertas partes de Estados Unidos todavía lo son.[9]

Aun así, los padres suelen aceptar su responsabilidad de proteger la integridad física de sus hijos. Como en todas sus funciones, lo importante es hallar el equilibrio adecuado. Los niños necesitan sentirse seguros, pero también hacerse fuertes e independientes. Protegerlos demasiado encierra sus peligros. La seguridad es importante; como lo es permitir que tu hijo desarrolle su resiliencia y autosuficiencia. Es otra cuerda floja en la que los padres responsables tienen que hacer equilibrios.

Amor y sentido de pertenencia

Ayudar a tus hijos a sentirse queridos e integrados también es tarea tuya. Existen tantas formas de amor como familias hay, y la definición y expresión de este sentimiento se presta a muchas interpretaciones. Los filósofos antiguos distinguían entre cuatro clases de amor: *eros*, amor sentimental y sexual; *agape*, amor universal que abarca el amor por la naturaleza y las personas en general; *philia*, amistad y afecto hacia personas concretas, y *storge*, amor familiar y en especial el de los padres por sus hijos.[10]

Al igual que con otras formas de amor, el amor por los hijos no es un recurso fijo que racionamos como los alimentos y el agua: esta cantidad para un hijo, esta para el otro... Tener dos hijos no parte tu amor en dos: lo multiplica. Yo me crié en Liverpool, Inglaterra, entre los años cincuenta y sesenta, con seis hermanos: cinco niños y una niña. Me sorprende que mis padres pudieran arreglárselas con tan escaso dinero, tan pocos lujos, y la perpetua amenaza del paro en una ciudad devastada por la Segunda Guerra Mundial. Cualesquiera que fueran los problemas personales con los que lidiaban, y eran muchos,[11] crearon un ambiente de amor y pertenencia en casa. No nos trataban a todos igual porque éramos distintos, pero sí de forma equitativa, y cada día demostraban que cada uno de nosotros era importante para el resto de la familia.

Donde hay hermanos, hay rivalidad fraterna, y nosotros no éramos una excepción. Competíamos por la atención de nuestros padres y formábamos coaliciones temporales entre nosotros para intentar ganarnos su favor. Sin duda, a veces era exasperante para ellos, pero sabíamos hasta dónde podíamos llegar y cuándo dar marcha atrás. Al menos, eso creo. Como progenitores, tenemos un papel primordial en modelar el desarrollo emocional de nuestros hijos y, en consecuencia, en modelar su autoestima y confianza personal. Pero no somos los únicos.

Estima

Cómo viven tus hijos está muy relacionado con cómo se valoran a sí mismos y cómo valoran a los demás. La autoestima influye en nuestra determinación, ambiciones y valores, y en lo que llegamos a ser en la vida. Cuando los niños pasan de la pubertad a la adolescencia, les asaltan dudas sobre su aspecto, relaciones, talentos y potencial. La confianza puede ser frágil a cualquier edad, pero es especialmente quebradiza en esta etapa.

A propósito, cultivar la autoestima de tus hijos es mucho más, y a veces mucho menos, que elogiarlos sin cesar. Este enfoque puede ser contraproducente y a menudo lo es. La autoestima no depende de recibir una constante lluvia de aclamaciones gratuitas. Resueltos a conseguir que sus hijos se sientan bien consigo mismos, algunos padres aplauden todo lo que hacen como si fuera un milagro inédito. Cada vez que componen un poema, pintan un cuadro o chutan un balón, exclaman «bien hecho» o «es increíble», le chocan esos cinco y dan gritos de alegría. Los elogios apropiados y el refuerzo positivo por parte de padres y profesores sirven de acicate para que los niños hagan bien las cosas, pero pierden valor si no se atemperan con una crítica constructiva y el sentido de la proporción.

Los niños saben cuándo se han esforzado por hacer algo bien y si están orgullosos del resultado. Si no hay un nivel de exigencia ni un margen claro para mejorar, la autoestima puede degenerar en complacencia. Es importante cultivar la autoestima, pero igual de importante es no excederse. Esto conlleva adoptar un papel activo en su educación moral, fijar límites y ayudarles a que aprendan a tomar decisiones.

Los padres pueden influir en la autoestima de sus hijos en todos los terrenos, y rara vez hay una relación clara de causa y efecto. Algunos niños toman ejemplo de sus progenitores y aspiran a ser como ellos. Eso puede inducirles a ejercer su misma profesión o emularlos en otros ámbitos. O es posible que solo estén orgullosos de sus padres. De igual manera pueden decidir que, si algo no quieren, es seguir sus pasos y cambiar radicalmente de trabajo y estilo de vida.

A medida que se van haciendo mayores, se ven expuestos a toda clase de influencias fuera de casa, lo que afecta a su imagen y concepto de sí mismos. En la preadolescencia y adolescencia, estas influencias pueden tener más peso para ellos que su familia. A veces, parece que todos menos tú ejercen alguna influencia sobre tus hijos. No puedes controlar eso, y esforzarse demasiado es contraproducente. Aun así, los padres responsables saben que tienen que supervisar y respaldar la salud emocional de sus hijos, incluso cuando la competencia es feroz.

Realización personal

En mis libros *El Elemento* y *Encuentra tu Elemento,* defino el Elemento como el punto en el que el talento se une con la pasión. Algunas personas tienen una aptitud innata para las matemáticas, el piano, la danza, la física o el fútbol. La lista es larga. Estar en tu Elemento tiene que ver, en parte, con descubrir qué se te da bien por naturaleza. Pero significa más que tener facilidad para algo. Muchas personas tienen habilidad para cosas con las que no disfrutan. Para estar en tu Elemento, lo que haces tiene que apasionarte. Cuando lo encuentras, ya nunca vuelves a trabajar. Lo que a otros puede parecerles una ardua tarea a ti te reporta un gran placer. Cualquier actividad puede ser una cosa o la otra, dependiendo de quién la ejecute. Ayudar a tus hijos a descubrir su Elemento es parte de tu afán por encontrar su rumbo en la vida o, en palabras de Maslow, de realizarse. Todos creamos nuestra propia vida. Ayudarles a desarrollar lo que tienen en su interior es la mejor garantía para que creen una vida satisfactoria en el mundo que les rodea. También por este motivo, una educación que se basa en la premisa de que una sola fórmula sirve para todos no es apropiada para ti ni para tu hijo.

Es difícil que cualquiera de nosotros se «realice» si sus otras necesidades no están colmadas; y es especialmente aquí donde las funciones de los padres y las de los docentes deberían coordinarse. La educación es una vía fundamental para realizarse y tomar buenas decisiones sobre la formación de tus hijos, por su cuenta y también con tu apoyo harás mucho para ayudarles a convertirse en las personas que pueden ser.

LA VIDA REAL

De acuerdo, esa es la teoría. En la práctica es inevitable que la cosa se complique. Ser padres no es una ciencia, y si se trata de un arte, es imperfecto. Las pautas del amor y sentido de pertenencia de las familias son complejas y están cuajadas de matices. Madres e hijas, padres e hijos, hijas y padres, y madres e hijos, tienen relaciones distintas entre sí, y la trama puede enredarse en cualquier momento. Lo sé por experiencia. Necesitas tratar a tus hijos de una manera que sea justa pero no idéntica. Debes personalizar tu relación con cada uno. Ellos reaccionan como lo hacen por cómo son y por el lugar que ocupan en la familia: primogénito, benjamín o algún punto intermedio. El mismo enfoque tiene a veces consecuencias muy distintas dependiendo del niño, con uno da un resultado maravilloso y con otro desata una tragedia.

Olvida a tus hijos por un momento. Tú también tienes una vida. Los padres lidian con presiones de todo tipo. Probablemente, compagines tus responsabilidades profesionales con tu vida familiar, conyugal y social. Además, por supuesto, la mayoría de los padres seguimos educando a nuestros hijos en tándem. Pese a todos los cambios en las estructuras de las familias, suele haber otro progenitor, al menos en alguna parte del área metropolitana. Si eres uno de dos (o más) progenitores, tus relaciones con tus hijos están ligadas a la relación que existe entre ambos y a las de tus hijos con vosotros dos. La manera en la que tú y tu ex os relacionáis con ellos puede influir profundamente en vuestra relación adulta: con un poco de suerte, os unirá más, aunque también podría alejaros.

Tal vez veas en las redes sociales lo que ocurre en la vida de otros padres y te preguntes cómo puedes ponerte a su altura o si eres siquiera capaz. Si es así, es probable que experimentes una versión adulta de la presión social de la que intentas proteger a tus hijos. Una bloguera, Foggy Mommy («Mamá agobiada»), abordó sin ambages la presión de los otros padres:

> Echo la culpa a Pinterest de casi todo. Como con la revista de Martha Stewart, mirar el montón de ideas cucas y mañosas para todo, desde adornos para fiestas de cumpleaños o postres hasta montajes con el elfo de Papá Noel, tiene la consecuencia (¿no intencionada?) de sentir que necesitas procurar hacerlas; y de que, si no te pones, bueno, sencillamente no eres tan manitas, avispada o entregada como las madres que lo hacen. Me encanta mirar esas cosas, lo reconozco. Pero después me siento incompetente, porque sé que ni siquiera tengo fuerzas para probar ninguna de ellas. Eso solo exacerba mi culpabilidad de madre. Y las manualidades no son lo único. También están las actividades que se hacen en familia, las tradiciones que se tienen, lo que se espera socialmente de los padres. Y gran parte de eso lo fomentan las redes sociales.[12]

Estas presiones han dado origen al modelo de «supermadre», la cual aspira a «ser una madre perfecta, pero también quiere ser una esposa maravillosa y una empleada excelente: siempre con la casa limpia, el cuerpo en forma y una sonrisa en la cara».[13] Algunas sienten que han fracasado cada vez que surgen problemas con su hijo. Un colectivo de padres no asociados que están tan lejos de alcanzar este ideal como el resto de nosotros ha puesto el listón tan alto que sentirnos incompetentes está casi garantizado. Dicho esto, es importante saber qué clase de padres somos y aspiramos a ser. No me refiero a lo bien que lo hacemos, sino a cómo desempeñamos nuestro papel. Nuestro carácter y la manera como nos educaron nuestros padres influye en nuestra forma de educar. Todos estos factores se combinarán en un estilo educativo propio. ¿Qué significa eso?

Encontrar tu estilo educativo

A principios de los años sesenta, la psicóloga Diana Baumrind llevó a cabo un exhaustivo estudio, a partir del cual, una vez terminado, propuso tres estilos educativos básicos de los padres. Treinta años después, Eleanor Maccoby y John Martin continuaron su labor y propusieron un cuarto. Los cuatro estilos son: autoritario, asertivo, permisivo e indiferente.

Los padres *autoritarios* presentan una serie de reglas que sus hijos deben acatar, sin ofrecer margen de maniobra ni muchas explicaciones de por qué existen las reglas. Transgredirlas a menudo conlleva castigos severos. Estos esperan que los niños obedezcan sus dictados sin cuestionarlos. Las investigaciones sugieren que los hijos de padres autoritarios tienden a hacer bien lo que se proponen; también tienden a ser infelices y a tener problemas de relación.

Los *asertivos* también ponen reglas a sus hijos, pero están más dispuestos a explicar las razones que las sustentan y a hablar y adaptarlas según las circunstancias. Cuando transgreden una regla, lo toman como un momento didáctico y una oportunidad para dar explicaciones en vez de castigarlos. Esperan que sigan las pautas que les han fijado, pero aceptan que no son inamovibles. Los hijos de padres asertivos tienden a ser los más felices y sociales, y tienen muchas posibilidades de acometer con éxito lo que se proponen.

Los *permisivos* tienden a ser muy benévolos con sus hijos y a menudo los tratan como a iguales o amigos. Fijan pocas reglas y su nivel de exigencia es bajo. Dan prioridad a colmarlos de amor y minimizan las consecuencias. Los hijos de padres permisivos con frecuencia acaban teniendo problemas con la autoridad fuera de casa y tienden a rendir menos en la escuela que sus compañeros.

Los *indiferentes* intentan hacer lo mínimo en lo que respecta a la educación de sus hijos. Se aseguran de que tengan alimento y techo, pero apenas les ofrecen afecto u orientación. Por razones que probablemente resultan obvias, los hijos de padres indiferentes suelen tener problemas con el autocontrol, la autoestima y la felicidad.[14]

En el otro extremo del espectro están los llamados *padres helicóptero*. El término se acuñó para describir a los progenitores que están obsesionados con proteger a sus hijos: los vigilan continuamente, no se separan de ellos para asegurarse de que nunca se caigan o se hagan daño, hacen los deberes en su lugar y corren a la escuela para quejarse al primer indicio de cualquier actuación por parte de profesores o compañeros que pueda afectar a su autoestima. Chris Meno, psicóloga en la Universidad de Indiana, sostiene: «Cuando a los niños no se les da espacio para esforzarse por hacer las cosas solos, no aprenden a resolver problemas demasiado bien. No aprenden a confiar en sus aptitudes y su autoestima puede resentirse. El otro problema de no tener que esforzarse es que nunca se experimenta el fracaso y se puede desarrollar un miedo apabullante al fracaso y a defraudar a los demás. Tanto la poca confianza personal como el miedo al fracaso pueden derivar en depresión o ansiedad».[15]

Al leer la lista de los estilos de padres, sería fácil decir: «Obviamente, tengo que ser un padre asertivo». Sin duda, los hijos de padres asertivos parecen más proclives a tener una vida plena y feliz. Hay un par de cosas que debemos tener presentes. Una es que no todos estamos hechos para este talante educativo. Puede que tu propia educación, formación o situación lo conviertan en una opción poco realista. Tal vez tu hijo tenga necesidades especiales que hacen más difícil educarlo de este modo. Pocos de nosotros somos una sola cosa todo el tiempo, por tanto, tampoco lo serán nuestros hijos.

Los favores que haces, la libertad que le concedes y el tiempo que dedicas a cada hijo no son forzosamente los mismos, y estas relaciones cambiarán. Tus hijos te necesitan para cosas distintas en momentos diferentes de su vida, y tu actitud tiene que ser lo suficientemente flexible como para ser lo que ellos necesitan cuando lo necesitan. No puedes utilizar siempre el mismo guión; tendrás que replantearte tu enfoque en cada caso. A veces, especificar las reglas e insistir en que se acaten sin cuestionarlas es la mejor vía: por ejemplo, cuando se trata de la seguridad de los niños pequeños, o si la explicación podría preocupar a tu hijo de forma innecesaria.

Me costaría mucho defender los estilos educativos de los padres indiferentes y helicóptero, de manera que los dejaremos a un lado por el momento. Lo más probable es que su estilo educativo natural sea una combinación de los otros tres. Si te esfuerzas demasiado por ir en contra de tu estilo educativo natural, hay muchas posibilidades de que ni tú ni tus hijos salgáis beneficiados. También debes ser consciente del estilo del otro progenitor o progenitores si no vivís juntos, y de cómo influye en tus hijos.

ENCONTRAR TU CAMINO

Ser padres puede ser la experiencia más enriquecedora de nuestra vida. Aun así, es de sabios aceptar que también puede causarnos dolor y preocupación. Puede ser una lucha constante conseguir que tus hijos se porten como crees que deben hacerlo y vayan por el camino que consideras mejor: no solo en sus primeros meses de vida, sino durante los terribles dos años y la tempestuosa adolescencia. Puedes quererlos, alentarlos y apoyarlos; fijarles límites, castigarlos, reprenderlos y confiar en que todo salga bien. Pero deberás lidiar con toda clase de factores sobre los que no ejerces un control directo pero guardan relación con tu papel.

Para bien o para mal, tendrás una influencia imborrable en tus hijos, pero no puedes controlar sus almas ni lo que harán en la vida. Lo único que puedes hacer es crear las mejores condiciones y oportunidades para que ellos se desarrollen. Ese es tu papel. Conocer tu papel solo es la mitad de la fórmula; la otra mitad es conocer a tu hijo.

3

Conocer a tu hijo

Sabes que tu hijo es diferente. Nunca lo confundirías con otro de los niños que viven en tu calle. Evitaremos hacer la típica analogía entre los niños y los copos de nieve, pero la verdad lisa y llanamente es que ninguno es igual a otro, incluso en la misma casa. Si tienes dos o más hijos, habrás visto que no nacieron como páginas en blanco. Todos tienen, por naturaleza, su propio carácter, talentos y personalidad única, y están destinados por su genética a vivir de manera distinta. Por supuesto, algunos niños se parecen físicamente pero sus caracteres son inconfundibles. ¿Cómo repercute todo esto en tu manera de educarlos?

¿Quiénes son esas personas?

Es probable que ya conozcas el debate de «naturaleza frente a educación». ¿Qué influye más en los niños, su herencia genética o sus experiencias culturales? Si tus hijos son biológicos, entonces has contribuido de manera importante a su naturaleza genética. Pueden tener tus ojos, tu pelo y tu intolerancia a la comida picante; la nariz, la estatura y la tendencia a estornudar con mucho sol de tu pareja. También tu fascinación con las bandas de rock de los años sesenta y la aversión de tu pareja por las novelas de misterio protagonizadas por gatos. Esa es probablemente la parte innata en acción. Así pues, ¿qué es más importante para quién es tu hijo y quién puede llegar a ser?

Los «naturalistas», por así llamarlos, argumentan que nuestras capacidades y caracteres innatos dictan el rumbo de nuestra vida: que nuestro destino es el ADN. Los «educacionistas» (¿por qué no?) arguyen, en cambio, que nos convertimos en lo que somos debido al entorno en el que nos desarrollamos y lo que la vida nos depara. Este debate lleva años librándose y me complace informarte de que parece haber concluido en empate. Un reciente estudio de referencia localizó a más de catorce millones de pares de gemelos de treinta y nueve países y analizó más de diecisiete mil rasgos. Concluyó que nuestros genes contribuyen en aproximadamente un 49 por ciento a convertirnos en las personas que llegamos a ser, mientras que nuestro entorno lo hace en un 51 por ciento más o menos.[1]

En ese caso, punto porcentual más, punto porcentual menos, no deberíamos hablar de naturaleza *frente a* educación, sino de la relación *entre* naturaleza y educación, y esa relación tiene consecuencias significativas para la enseñanza. Lo que hace único a tu hijo es fundamental, y trataremos ese tema más adelante. Antes, hablaremos de lo que todos los niños tienen en común, porque eso también es importante.

NACIDOS PARA APRENDER

Los recién nacidos esconden todo un mundo de posibilidades. Cuando miras a un bebé en la cuna, ¿qué ves? Quizá veas la viva imagen de la inocencia y la dependencia. Los bebés parecen indefensos y en muchos aspectos lo son, pero evolucionan a un ritmo vertiginoso. Lo que en verdad estás mirando es «la mente más prodigiosa que ha existido jamás, la máquina de aprendizaje más potente del universo».

Los diminutos dedos y la boca son mecanismos de exploración que sondean el mundo extraño que les rodea con más precisión que cualquier robot marciano. Las arrugadas orejas oyen murmullos incomprensibles y los convierten en lenguaje con sentido. Los grandes ojos que a veces parecen escudriñarnos el alma misma hacen justo eso, descifrar nuestros sentimientos más profundos. La cabeza pelona rodea un cerebro que forma millones de nuevas conexiones todos los días. Eso, al menos, es lo que treinta años de investigación científica nos han enseñado.[2]

Desde el momento en que nacen hasta el día en que cobran su primer sueldo, tus hijos atraviesan una metamorfosis milagrosa. Siempre y cuando tengan la nutrición, el descanso y realicen el ejercicio que necesitan, cambian físicamente en tamaño, fuerza y aspecto. Evolucionan emocionalmente conforme su cerebro y sistemas neuronales se tornan más sofisticados. Se desarrollan cognitivamente a medida que su conocimiento y comprensión del mundo aumentan. Maduran socialmente en su aptitud para relacionarse con otras personas. Y, con un poco de suerte, se desarrollan espiritualmente, al hallar un sentido y un rumbo en la vida y descubrir la compasión.

Diferenciar estos procesos es una cosa, pero separarlos es engañoso. La evolución de tus hijos no está organizada en compartimentos estancos. Su desarrollo físico influye en su desarrollo cognitivo, que está ligado a sus experiencias sociales, todo lo cual se entrelaza con sus sentimientos y emociones sobre sí mismos y el mundo que les rodea. En los primeros meses, los bebés lloran de forma incontenible si se sienten incómodos o inseguros, pero su autocontrol aumenta conforme adquieren más experiencias y una mayor coordinación. Cuando aprenden a andar tienen un mayor control motor de sí mismos y su entorno (aunque sus pasos sean inseguros): andan, hablan y perfeccionan el arte de aporrear el suelo con los puños y gritar si no se salen con la suya.

Cuando empiezan a ir a la escuela, perfeccionan sus habilidades motoras y adquieren un mayor dominio de su entorno físico. Después irrumpe la pubertad, sus cuerpos y química cerebral se revolucionan catapultándolos a territorios antes inexplorados, y comienzas a pasar de puntillas por delante de la puerta de su habitación. Las hormonas continúan inundando los cuerpos de los adolescentes y originan arrolladores sentimientos sobre sí mismos y sus relaciones con otras personas. La aptitud madura de dominar las emociones se relaciona con la multiplicación de las conexiones cerebrales, particularmente en la corteza prefrontal, y en la mayoría de los jóvenes el proceso no termina antes de la treintena. Por fin llega la edad adulta, cabe esperar que con una relativa sensación de equilibrio y control, al menos hasta el momento de ponerse una prótesis de cadera.

Harvey Karp es un pediatra de fama mundial y autor del éxito de ventas *The Happiest Toddler on the Block*. Traza una fascinante analogía entre la primera etapa del desarrollo infantil y la evolución de la historia de nuestra especie. Entre el primer y cuarto año de vida, dice, la rápida maduración de los hijos se asemeja a una repetición ultrarrápida de la evolución humana antigua. Los hitos que nuestros antepasados tardaron siglos en dominar afloran en nuestros hijos en un período de solo tres años:

- Andar erguidos
- Destreza al usar las manos y los dedos de las manos
- Hablar
- Barajar ideas (comparar/contrastar)
- Empezar a leer[3]

Aunque todavía hay gente a quien no le gusta oírlo, nuestros parientes genéticos más cercanos son los chimpancés. Compartimos con ellos más del 98 por ciento del material genético, pero ese minúsculo 2 por ciento cambia totalmente lo que podemos hacer y llegar a ser en la vida.

Tus hijos nacen con enormes capacidades, y continúan desarrollándose mucho después de que las crías de otras especies se hayan estancado. En sus dos primeros años, los humanos y los chimpancés parecen avanzar codo con codo. Solo un año después, el bebé humano ha superado al chimpancé en casi todo. Los primates superiores son inteligentes, pero incluso los chimpancés adultos solo tienen algunas de las aptitudes mentales de un niño de entre tres y cuatro años. Pueden aprender el lenguaje de los signos a un nivel básico y tienen sistemas sociales complejos, pero no pueden hablar de forma articulada como nosotros y carecen de capacidades comparables para el razonamiento superior y la creatividad.

Los seres humanos tenemos formas de inteligencia más sofisticadas que cualquier otra criatura de la Tierra. Somos únicos en nuestro uso de símbolos para pensar y comunicarnos, lo que incluye el lenguaje, las matemáticas, las ciencias y las artes, y la miríada de conocimientos e innovaciones que se derivan de ellos. Tenemos una capacidad incomparable para tomar decisiones, dominar nuestras emociones, sentir compasión, el pensamiento lógico y racional, la creatividad y el juicio crítico, todo lo cual puede aumentar conforme los niños crecen y maduran. ¿Qué explica esta enorme diferencia evolutiva?

Un factor es que tenemos una infancia más larga que la de la mayoría de las especies. Para algunas, esta termina en un abrir y cerrar de ojos. El bebé de chimpancé crece el doble de rápido que su pariente humano. Mientras tu hijo de tres años todavía da tumbos por la habitación y se mira los dedos de los pies, los bebés de muchas otras especies ya vuelan con sus propias alas y se las arreglan solos. Una razón para ello puede ser que nuestro cerebro en desarrollo consume tanta energía que no queda suficiente para que el resto del cuerpo madure más rápido.[4] El cerebro humano es unas tres veces más grande que el de otros primates. Un cerebro humano adulto pesa entre 1.300 y 1.500 gramos, lo que es mucho en proporción a nuestro cuerpo. Nuestros grandes cerebros consumen en torno a la cuarta parte de los nutrientes que ingerimos y alrededor de una quinta parte del oxígeno que respiramos.

Aún más importante es el tamaño de la corteza cerebral, la arrugada capa externa del cerebro, que es mucho más densa en los humanos que en los chimpancés. El cerebro de un bebé humano tiene unos cien mil millones de neuronas y un número infinito de posibles conexiones. A medida que el bebé crece y aprende, estas neuronas se conectan en infinidad de combinaciones mediante largas fibras llamadas axones. Esta compleja red de conexiones facilita el desarrollo de las facultades mentales de tu hijo. Además, está la mielina.

La mielina es una sustancia grasa de color blanco que recubre los axones y acelera los impulsos eléctricos que pasan por ellos. Tarda mucho más tiempo en formarse en el ser humano que en los chimpancés. Apenas está presente en el cerebro del recién nacido humano; se desarrolla poco a poco durante la infancia y continúa haciéndolo durante la adolescencia hasta los primeros años de la edad adulta. En los chimpancés ya está bastante formada al nacer y deja de desarrollarse antes de la pubertad. La menor velocidad a la que se forma la mielina en los cerebros humanos es importante para la formación de los miles de millones de conexiones neuronales, lo que es esencial para las facultades cognitivas de orden superior que son el auténtico sello de la inteligencia humana.[5]

ES UN JUEGO INFANTIL

Para los niños pocas cosas son más serias que jugar. Existe una correlación directa entre el juego activo y novedoso y una mayor actividad y desarrollo cerebrales, lo que facilita el desarrollo del pensamiento creativo y analítico, la competencia para resolver problemas y la aptitud para colaborar y cooperar con los demás. Trataremos las muchas ventajas del «juego auténtico» en el capítulo 4. Como veremos, estos beneficios están relacionados con los numerosos aspectos en los que hacer ejercicio físico y pasar tiempo al aire libre es fundamental para el desarrollo saludable de tus hijos. Nuestra larga infancia nos permite aprender el lenguaje de una manera más rica y holística, valernos del juego para adquirir competencias sociales de importancia vital y aprender de los errores y fracasos.[6] Debido a ello, tenemos sistemas sociales y culturales más complejos. El prolongado desarrollo del cerebro humano también brinda más oportunidades para que las experiencias culturales de los niños moldeen sus aptitudes a medida que se hacen mayores.

En resumidas cuentas, hemos adquirido nuestro enorme potencial intelectual a cambio de incómodas relaciones con la gravedad y la incapacidad de sacar nuestra leche de la nevera. Resulta que es un buen trato. Tal vez al principio seamos lentos, pero después adelantamos a otras especies como un coche tuneado. Así pues, la próxima vez que tu hijo de cuatro años esté corriendo como un loco por un restaurante mientras intentas terminarte un plato de pasta y tienes la impresión de que nunca se hará mayor, recuerda que este largo proceso de desarrollo debería acabar compensándote.

EL LARGO Y TORTUOSO CAMINO

Todos conocemos casos de niños precoces que van muy por delante del pelotón y de otros que se quedan rezagados. Pero, en general, el desarrollo infantil sigue pautas similares. Profesionales de la ciencia y estudiosos han intentado identificar sus diversas etapas. Uno de los más conocidos es Jean Piaget, quien sostenía que existen cuatro etapas: *sensorio-motora* (de 0 a 2 años), *preoperacional* (de 2 a 7), *de las operaciones concretas* (de 7 a 11) y *de las operaciones formales* (a partir de 11).

En la etapa sensorio-motora, los niños descubren la relación entre su cuerpo y el mundo que les rodea. Aprenden la permanencia del objeto: entender que un objeto continúa existiendo aunque no lo vean. Durante la etapa preoperacional, empiezan a pensar en los objetos de manera simbólica y a establecer relaciones metafóricas entre ellos. En el período de las operaciones concretas, comienzan a razonar y a resolver las cosas pensando en vez de solo actuar. Y en la etapa de las operaciones formales, aprenden a utilizar conceptos abstractos y empiezan a razonar.[7] Puedes contar con que tus hijos atravesarán alguna versión de estas etapas en momentos relativamente previsibles, solo por ser niños.[8] Este es uno de los efectos de la naturaleza. ¿Y la educación? Si la educación tiene una ligera ventaja sobre la naturaleza (alrededor del 2 por ciento, según parece), ¿qué le proporciona esta ventaja?

CULTURA Y OPORTUNIDAD

Cualesquiera que sean sus capacidades innatas, el entorno en el que crecen los niños tiene una profunda influencia en su desarrollo: en qué será de su naturaleza.

Shamdeo fue encontrado en un bosque de la India en 1972. Rondaba los cuatro años. Lo hallaron jugando con lobeznos y tenía los dientes afilados, las uñas largas y ganchudas y un refinado talento para cazar pollos. Carecía de lenguaje y de todos los rasgos sociales que habitualmente asociaríamos con los niños de cuatro años. Las autoridades lo trasladaron a un centro donde terminó dejando de comer carne cruda, pero jamás aprendió a hablar y solo adquirió un lenguaje de signos muy rudimentario.

Oxana Malaya tenía ocho años cuando la localizaron en una perrera de Ucrania en 1991. Sus padres alcohólicos la habían dejado afuera una noche cuando tenía dos años, y Oxana terminó viviendo con los perros. Al encontrarla, andaba a cuatro patas, ladraba y gruñía, y solo recordaba las palabras «sí» y «no». Con el tiempo, aprendió a comunicarse y hoy trabaja con animales de granja en el hospital donde reside.

La historia de John Ssebunya tiene un final más feliz que las dos primeras, aunque tuvo un comienzo horrible. Cuando tenía tres años, John vio cómo su padre asesinaba a su madre, y el niño ugandés huyó a la selva. Allí vivió con monos durante tres años, en el transcurso de los cuales aprendió a encaramarse a los árboles y buscar comida. Quizá porque no pasó tanto tiempo en estado salvaje como los otros casos mencionados, John pudo readaptarse a la vida humana. Sus competencias verbales son limitadas, pero ha desarrollado una hermosa voz para cantar, que utilizó con el coro infantil Pearl of Africa.[9]

Shamdeo, Oxana y John son tres ejemplos de niños «salvajes» que se criaron aislados de otros seres humanos. Existen más de cien casos documentados; sin duda, hay muchos más de los que no tenemos constancia. Estos son relatos extremos, pero arrojan luz sobre los efectos de la cultura en todos nosotros.

Estos efectos no siempre son tan fáciles de detectar. Mudarse a un barrio con una devoción tribal por el equipo de fútbol local quizá no tenga tanto impacto en las personas como criarse con lobos, pero solo es una cuestión de grado. Los niños no crecen en un vacío cultural e innumerables factores influyen en su desarrollo, desde la decisión de su tía de plantar a su cuarto marido o la frecuencia con la que sus padres juegan con ellos por las tardes, hasta si estos han crecido en una comunidad religiosa (y cuál) o si la familia vive en un barrio del extrarradio dominado por las pandillas o en una comuna vegana en el desierto californiano. Algunos aspectos influyen más que otros. Analicemos dos que a menudo se atribuyen a la naturaleza pero también están estrechamente ligados a la educación.

El dinero importa

La renta familiar tiene efectos notorios en los logros de niños y jóvenes, no solo por lo que pueden comprar y hacer, sino por cómo ven su vida y su futuro.

La pobreza tiene muchas causas. Una empresa que quiebra y lleva a sus empleados a la crisis. Una recesión que sume a una familia adinerada en un repentino mar de deudas. Un divorcio o problemas de salud que privan a una familia de su principal sostén. Es posible que los padres tengan un bajo nivel educativo. Quizá están en paro o no son aptos para trabajar, por ser delincuentes o indigentes, o por ambas cosas. Los problemas de las rentas bajas pueden verse agravados por otras situaciones sociales: la familia subsiste en un barrio ruinoso aquejado de otras penurias o altos índices de delincuencia. Según las circunstancias, la pobreza puede ser catastrófica para los niños.

Los niños que viven en extrema pobreza tienen una probabilidad seis veces mayor de que los desatiendan o maltraten y más posibilidades de vivir en barrios con riesgos para su seguridad física. La pobreza afecta más a los menores que la sufren durante sus primeros años de vida que a los que la experimentan más adelante. Los pequeños que viven en la miseria durante años tienden a ser los que padecen más. Debido a la malnutrición, los niños de entornos pobres son dos veces más propensos a tener una salud deteriorada y problemas de desarrollo físico que los de familias con rentas altas. Suelen pesar menos al nacer y sufrir un retraso del crecimiento. Son más propensos a tener problemas de aprendizaje, pasan menos años en la escuela y terminan la educación secundaria en menor proporción. Pueden tener problemas emocionales y conductuales, y las adolescentes son tres veces más propensas a quedarse embarazadas.[10]

La pobreza no es culpa de los niños. Aun así, este ciclo puede acabar perpetuándose. Los hijos de familias pobres son más propensos a tener un bajo nivel educativo y poca preparación, a ganar menos dinero cuando son adultos y, en consecuencia, a criar a sus hijos en un entorno aún más pobre.[11] Nada de esto es inevitable y casi todos pensamos en excepciones a esta tendencia, pero hay pruebas sólidas de que la renta familiar es un factor importante en el desarrollo de los niños y su éxito en la vida. Solo es un ejemplo de la compleja danza entre naturaleza y educación. Otro es la evolución de las definiciones de género.

¿Niño o niña para siempre?

La pregunta que todos los futuros padres se hacen es si tendrán un niño o una niña. Cuando el bebé nace, es una de las primeras cosas que preguntan los familiares y amistades, y la pregunta legal que el médico o comadrona debe contestar. La respuesta puede parecer fácil, pero con bastante frecuencia no lo es. Tendemos a pensar en hombres y mujeres como categorías distintas con una clara línea que las separa. En la práctica, la línea puede ser muy borrosa. Existe una diferencia entre sexo, género y orientación sexual. Sexo se refiere a la anatomía; género, a la identidad; orientación sexual, a la afinidad. Los tres conceptos están relacionados y son más complicados de lo que parecen. Tratemos primero el sexo.

La forma intuitiva de comprobar el sexo de un bebé es mirarle los genitales, pero anatómicamente, la identidad sexual es más de lo que se ve por fuera. Existen al menos cuatro dimensiones físicas de la sexualidad: órganos externos, órganos internos, cromosomas y hormonas. No hace falta explicarte en qué suelen diferenciarse los genitales externos de hombres y mujeres. Al menos, eso espero. Hay *órganos internos* que normalmente también los diferencian. Las niñas tienen útero y ovarios; los niños tienen testículos. Por regla general, las hembras tienen *cromosomas* XX, y los machos, XY. Pero no siempre es así. Algunos bebés tienen los genitales externos de una niña, pero carecen de ovarios o útero. Externamente, algunos bebés parecen niños pero tienen genes femeninos y órganos internos femeninos. Otros tienen estructuras genitales ambiguas y se clasifican como intersexuales, ni niños ni niñas en el sentido más común del término. Hay hasta ocho variaciones que difuminan las fronteras entre masculino y femenino.[12]

Las *hormonas* también son importantes. En las primeras etapas del embarazo, la cantidad de testosterona en el útero de la madre determina si los mismos tejidos del feto tomarán forma de pene y escroto, o de labios y vagina. Conforme los niños crecen, variaciones en los niveles hormonales influyen en su desarrollo tanto físico como emocional. Algunas bebés tienen genes femeninos pero segregan hormonas masculinas; algunos varones tienen genes masculinos y segregan hormonas femeninas. Debido a toda esta variedad, Facebook ha eliminado el requisito de que los usuarios especifiquen si son hombres o mujeres. Ahora, pueden elegir entre cincuenta y dos posibles opciones.

Por el momento, los médicos aún tienen que describir a los recién nacidos como masculinos o femeninos. Si los genitales externos son ambiguos, la decisión a menudo se toma en virtud del sexo con el que ellos y la familia creen que el pequeño se identificará más cuando crezca. Esta puede ser una decisión desgarradora. Un niño puede tener genitales masculinos y criarse como un varón, pero ser niña desde el punto de vista hormonal y en lo que respecta a su identidad.

El *género* es más complicado que el sexo físico de una persona. Es «la interrelación compleja entre el sexo de un individuo (sexo biológico), su identidad interna como varón, mujer, ambos o ninguno (identidad de género), así como sus manifestaciones y conductas externas (expresión de género) relacionadas con esa percepción, incluido su rol de género».[13] La intersección de estas tres dimensiones crea la auténtica identidad de género de un individuo, tanto en cómo experimenta su propio género como en la manera en que lo perciben los demás. Cuando el género que se asigna a una persona al nacer difiere del género con el que ella se identifica más adelante, a menudo sufre un agudo malestar, un trastorno conocido como *disforia de género*. Se enfrenta a la constante tortura de sentir y comportarse como una niña pero tener que comportarse como un niño y recibir ese trato, o viceversa. Las divergencias en la identidad sexual, el género y la orientación sexual a menudo provocan acoso y burlas en las escuelas, sobre todo durante la adolescencia.

Otra posible causa de tensiones es cómo los roles de género y los estereotipos se refuerzan en el hogar. Tomemos, por ejemplo, la tendencia a asociar el rosa con las niñas y el azul con los niños. Hasta los dos años, casi todos los niños, al margen de su género, parecen preferir el azul. A los dos años, las niñas empiezan a mostrar una preferencia por el rosa. Esto puede deberse a influencias culturales: las niñas a menudo se visten de rosa y tienen juguetes de ese color.[14] Los niños también aprenden fijándose en las conductas de los adultos que les rodean. En hogares donde los estereotipos de género están definidos con rigidez, los que tienen conflictos con su identidad sexual pueden sentirse obligados a adoptar roles que chocan con su sensibilidad innata.

Tus hijos son genéticamente similares a los otros niños, pero también son individuos únicos. Así pues, ¿qué pasa con tu hijo en concreto, y qué puedes hacer para cultivar sus talentos y sensibilidades?

IDENTIFICAR LA GENIALIDAD DE TU HIJO

Cuando nuestro hijo James tenía siete años, mi mujer y yo nos dimos cuenta de que el colegio al que iba no era apropiado para él y empezamos a buscar otras escuelas que le convinieran más. En la primera que visitamos, el director se pasó quince minutos diciéndonos lo estupenda que era su escuela y después se llevó a James a otra habitación para «evaluarlo». Supusimos que tardaría un buen rato. No fue así. Diez minutos después, ya estaban de vuelta. «Bueno —dijo el director—, no es ningún genio, pero lo aceptaríamos encantados.» Sin hablarlo siquiera, los dos decidimos no darle esa oportunidad.

Nos pareció indignante que alguien, incluso un director con experiencia, emitiera ese juicio en menos de diez minutos. ¿Qué noción de aptitud, y no digamos ya de genialidad, manejaba? ¿Cómo podía haber descubierto lo suficiente sobre los intereses, talentos, virtudes y defectos de James en una breve conversación y, probablemente, ¿un par de pruebas tipo test? El hecho de que se sintiera con la confianza de emitir ese juicio con tan pocos elementos nos bastó para no tener confianza ni en su opinión ni en él.

También discrepábamos de su concepto de genialidad. Para el tema que nos ocupa, lo importante no es si nuestro hijo o el tuyo es un genio en la acepción más corriente del término. Cada vez hay más presiones sociales para demostrar cuanto antes que nuestros hijos tienen talentos excepcionales. Según se dice, si tu hijo no ha demostrado ser un prodigio de algún tipo a los dos años, ya puedes ir olvidándote de matricularlo en una buena escuela y más vale que empieces a prepararte para verlo trabajar por el salario mínimo durante toda su vida. Eso es absurdo y, si sientes esta presión, te ruego que hagas todo lo posible para evitar ejercerla sobre tus hijos. No todos los niños cuando sean adultos van a inventar una tecnología revolucionaria, marcar un hito en medicina, ser grandes maestros del ajedrez o componer una canción que nunca pasa de moda. En este libro, utilizo el término *genialidad* en un sentido más fundamental que abarca más que a iconos como Stephen Hawking, Maya Angelou, Steve Jobs o Mozart.

Thomas Armstrong es director ejecutivo del Instituto Estadounidense para el Aprendizaje y Desarrollo Humano. En *Awakening Genius in the Classroom*, utiliza el término *genialidad* con el significado de «engendrar la propia alegría».[15] *Genialidad* deriva de palabras griegas y latinas que significan «nacer» o «surgir». Está relacionado con *génesis* y *genial*, que significan, entre otras cosas, «festivo», «favorecedor del crecimiento», «revitalizante» y «jovial». Este concepto de genialidad coincide con la opinión que tengo desde hace tiempo de que todos los niños poseen grandes talentos innatos y todos los tienen distintos.

Uno de los graves problemas de la educación, el cual debería preocupar a los padres, es la noción limitada de inteligencia que impregna la cultura de las escuelas. El rendimiento escolar todavía se basa en su mayor parte en un concepto restringido de aptitud académica y en la tendencia a confundirla con la inteligencia en general. La aptitud académica conlleva determinadas clases de pensamiento verbal y matemático, lo que es una de las razones por las que los alumnos pasan tanto tiempo sentados escribiendo y haciendo cálculos. La aptitud académica es importante, pero no es toda la inteligencia. Si lo fuera, la cultura humana sería mucho menos interesante.

Cuando la educación se basa en un concepto limitado de aptitud, toda clase de aptitudes de otro tipo pueden pasar desapercibidas. Tu hijo podría tener muchos talentos e intereses que su escuela no reconoce y tú, él y el centro podríais concluir que no es muy inteligente, cuando el verdadero problema reside en lo restrictiva que es la definición de «inteligente». Una vez que reconocemos que todos nuestros hijos son inteligentes de diversas maneras, somos capaces de ver que tienen muchos caminos distintos para realizarse, no solo uno.

En al menos tres aspectos, los recursos humanos son como los recursos naturales de la Tierra.

Diversidad

La diversidad de los talentos e intereses humanos es asombrosa, lo que explica la increíble variedad de los logros de la humanidad. Piensa en el ilimitado repertorio de profesiones, oficios, conocimientos y logros en las artes, las ciencias, la tecnología, los deportes, la arquitectura, la artesanía, el comercio, la política, la atención sanitaria, la agricultura, la asistencia social, etc. El psicólogo de Harvard Howard Gardner identifica ocho formas de inteligencia:

- *Espacial:* la aptitud para conceptualizar y manejar modelos espaciales tridimensionales de gran escala (p. ej., pilotar un avión, ser marinero) o formas locales de espacio (p. ej., arquitectura, ajedrez).

- *Corporal-quinestésica:* la aptitud para utilizar todo el cuerpo, o partes de él (como las manos o la boca), para resolver problemas o crear productos (p. ej., bailar).

- *Musical:* sensibilidad para el ritmo, la métrica, el tono, la melodía y el timbre. Puede ir acompañada de la aptitud para cantar, tocar instrumentos musicales o componer música (p. ej., dirigir una orquesta).

- *Lingüística:* sensibilidad para el significado de los vocablos, el orden entre ellos y el sonido, ritmos, inflexiones y métrica de las palabras (p. ej., escribir poemas).

- *Lógica-matemática:* la capacidad de conceptualizar las relaciones lógicas entre acciones o símbolos (p. ej., matemáticas, ciencias).

- *Interpersonal:* la aptitud para interactuar con los demás de manera eficaz. Sensibilidad para los estados de ánimo, sentimientos, temperamento y motivaciones de los demás (p. ej., negociar).

- *Intrapersonal:* sensibilidad para los propios sentimientos, metas y preocupaciones, y la capacidad de hacer planes y actuar teniendo en cuenta los rasgos de uno mismo.

- *Naturalista:* aptitud para realizar distinciones relevantes en el mundo de la naturaleza, como, por ejemplo, entre una planta y otra, o una formación de nubes y otra (p. ej., taxonomía).[16]

El psicólogo Robert Sternberg sostiene que la inteligencia tiene tres componentes principales: *analítico*, la aptitud para hacer juicios y comparaciones entre objetos; *creativo*, la capacidad para concebir ideas nuevas o afrontar situaciones desconocidas, y *práctico*, la habilidad para funcionar en nuestro entorno y gestionar el mundo que nos rodea.[17] Hay otras teorías, y varían en las formas de inteligencia que identifican y cómo las distinguen. Todas reconocen que no hay una sola forma de inteligencia, que somos inteligentes de distintas maneras y utilizamos nuestra inteligencia en combinaciones que son exclusivas de cada uno de nosotros.

Descubrimiento

Al igual que los recursos naturales de la Tierra, los talentos humanos a menudo están ocultos bajo la superficie y tenemos que desenterrarlos antes de poder utilizarlos. Si vives en una comunidad monolingüe, ¿cómo sabrás cuántos idiomas podrías hablar si te brindaran la oportunidad? Si nunca has cogido un violín, o un microscopio, una sierra de ingletes o una raqueta, ¿cómo sabrás si tienes talento o pasión por la música, la biología, la carpintería o el tenis? Nuestros hijos siempre mandan señales sobre la persona en la que se están convirtiendo. En los libros del Elemento que he comentado, hay muchos ejemplos de personas que ya tenían una vocación clara en su infancia. En ocasiones, sus verdaderos talentos eran evidentes, aunque ni sus familiares ni las escuelas quisieran verlos en ese momento. Incluyen niños que jugaban al Lego sin parar y se hicieron expertos arquitectos, chiquillos que garabateaban de forma obsesiva y llegaron a ser célebres dibujantes, críos «hiperactivos» que se hicieron bailarines o gimnastas profesionales, y callados lectores que llegaron a ser dedicados profesores universitarios.

Desarrollo

Existe una diferencia entre capacidades y aptitudes. Capacidades son aquello con lo que nacemos; aptitudes son en lo que devienen estas cuando las descubrimos y perfeccionamos. Muchas personas no saben leer ni escribir, no porque no tengan capacidad para hacerlo, sino porque no lo han aprendido. Cualesquiera que sean nuestros talentos, sin práctica, estímulo y determinación, ¿cómo se sabrá lo bien que se nos podrían dar?

Esto no significa que los niños que desarrollan sus talentos siempre serán felices, pero aquellos que lo hacen tienen más probabilidades de llevar una vida que les satisfaga y beneficie a otras personas. Esto ocurrirá sobre todo si ayudas a tus hijos a descubrir el placer que reporta hacer bien algo que les interesa de verdad. Brindarles la clase apropiada de educación es una de las maneras más seguras de hacerlo.

La escuela debe ofrecer un programa variado y equilibrado que cultive de forma consciente el desarrollo físico, emocional, cognitivo, social y espiritual de tu hijo. No obstante, no es la única responsable de estas áreas del desarrollo. Sobre todo en los primeros años, los principales responsables son la familia y la comunidad, de la cual es probable que el colegio forme parte. Deberías considerarla una compañera. A medida que tus hijos se hacen mayores, el equilibrio de oportunidades debe variar para adaptarse a los cambios en sus capacidades de aprendizaje e intereses personales. Las buenas escuelas siempre cumplían estas funciones. En la actualidad, nuestros hijos se enfrentan a ciertos desafíos que también tienen que ver con nuestro rol de padres y con lo que debemos esperar de la educación.

4

Criar hijos fuertes

No veo esperanza para el futuro de nuestro pueblo si se ha de basar en la frívola juventud de hoy, pues no hay duda de que todo joven carece de moderación más allá de lo que se puede decir. Cuando yo era un muchacho, se nos enseñaba a ser discretos y respetuosos con nuestros mayores. La juventud de hoy no acepta que se la frene.

HESÍODO,
poeta griego, siglo VIII a.C.

Toda generación choca con la que la precede. Los jóvenes claman contra los adultos de forma sistemática; los adultos generalmente se desesperan por cómo ha decaído la moralidad de los jóvenes desde los tiempos de su juventud. Hesíodo es uno de la larga lista de ancianos con malas pulgas. Como Samuel Johnson señaló hace doscientos cincuenta años, «Todo hombre viejo se lamenta de la creciente depravación del mundo y de la petulancia e insolencia de la nueva generación».

Algunos de los problemas que acompañan al desarrollo de tus hijos son tan antiguos como la propia humanidad. Los hallarás en las epopeyas de la Antigüedad, las obras de teatro de Shakespeare y todas las películas sobre el paso de la niñez a la madurez que hayas visto. Esa parte corresponde a la naturaleza. Las fatigas de los niños en su proceso de maduración también están determinadas por sus circunstancias: por la educación. Los niños obreros de la Revolución Industrial, los menores esclavos, la privilegiada progenie de la riqueza y los jóvenes llamados a filas para librar guerras, todos han tenido que jugar las cartas que les han tocado en la vida. Algunos de los desafíos a los que se enfrentan nuestros hijos son exclusivos de nuestra época. Tienen que ver con nuestro rol de padres y con lo que debemos esperar de sus escuelas.

Bajo presión

Si piensas en tu época de escolar, es probable que recuerdes haber sentido estrés por un examen trascendental, una clase difícil o un partido o función importante. La preocupación que sentías de vez en cuando era seguramente menos alarmante que la tensión crónica que muchos alumnos sienten hoy en día a todas horas. Más de ocho de cada diez adolescentes de Estados Unidos padecen estrés extremo o moderado durante el año lectivo, y uno de cada cuatro soporta estrés extremo.[1] Muchos experimentan dolores de cabeza relacionados con la tensión, pérdida de sueño, enfado e irritabilidad. Más de la tercera parte de los adolescentes esperan estar más estresados en el curso siguiente. En ocasiones, el problema es más profundo que el estrés. Según la Academia Estadounidense de Pediatría, uno de cada cinco menores de Estados Unidos tiene un trastorno mental diagnosticable, y de ellos solo uno de cada cinco recibe el tratamiento que necesita.[2]

Si no crees que los jóvenes actuales están especialmente estresados, no eres una excepción. Un estudio reciente muestra una diferencia considerable entre lo estresados que se sienten los jóvenes y lo estresados que sus padres creen que están. Casi la mitad de los adolescentes estudiados se sentían gravemente estresados; solo la tercera parte de sus progenitores era consciente de ello. Menos de uno de cada veinte padres creía que sus hijos estaban extremadamente estresados, pero casi uno de cada tres adolescentes afirmaba estarlo. Más del 40 por ciento de los jóvenes decían que padecían dolores de cabeza; solo el 13 por ciento de los padres se daba cuenta. La mitad de todos los adolescentes tenían problemas de sueño; solo poco más de la décima parte de los padres lo sabía. En torno al 40 por ciento de los adolescentes tenían ansiedad con la comida; solo el 8 por ciento de los padres era consciente de ello.[3]

¿Por qué están tan estresados los jóvenes actualmente? En un estudio tras otro, el alumnado de secundaria enumera como sus mayores causas de estrés la preocupación por su rendimiento académico, la presión implacable de los exámenes, la preocupación por ser aceptados en una buena universidad y la presión de los padres para que destaquen en la escuela como alumnos excepcionales. Otra causa son todas sus otras ocupaciones, las cuales han aumentado de forma considerable en el transcurso de la última década: más deberes, clases de prácticas de examen y programas organizados después de la jornada lectiva. Muchos se quejan de tener un horario demasiado apretado sin ninguna opción realista de aligerar su carga de trabajo, de la fuerte competencia por parte de sus compañeros y de los rigores del clima social de sus escuelas. La consecuencia es tener casi todo el día programado y planificado, con poco tiempo o ninguno para ser simplemente «críos». Dos de cada tres alumnos de secundaria mencionan los problemas para administrar su tiempo y obligaciones en casa y el colegio como una causa clave de sus niveles de estrés cada vez mayores.

Además, están las situaciones estresantes que pueden vivirse en las familias disfuncionales: padres que se pelean, quejas relacionadas con el dinero, crueldad entre hermanos e intentar emular a un hermano mayor. Todos los niños lidian con al menos algunos de estos problemas en algún momento de su vida. Una combinación de varios puede marcar la diferencia entre un grado de estrés manejable y la clase de estrés que tiene profundos efectos negativos en la vida cotidiana. Estas presiones se entremezclan con otras tendencias.

CULTURA DIGITAL

En menos de una generación, las tecnologías digitales han revolucionado nuestra forma de vivir, trabajar, aprender y jugar. En los años sesenta, cuando los Beatles y los Rolling Stones estaban de gira por el planeta y la guerra en Vietnam causaba estragos, no se había oído hablar de internet, no había páginas web y nadie tenía teléfono móvil. Hace poco vi un documental sobre el festival de rock de Woodstock de 1969; como no estuve, el documental fue lo más parecido a haber estado allí. Había miles de personas tumbadas por todas partes, escuchaban música (bueno, algunas), hablaban o bailaban. Ninguna estaba mirando un dispositivo portátil (al menos de la clase a la que nos referimos), mandando mensajes de texto, haciéndose *selfies* o navegando por la red. Esas cosas no existían. Pero estaban en camino.

En los años cincuenta, solo unas pocas organizaciones millonarias de Europa y Estados Unidos utilizaban ordenadores. No eran como los que conocemos en la actualidad. Las personas no los tenían en casa, y mucho menos en el bolsillo. Eran artefactos caros y lentos grandes como camiones, llenos de válvulas y cables enrollados, en los que únicamente las agencias gubernamentales y algunas grandes empresas podían invertir o estaban interesadas. Pero la tecnología se estaba acelerando. A mediados de los sesenta, el gobierno de Estados Unidos encargó una investigación para mejorar las comunicaciones entre instituciones académicas y militares utilizando redes de ordenadores. En los ochenta, una red prototipo llamada ARPANET desempeñaba esa función.

Entretanto, los ordenadores se volvieron cada vez más pequeños, rápidos y baratos. Las inversiones en redes informáticas también aumentaron. En 1989, Tim Berners-Lee, un informático inglés que trabajaba en Suiza, desarrolló los protocolos de la red informática mundial y, a principios de los años noventa, internet comenzó a tomar forma. En los últimos treinta años, se ha convertido en el sistema de comunicación más dinámico y ubicuo que haya conocido la humanidad. Mientras escribo estas líneas, la mitad de la población mundial, más de 3.500 millones de personas, está conectada a internet. Todos los años, la cifra se multiplica conforme la tecnología continúa fabricando dispositivos más pequeños, rápidos y baratos.

La cultura digital nos está cambiando. Internet es como una corteza cerebral digital, inmensa y dinámica, que envuelve a la humanidad en billones de conexiones que influyen en nuestra forma de pensar y actuar y en lo que podemos llegar a ser. Solo acaba de empezar. En los primeros tiempos de los ordenadores domésticos, utilizábamos los de mesa y los portátiles para los asuntos informáticos y los teléfonos móviles para, bueno, hacer llamadas. Hace diez años, la cultura digital dio un paso de gigante. En 2007, Apple lanzó el primer iPhone, y ya nada ha sido igual desde entonces.[4] Hoy en día, hay miles de millones de personas a quienes les parece imposible funcionar sin su teléfono inteligente. Los utilizamos para comunicarnos, comprar, hacer fotografías, jugar, escuchar música, informarnos, guardar recuerdos y pasar el rato. Están tan integrados en nuestra vida que es fácil olvidarse de que no existían hace apenas diez años.

Facebook tiene dos mil millones de usuarios activos en el mundo. Cada día, mil millones de ellos se conectan, la mayoría de ellos a través de dispositivos móviles, y comparten más de cinco mil millones de contenidos, entre ellos trescientos millones de imágenes, y los botones «Me gusta» y «Compartir» se ven en más de diez millones de páginas web.[5] Cada segundo se crean cinco nuevos perfiles. Cada minuto se publica medio millón de comentarios, se actualizan trescientos mil estados y se suben ciento cincuenta mil fotografías. Es un mundo nuevo, y tus hijos están en el centro.

Tanta conectividad tiene infinidad de ventajas. Las redes digitales son recursos maravillosos para el trabajo, el ocio, la creatividad y la colaboración, y encierran un potencial enorme para el aprendizaje, la educación y la escuela. Pero también tiene problemas importantes. Uno reside en el torrente de información que fluye noche y día de internet a través de innumerables blogs, páginas web, archivos, promociones, campañas y páginas personales, sobre todos los temas concebibles y desde todos los puntos de vista imaginables. Antes de que existiera internet, todo el material publicado fluía en su mayor parte de los productores a los consumidores. Un número reducido de personas lo creaba, y el resto lo recibíamos. Ahora que cualquiera puede «publicar» lo que se le antoje, es difícil discernir qué es verdad o mentira, auténtico o falso. Hacer búsquedas en la red puede ser como cribar oro; debemos tener cuidado con dónde lo hacemos, mirar lo que encontramos con ojo crítico y tener algún modo de verificarlo.

La cultura digital puede ser un agujero negro para nuestro tiempo y atención. Los jóvenes pasan horas delante de una pantalla todos los días. Antes de que te indignes demasiado, piensa que lo más probable es que tú también lo hagas. Por regla general, los adultos pasan hasta nueve horas diarias conectados a dispositivos digitales, al menos tanto tiempo como sus hijos: en parte trabajando, y en parte pasando distraídamente de un hipervínculo a otro por mera curiosidad o atraídos por los hábiles señuelos de los anunciantes. Eso sin contar el tiempo que dedican a los videojuegos, una industria multimillonaria en la actualidad.[6]

La cultura digital no solo está cambiando nuestra forma de pasar el tiempo, sino que está transformando nuestras relaciones.

REDES SOCIALES

¿Cuántos amigos de verdad tenías en la escuela? Me refiero a amistades en las que podías confiar y con quienes podías hablar sobre casi todo. Yo tenía unos cuatro. Había otros compañeros con los que me llevaba bastante bien, pero solo tenía unos pocos amigos de verdad. ¿Fue igual para ti? En ese caso, seguiste un conocido camino antes de las redes sociales. A lo largo de la historia humana, la principal manera de relacionarse con otras personas ha sido con la presencia física. Hace unos dos mil años, los sistemas de escritura introdujeron otras posibilidades para mantenerse en contacto. Después de ese gran hito, apenas hubo cambios hasta la invención del teléfono hace unos ciento veinte años. Conozco personas a quienes no les gusta hablar por teléfono porque no pueden ver las expresiones de su interlocutor. Las redes sociales son otra vuelta de tuerca.

En algunos aspectos, mantener el contacto a través de las redes sociales con personas que ya conocemos no es distinto de la antigua correspondencia, salvo que puede suceder en tiempo real con imágenes, música y vídeos. Cuando nuestro círculo de «amistades» virtuales incluye a muchas personas que no conocemos de otro modo, el concepto mismo de amistad comienza a transformarse. Las amistades de las redes sociales pueden no ser sino intercambios episódicos con una red dispar de relativos desconocidos: un aceptar/rechazar o me gusta/no me gusta reflejo. Cada publicación es como un minisondeo de opinión de nuestro caché social. Las publicaciones que triunfan, gustan; las que no lo hacen, no. Lo único peor es no suscitar ninguna reacción. Es posible desarrollar buenas relaciones virtuales con personas que no conocemos por ninguna otra vía, pero las curiosas convenciones de las redes sociales pueden afectar a la confianza de los jóvenes en las relaciones normales.

Siempre he pensado que «redes sociales» es un título irónico. En el mejor de los casos son asociales, y en el peor, antisociales. No soy el único que lo piensa. Hay pruebas de que las redes sociales pueden aumentar la sensación de soledad de las personas. Un estudio reciente sugiere que cuanto más tiempo pasan los jóvenes adultos conectados a las redes sociales, más probabilidades tienen de sentirse aislados del resto de la sociedad. Si están más de dos horas diarias se duplican las posibilidades de que se sientan aislados. El número de veces que visitan las redes sociales es un factor; otro es cuánto tiempo pasan conectados a ellas.

El profesor Brian Primack, de la Facultad de Medicina de la Universidad de Pittsburgh, quien dirigió el estudio mencionado, dijo: «Este es un tema que es importante estudiar porque los problemas de salud mental y el aislamiento social se han convertido en una epidemia entre los jóvenes adultos. [...] Somos criaturas sociales por naturaleza, pero la vida moderna tiende a compartimentarnos en vez de juntarnos». En su opinión, este trabajo sugiere que «las redes sociales pueden no ser la solución que la gente esperaba».[7]

Las redes sociales son también un canal para la maldad de toda la vida, la que ha existido siempre, pero ahora las personas pueden ser malvadas desde la intimidad de sus dispositivos y de manera anónima si lo desean. Además, están los troles, los ciber-abusones y los agresores sexuales para los cuales internet es una vía fácil y anónima de acoso, maltrato y cosas peores.

Ser adolescente siempre ha comportado problemas de popularidad, inseguridad, primeros amores y amistades volátiles. Aun así, antes de las redes sociales, seguramente te veías con uno o dos amigos después de clase, pero, en su mayor parte, la escuela estaba fuera de tu vida hasta la mañana siguiente. En la actualidad, tu red social te acompaña a todas horas. Eso es estupendo si has olvidado el trabajo de ciencias o necesitas hablar con alguien de una nueva película, pero no lo es tanto si estás en medio de un dramón con tus compañeros o te están insistiendo para que vayas a un evento que quieres evitar. Me estreso solo de pensarlo.

DESARROLLO CEREBRAL

La tecnología no es únicamente otro factor en la vida de los niños; está cambiando su forma de pensar y sentir. Jim Taylor es profesor de psicología en la Universidad de San Francisco. Hay pruebas, afirma, de que la exposición frecuente a la tecnología «está, de hecho, estructurando el cerebro de maneras muy distintas a las anteriores generaciones». Por ejemplo, la exposición frecuente a videojuegos y otras pantallas puede «mejorar las capacidades visoespaciales, aumentar la fijeza, los tiempos de reacción y la aptitud para identificar detalles en el desorden [...] más que volver tontos a los niños, es posible que solo los haga distintos».[8] Existe una buena razón para que tanto menores como adultos adoren los videojuegos: son tremendamente entretenidos y jugarlos puede tener verdaderos beneficios para tu hijo.

Para otras personas resulta inquietante que los niños hagan

tanto uso de la tecnología. «Los sistemas sensorial, motor y afectivo de los niños no han evolucionado biológicamente para adaptarse a la naturaleza sedentaria pero frenética y caótica de la tecnología actual —dijo la terapeuta ocupacional pediátrica Cris Rowan, directora general de Zone'in Programs—. El impacto del rápido avance tecnológico en el niño en desarrollo ha provocado un aumento de los trastornos físicos, psicológicos y conductuales que los sistemas sanitario y educativo solo están empezando a detectar, y mucho menos entender.»[9]

SALUD

Por primera vez en la historia moderna, los hijos pueden vivir menos que sus padres. La obesidad y diabetes infantil son hoy epidemias nacionales tanto en Canadá como en Estados Unidos. En este país, la obesidad infantil ha aumentado a más del doble en los últimos treinta años y más de cuatro veces en adolescentes. Los niños obesos son propensos a continuar siéndolo de adultos, lo que aumenta el riesgo de cardiopatías, diabetes, derrame cerebral y otras enfermedades.[10] Las causas son diversas, pero guardan mucha relación con la dieta y en particular con la omnipresencia de comida rápida con altos niveles de grasas y azúcares, el menor coste de los alimentos de peor calidad y la amenaza de pasar hambre. La mala salud física también está relacionada con los estilos de vida extremadamente sedentarios derivados de utilizar en exceso las tecnologías digitales. Todos estos factores también contribuyen al aumento de los diagnósticos de TDAH, autismo, trastornos de coordinación, retrasos en el desarrollo, habla ininteligible, dificultades de aprendizaje, trastorno del procesamiento sensorial, ansiedad, depresión y trastornos del sueño.[11]

DROGAS

Muchos países están azotados por una epidemia de adicción a los opiáceos y abuso de los medicamentos de prescripción y del alcohol. El índice y escala de la adicción resultan catastróficos en muchas comunidades y crean una preocupación intolerable en muchos padres y familias. Incluso en su mejor versión, las familias pueden ser una vorágine de peleas hegemónicas y guerras territoriales. Los padres pueden tenerlo mucho más difícil si un hijo tiene problemas con las drogas, en la escuela, en la calle o con la ley. Según el Instituto Nacional sobre el Abuso de Drogas, cuando un miembro de la familia consume drogas, se vuelve informal y despistado y puede cometer otros delitos para conseguir drogas, perder un trabajo, no regresar a casa en toda la noche y hacer otras cosas que jamás haría si no consumiera.[12] El amor quizá sea incondicional, pero no carece de sentido crítico. Para los padres, hay veces que saber cómo querer a nuestros hijos es tan importante como el hecho mismo de quererlos. Es otro aspecto en el que ser padres puede ser tan duro como gratificante.

PORNOGRAFÍA

Internet empezó como un servicio para la investigación científica. Hoy en día es una de las fuentes de pornografía más prolíficas de todos los tiempos. No estoy aquí para orientarte sobre la definición de pornografía. Como un célebre juez británico dijo en una ocasión, es muy difícil de definir, pero la conocemos cuando la vemos. Tampoco es función mía orientarte sobre la moralidad de la pornografía, pero el acceso fácil y generalizado a ella está creando mucha preocupación por sus repercusiones en las actitudes de los jóvenes hacia sus compañeros, su propia sexualidad y la intimidad y las relaciones.

PUERTAS ADENTRO

En tu infancia, ¿cuánto tiempo pasabas fuera de casa, jugando solo o con amigos sin supervisión adulta? ¿Y tus hijos? ¿Cuánto tiempo pasan ellos haciendo eso ahora? Probablemente mucho menos.

Desde hace un tiempo, soy asesor de una iniciativa internacional sobre la importancia del juego infantil financiada por Unilever que se llama «Dirt is good», «Ensuciarse es bueno». En marzo de 2016, esta iniciativa lanzó la campaña publicitaria «Liberad a los niños», que tenía como objetivo animar a los padres a hablar sobre los obstáculos que se encuentran para permitir a sus hijos salir de casa a jugar en el mundo real. El equipo del proyecto encuestó a doce mil padres de todo el mundo. Se evidenció que en la actualidad, por término medio, los niños pasan menos, a menudo mucho menos, de una hora diaria jugando en el exterior. Eso es menos de la mitad del tiempo diario que la ley internacional exige que los presos de máxima seguridad deben pasar al aire libre. Nos preguntábamos qué opinarían los reclusos sobre eso, así que rodamos una filmación dentro de la prisión de máxima seguridad del valle de Wabash Valley en Indiana.[13]

En ella, los detenidos hablan de lo mucho que valoran las dos horas que pasan al aire libre todos los días. «Tienes tiempo para notar el sol en la cara —dice uno—. Lo es todo para mí.» Se les pregunta cómo se sentirían si el tiempo se redujera a una hora. «Crearía más ira», responde uno. Otro dice: «Sería una tortura». El entrevistador les explica que, de promedio, los niños solo pasan una hora diaria en el exterior. Los reclusos reaccionan de forma emotiva a lo mal que les parece. «Subirse a un árbol, romperse una pierna [...] forma parte de la vida», observa uno, mientras que otro solo añade: «Aprender a ser un crío». A estos presidarios les afecta profundamente que el niño medio ya no juegue al aire libre. Nuestros hijos tienden a pasar bastante menos tiempo fuera que personas que la sociedad considera que deben estar entre rejas. Sé que a veces nuestros hijos pueden volvernos locos, pero ¿no debería ser su situación mejor que la de los reos de *Cadena perpetua*?

Hay diversas razones por las que los niños ya no juegan fuera de casa. Una es que dentro hay mucho con lo que entretenerse. Cuando yo era pequeño, jugar al aire libre era la única opción viable. La televisión no tenía mucho que ofrecer. Hoy en día, cuando se puede ser un cazador de extraterrestres, un mercenario o una superestrella del fútbol sin salir del salón, imagino que es más difícil convencerse para ir a chutar un balón con unos amigos, sobre todo si ellos también están solos dentro de casa, haciendo alguna variante de lo que haces tú.

Entretenerse en casa no es la única razón por la que los niños pasan tanto tiempo bajo techo. Tomemos por ejemplo algo tan simple como ir andando a la escuela. En 1969, el 48 por ciento de los niños de entre cinco y catorce años iban al colegio a pie o en bicicleta. En 2009, solo lo hacía el 13 por ciento. Esto se debe, en parte, a que la gente tiende a vivir más lejos de las escuelas de sus hijos que en los años sesenta, pero incluso en el grupo que vive a menos de dos kilómetros, los porcentajes han disminuido en más de 50 puntos porcentuales, del 89 al 35 por ciento.[14] La principal razón que dan los padres para no dejar que sus hijos salgan solos de casa para jugar o ir a la escuela a pie es el temor por su seguridad.

Este miedo es comprensible dada la proliferación de sucesos terribles transmitidos a todas horas por televisión. Por supuesto, hay partes del mundo donde los niños están expuestos a toda clase de situaciones traumáticas. Es probable que haya barrios de tu propia ciudad donde si los niños van solos pueden correr peligro. Como digo en el capítulo 2, la seguridad de nuestros hijos es primordial, pero la noción de que estar fuera de casa cada vez es más peligroso para todos los niños en todas partes es errónea. Los delitos contra menores han disminuido de forma considerable, en concreto por agresión, acoso y victimización sexual.[15] Esto es cierto incluso en barrios de renta baja, donde los índices de delincuencia tienden a ser mayores.

¿QUÉ PUEDES HACER?

Después del alimento y la seguridad, la salud social y emocional de nuestros hijos es de suma importancia. Antes he mencionado que los padres a menudo parecen no darse cuenta del estrés que padecen sus hijos. Puede haber buenas razones para ello. Una es lo estresados y ocupados que están los padres, en ocasiones por tener que lidiar con sus hijos. A eso se suma el tiempo que invierten en el trabajo, en las relaciones y tratando de vivir su vida. Además, la doctora Lisa Firestone cree que el desconocimiento de los padres del estado mental de sus hijos a menudo se debe a su buena voluntad. «A los padres, la cultura actual —dice— nos anima a centrar nuestra vida cotidiana en nuestros hijos. No obstante, mientras ponemos la atención en llevarlos a la escuela, ayudarles con los deberes y acompañarlos a jugar al parque, corremos el riesgo de pasar por alto lo que es más importante: cómo se sienten nuestros hijos.»[16]

El estrés continuado puede tener efectos a largo plazo en tus hijos, predisponiéndolos a una vida adulta fraguada de ansiedad y enfermedades crónicas. «Si el estrés es constante e ininterrumpido, el cuerpo dispone de poco tiempo para relajarse y recuperarse —dice la especialista en educación Victoria Tennant. Y la salud se resiente—: El botón del estrés se pulsa sin parar y libera continuamente hormonas del estrés cuando no las necesitamos, poniéndonos el cuerpo a toda marcha.» Los científicos llaman a este estado hiperactivación: la presión arterial aumenta, las frecuencias respiratoria y cardíaca se aceleran, los vasos sanguíneos se constriñen y los músculos se tensan. «Todo ello puede acarrear trastornos por estrés como hipertensión, cefaleas, visión reducida, dolores de estómago y otros problemas digestivos, dolor facial, cervical y lumbar.»[17]

SEÑALES

¿Cómo puedes saber si tus hijos están estresados y qué puedes hacer si lo están?

Melissa Cohen es trabajadora social titulada y *coach* acreditada en la ciudad de Nueva York. Desglosa los signos de estrés en cuatro categorías:

- *Físicos:* cefaleas, náuseas, problemas de sueño, fatiga.
- *Emocionales:* impaciencia, inquietud, irritabilidad, pesimismo.
- *Cognitivos:* falta de concentración, menos memoria, mayor preocupación, mayor expresión de la ansiedad.
- *Conductuales:* cambio en los hábitos alimentarios, mayor aislamiento, morderse las uñas, no terminar las responsabilidades diarias.[18]

Todos los niños manifestarán algunos de estos signos en diversos momentos. Si el tuyo muestra varios de ellos a la vez, quizá sea hora de tener una conversación con él y adoptar medidas. La Asociación Estadounidense de Psicología ofrece consejos similares:[19]

- *Estar atento a los cambios de conducta negativos.* ¿Tu hijo parece más irritable o malhumorado? ¿Responde a tus preguntas cada vez con menos sílabas o quizá con una actitud claramente hostil? Este podría ser un signo.
- *Entender que «encontrarse mal» puede deberse al estrés.* Es muy posible que el estrés sea la causa de fondo de que se encuentre mal o de que le duele la cabeza más a menudo.
- *Fijarte en cómo tu hijo pequeño o adolescente interactúa con los demás.* Tu hijo puede parecerte el mismo en casa, lo que explica por qué no te has dado cuenta de su nivel de estrés, pero podría estar comportándose de manera muy distinta con los demás. Preguntar de vez en cuando a sus profesores, los padres y madres de sus amistades e incluso a los propios amigos es revelador.
- *Escuchar y traducir.* No todo el mundo sabe identificar los signos de estrés, y esto es especialmente cierto en los niños. Por consiguiente, tu hijo puede expresar la tensión que siente de otras maneras, por ejemplo, tachándose de tonto o diciendo con frecuencia que está enfadado.
- *Buscar apoyo.* Si sospechas que tu hijo padece niveles altos de estrés, quizá te convenga pedir ayuda a un profesional de salud mental.

¿Qué más puedes hacer para impedir que estas presiones aumenten y para paliarlas si lo hacen? Hay muchas estrategias. Aquí tienes algunos principios clave en los que todas se sustentan. Por cierto, también son buenos principios para educar a tus hijos en cualquier situación.

Déjales dormir

Cada vez hay más pruebas de que dormir bien con regularidad es básico para nuestra salud y bienestar y de que los niños y sobre todo los adolescentes necesitan muchas horas de sueño. Debido a las presiones de las redes sociales, los estudios y a que tienen que madrugar, muchos niños no duermen lo suficiente o no lo hacen con la debida calidad y sufren las consecuencias físicas y psicológicas de la falta del sueño.

Dado que casi todos los seres vivos tienen que dormir, es sorprendente que, hasta hace bien poco, científicos y médicos no estuvieran seguros de la razón. Matthew Walker es profesor de neurociencia y psicología en la Universidad de California, Berkeley; director de su Laboratorio de Sueño y Neuroimagen, y autor de *Why We Sleep: Unlocking the Power of Sleep and Dreams.* Imagina el nacimiento de tu primer hijo, dice. El médico entra en la habitación y dice: «Enhorabuena. Es un bebé sano y todo parece en orden. Solo hay una cosa: a partir de este momento y durante toda su vida, tu hijo entrará en coma repetida y rutinariamente. Mientras su cuerpo yace inmóvil, la mente a menudo se le llenará de alucinaciones extrañas y asombrosas. Ese estado consumirá la tercera parte de su vida, y no tengo la menor idea de por qué lo hará ni de para qué sirve. ¡Buena suerte!». Parece raro, pero hasta hace poco tiempo esta era, en términos generales, la situación: ni científicos ni médicos podían explicar a fondo por qué dormimos ni ponerse enteramente de acuerdo en la razón.

Hoy sabemos que el sueño es más que una revitalizante recuperación de la sensación de cansancio. Es fundamental en todos los aspectos para nuestra salud mental y física y nuestro bienestar emocional. Su importancia es vital para nuestra aptitud para aprender, recordar y tomar decisiones lógicas. Durante el sueño, el cerebro elimina las toxinas que se han acumulado a lo largo del día, cuando las redes neuronales están ocupadas procesando las experiencias vividas, algunas de las cuales se desvanecen mientras otras pasan de la memoria a corto plazo a la memoria a largo plazo. El sueño es primordial para nuestra salud emocional. «El sueño se ocupa benévolamente del mantenimiento de nuestra salud psicológica —en palabras de Walker—, al recalibrar los circuitos cerebrales emocionales, lo que nos permite abordar los retos sociales y psicológicos del día siguiente con serena objetividad.» Soñar no es un estéril caleidoscopio de imágenes sin sentido. Aporta una serie única de beneficios como «un reconfortante baño neuroquímico que modifica los recuerdos dolorosos y un espacio de realidad virtual en el que el cerebro combina conocimientos pasados y presentes, lo que estimula la creatividad».[20]

Los beneficios de dormir no se limitan a tener la cabeza apoyada sobre la almohada. Se renueva el cuerpo entero y todos los complejos sistemas neuronales y orgánicos que contiene. El sueño «repone el arsenal del sistema inmunitario, y contribuye a combatir la malignidad, evitar infecciones y lo protege de toda clase de enfermedades. Restablece el estado metabólico del organismo ajustando el equilibrio de insulina y glucosa en sangre». Por si todo esto no fuera suficiente para una sola noche, también regula el apetito y ayuda a controlar el peso. Mantiene la vitalidad de la flora intestinal, de la que depende la salud nutricional. Asimismo, está íntimamente ligado «a la salud del sistema cardiovascular, al disminuir la presión arterial y mantener el corazón sano». A diferencia del desconcertado médico de la sala de partos, ya no tenemos que preguntar para qué sirve el sueño, sostiene Walker: «Ahora nos vemos obligados a preguntarnos si hay alguna función biológica a la que no beneficie dormir toda la noche de un tirón. Los resultados de millares de estudios insisten en que no la hay».[21]

Así pues, es más preocupante aún que tantos niños y sus progenitores duerman mucho menos de lo que su mente y cuerpo necesitan. En 2014, la Fundación Nacional para el Sueño (NSF, del inglés, National Sleep Foundation) publicó un importante estudio sobre cuánto duermen los jóvenes. La NSF halló que uno de cada tres niños de entre seis y once años duerme menos de nueve horas por noche, mucho menos de lo que se necesita a esa edad. Hay déficits similares en todas las edades. Las principales razones de este déficit de sueño son, entre otras, quedarse viendo la televisión, jugar a videojuegos, hacer deberes, prepararse para exámenes y conectarse a redes sociales. ¿Cuánto deberían dormir tus hijos? Estas son las pautas convenidas internacionalmente y publicadas por la NSF.

Edad	Recomendado	Puede ser conveniente	No se recomienda
Recién nacidos *0-3 meses*	De 14 a 17 horas	De 11 a 13 horas De 18 a 19 horas	Menos de 11 horas Más de 19 horas
Bebés *4-11 meses*	De 12 a 15 horas	De 10 a 11 horas De 16 a 18 horas	Menos de 10 horas Más de 18 horas
Niños pequeños *1-2 años*	De 11 a 14 horas	De 9 a 10 horas De 15 a 16 horas	Menos de 9 horas Más de 16 horas
En edad preescolar *3-5 años*	De 10 a 13 horas	De 8 a 9 horas 14 horas	Menos de 8 horas Más de 14 horas
En edad escolar *6-13 años*	De 9 a 11 horas	De 7 a 8 horas 12 horas	Menos de 7 horas Más de 12 horas
Adolescentes *14-17 años*	De 8 a 10 horas	7 horas 11 horas	Menos de 7 horas Más de 11 horas
Jóvenes adultos *18-25 años*	De 7 a 9 horas	6 horas De 10 a 11 horas	Menos de 6 horas Más de 11 horas
Adultos *26-64 años*	De 7 a 9 horas	6 horas 10 horas	Menos de 6 horas Más de 10 horas
Adultos mayores *≥ 65 años*	De 7 a 8 horas	De 5 a 6 horas 9 horas	Menos de 5 horas Más de 9 horas

Mientras compruebas cuánto duermen tus hijos, echa un vistazo a las horas de sueño que tú necesitas. Lo más probable es que también duermas menos de lo debido. La incidencia y los problemas de la falta de sueño perduran hasta bien entrada la vida adulta.

Arianna Huffington es fundadora del *Huffington Post*, periodista, escritora y activista social de fama internacional. En su innovador libro, *La revolución del sueño*, confirma que la crisis del sueño es mundial. En un estudio de 2011, una de cada tres personas de Reino Unido refirió que, por término medio, había dormido menos de siete horas por noche en los seis meses anteriores. En 2014, la cifra se había disparado a dos de cada tres. En 2013, más de la tercera parte de los alemanes y dos terceras partes de los japoneses dijeron que no dormían lo suficiente entre semana: «De hecho, los japoneses tienen una palabra, *inemuri*, que podría traducirse como dormir mientras se está presente, es decir, un estado de tal agotamiento que la persona se duerme en mitad de una reunión. Esto se ha elogiado como un signo de entrega al trabajo, pero en realidad es otro síntoma de la crisis del sueño a la que por fin estamos haciendo frente».[22]

Una de las mejores medidas que puedes adoptar para velar por la salud y bienestar de tus hijos es asegurarte no solo de que duermen lo suficiente, sino de que lo hacen con la calidad debida. Y ya puestos, deberías hacerte el mismo favor.[23]

Haz que se levanten

Es importante hacer que nuestros hijos muevan el cuerpo. Tus hijos no son cabezas sueltas que pasan flotando por el salón de vez en cuando. Tienen cuerpo por una razón. En general, se recomienda que los niños (de hecho, todos nosotros, al margen de nuestra edad) realicen alrededor de una hora diaria de actividad física entre moderada y vigorosa. Normalmente, hacen mucho menos. En 2010, la Organización Mundial de la Salud publicó un informe especial sobre cómo poner fin a la obesidad infantil. Se estima que, en todo el mundo, cuatro de cada cinco adolescentes de entre once y diecisiete años practican poca actividad física para su salud y bienestar. Parece que las chicas son ligeramente menos activas que los chicos. En muchos lugares, los niños realizan menos de veinte minutos de actividad entre moderada y vigorosa, y algunos apenas hacen ninguna fuera de la escuela.[24]

John J. Ratey es profesor asociado de psiquiatría clínica en la Facultad de Medicina de Harvard y una figura destacada del creciente movimiento para reconectar cuerpo y mente, especialmente en el ámbito de la educación. En 2008, publicó el libro *Spark: The Revolutionary New Science of Exercise and the Brain*. Ratey afirma: «En el mundo actual, impulsado por la tecnología y recluido entre pantallas de plasma, es fácil olvidar que llevamos el movimiento en la sangre, que, de hecho, somos animales, porque hemos eliminado el movimiento de nuestras vidas».[25] Somos criaturas de carne y hueso, y cuerpo y mente van en el mismo paquete. Demasiadas personas descuidan o malinterpretan esta relación y parecen suponer que su cuerpo solo es un medio de locomoción y que nuestra forma física tiene poco que ver con nuestra manera de pensar y sentir. En realidad, la relación es crucial e indisoluble.

Todos sabemos que el ejercicio nos hace sentir mejor, pero la mayoría no tenemos la menor idea de por qué. Imaginamos que es porque quemamos estrés, reducimos la tensión muscular o estimulamos la producción de endorfinas, y no le damos más vueltas. «Pero la verdadera razón por la que nos sentimos tan bien cuando ponemos la sangre a circular es que hace que el cerebro funcione lo mejor posible y, en mi opinión, este beneficio de la actividad física es mucho más importante, y fascinante, que sus beneficios para el cuerpo. Desarrollar la musculatura y acondicionar el corazón y los pulmones son, básicamente, efectos secundarios. A menudo digo a mis pacientes que el propósito de hacer ejercicio es desarrollar y acondicionar el cerebro.» Los neurocientíficos estudian el impacto del ejercicio en las células cerebrales a nivel genético. Incluso ahí, dice Ratey, «en la base de nuestra biología, han hallado indicios de la influencia del cuerpo sobre la mente. Resulta que mover los músculos produce proteínas que se desplazan por el torrente sanguíneo hasta el cerebro, donde desempeñan funciones centrales en los mecanismos de nuestros procesos mentales de mayor nivel».[26]

Como hemos visto, el cerebro responde a la actividad como lo hacen los músculos: se desarrolla con el uso y se atrofia con la inactividad. Cuando utilizamos y ejercitamos la mente, las neuronas cerebrales se interconectan en densas redes. Ratey sostiene que el ejercicio físico, al igual que el esfuerzo mental, también hace que esas redes «crezcan y echen nuevos brotes, mejorando de ese modo la función del cerebro en un plano fundamental».

La actividad física estimula, como mínimo, la actividad cerebral. Es de especial utilidad para mitigar el estrés y la depresión. Los niveles elevados de cortisol menoscaban o perjudican muchos aspectos de la salud física. Según Ratey, los niveles tóxicos de estrés o depresión también deterioran las conexiones neuronales e incluso reducen determinadas regiones del cerebro: «En cambio, el ejercicio desencadena una cascada de sustancias neuroquímicas y factores de crecimiento que pueden invertir este proceso al reforzar físicamente la infraestructura del cerebro».[27] Por todas estas razones y muchas otras, es fundamental que reconozcas a tus hijos como seres completos —cuerpo y mente— y los animes a cultivar las enriquecedoras sinergias entre ambos.

Déjales jugar

El consejo más sencillo que puedo ofrecer a los padres preocupados por preparar a sus hijos para la vida quizá sea este: que les dejen jugar más. No me refiero a que pasen más tiempo jugando al fútbol o al baloncesto en la escuela, por beneficioso que eso sea, sino a que inventen juegos sobre la marcha con sus amigos, a que conviertan un montón de ramas en un bosque encantado o a que sigan el curso de un arroyo para explorar su fauna. El trabajo de un niño es jugar, y nuestros hijos deben tener tiempo, espacio y permiso para practicar diversas modalidades de juego con el fin de aprovechar al máximo los beneficios que tiene para su desarrollo.

En el capítulo 3 he mencionado que a las crías de todas las especies les encanta jugar, pero los niños humanos lo hacen durante mucho más tiempo que el resto. Nuestros pequeños están concebidos para moverse, correr, tocar, ensuciarse, colaborar y, lo más importante, jugar juntos. Por desgracia, parecen hacerlo mucho menos en la actualidad que en generaciones anteriores. Su forma de pasar el tiempo está cambiando, y ya no se dedican al juego espontáneo y a correr en la naturaleza como hacíais tú y tus padres. Cuando juegan, lo hacen de manera distinta. Cada vez más, el juego es una actividad de interior o urbana en vez de al aire libre. Con el tiempo más ocupado por la creciente oferta de alicientes, los niños de todo el mundo tienen menos oportunidades que nunca para jugar y divertirse en el exterior sin que nadie los dirija. En parte también porque sus padres temen por su seguridad y porque no tienen dónde hacerlo. Cuando los pequeños juegan al aire libre, los adultos a menudo los supervisan excesivamente, lo que puede quitarles el placer del juego o incluso inducirles a no percibirlo en absoluto como juego espontáneo.

La campaña «Ensuciarse es bueno» (DiG, del inglés «Dirt is

Good») de Unilever surgió por la creciente preocupación entre muchos padres y educadores de que la vida de sus hijos está desequilibrada y este «déficit de juego» tiene un profundo impacto en lo que significa ser niño. La campaña se basa en la convicción de que los niños sacan un enorme provecho del juego espontáneo, activo e imaginativo, como siempre han hecho. El objetivo reside en promover condiciones en los hogares, escuelas y comunidades en las que todos puedan experimentar el juego auténtico todos los días.

¿Qué es el juego?

El juego es una de las principales formas en las que los niños aprenden a entender y experimentar el mundo que les rodea. El juego no es una actividad concreta: es un estado de ánimo, con el que se realizan toda clase de actividades. La campaña «Ensuciarse es bueno» convino en utilizar la expresión «juego auténtico» como una manera de diferenciar el juego fundamental para el desarrollo infantil de las otras modalidades a menudo más dominantes. El juego auténtico no está supervisado y se inicia de forma espontánea. Es una actividad práctica y multisensorial, que conecta a los niños con el mundo exterior que les rodea y con su mundo interior de ideas e imaginación. Requiere la participación de diversos sentidos —oler, tocar, escuchar y estar físicamente activo—. Abarca actividades como jugar con arena, pintar, encaramarse a los árboles, perseguirse, esconderse, representar distintos papeles o hacer malabares.

Comparamos el juego auténtico con otras dos modalidades corrientes de juego. La primera es aquel que los adultos supervisan, estructuran y organizan para los niños. La segunda es el que requiere una pantalla. Ambos tienen un valor intrínseco, pero no ofrecen las oportunidades para el juego activo, físico, imaginativo y social tan beneficiosas para el desarrollo social, emocional, cognitivo y físico. El comité asesor internacional de DiG enumera seis características del juego auténtico.

- *Responde a una motivación intrínseca:* su principal propósito es el mero hecho de jugar. Se hace por la satisfacción que reporta la actividad. El medio es más importante que el fin.
- *Es un estado de ánimo:* el juego auténtico se decide libremente. Si los niños se ven obligados a jugar, es posible que no se sientan en un estado de «juego» y lo consideren otra obligación. Al igual que te ocurre a ti, pueden percibir una misma actividad como un juego o como trabajo, dependiendo de si se la manda un adulto.
- *Es placentero:* la experiencia de jugar cautiva más que el resultado de la actividad.
- *No es literal:* durante el juego, los niños tienden a fantasear para adaptar la realidad a sus intereses e imaginación.
- *Requiere una participación activa:* el juego auténtico ocupa a los niños por completo —físicamente, psicológicamente, o en ambos planos—. Si se muestran pasivos o indiferentes, es poco probable que se hallen en pleno «estado de juego».
- *No tiene reglas externas:* las reglas y estructura del juego surgen de los niños. Comprenden roles, relaciones, entrar y salir del juego, y conductas que ellos consideran aceptables dentro del juego.

¿Por qué es importante el juego?

Las conclusiones de numerosos estudios sugieren que la actividad imaginativa y supervisada en la que los niños crean sus propios juegos favorece de forma importante su desarrollo en todos los aspectos que son fundamentales para tener una infancia feliz y ser adultos independientes.

Existe una estrecha relación entre el juego y el *desarrollo físico* de un cuerpo sano. En su crecimiento, los niños necesitan la estimulación que aporta una actividad física vigorosa, una buena alimentación y un entorno seguro en el que explorar sus aptitudes. Por su naturaleza, les gusta la gratificación inmediata que reporta el movimiento físico. Los videojuegos favorecen el desarrollo de algunas habilidades motoras finas. Los niños no dominan la motricidad fina ni aptitudes físicas nuevas simulándolas en una pantalla. Lo hacen mediante la práctica y la repetición.

El juego activo tiene un gran impacto en el *desarrollo cognitivo* infantil. En los primeros años, como hemos visto, el cerebro posee una plasticidad enorme. Con la edad, las conexiones entre las diversas regiones del cerebro se densifican y arraciman. Cuantas más rutas neuronales se establecen, más se refuerzan las conductas, lo que aumenta la probabilidad de que se retengan hasta la edad adulta. Durante la primera adolescencia, la poda sináptica elimina las rutas menos utilizadas. El juego ayuda a los niños a formar y mantener nuevas conexiones neuronales clave a la vez que refuerza las rutas que ya existen. En consecuencia, si no participan regularmente en una amplia gama de estilos de juego durante la infancia, es posible que no desarrollen todo el abanico de capacidades cognitivas y emocionales cuando sean adultos.

El juego auténtico favorece el *desarrollo emocional* de los niños, pues exploran y expresan sus sentimientos e ideas y aprenden cómo sienten y reaccionan los demás. También es básico para el *desarrollo social* infantil, ya que aprenden sobre la vida y sobre sí mismos. Las destrezas que adquieren les enseñan a dominar sus emociones, a dar y recibir, y a colaborar con otros en aras de un objetivo común. Aprenden a trabajar en equipo, comunicarse y resolver problemas, todo lo cual es parte integral del juego auténtico.

Alison Gopnik es profesora de psicología y profesora asociada de filosofía en la Universidad de California, Berkeley. «Una de las cosas que hemos detectado —dice— es que cuando los niños practican el juego simbólico, tienen amigos imaginarios o exploran mundos alternativos, están aprendiendo cómo es la gente, cómo piensa, y qué clase de cosas puede hacer. Esto les ayuda a entenderse y a entender a los demás. También tenemos pruebas de que esta clase de comprensión favorece la integración social en la escuela y la competencia social en la vida.»[28]

Al jugar juntos, los niños adquieren resiliencia y desarrollan su aptitud para lidiar con las tensiones e incertidumbres conforme maduran. En todos estos aspectos, el juego activo suficiente durante la infancia no solo es importante; es fundamental para que más adelante sean personas felices y realizadas. Entonces ¿por qué los niños actuales no juegan de este modo tanto como lo hacían los de generaciones anteriores? Existen varias razones.

¿Cuál es el problema?

Aunque hay pruebas sólidas de que el juego aporta enormes beneficios en la infancia, aún no se valora lo suficiente ni se prioriza en los hogares, escuelas o políticas gubernamentales, al igual que ocurre con el sueño. Evidencia de ello es la constante reducción del tiempo que se le dedica en los centros educativos y la falta de espacios comunitarios seguros para jugar.

Una razón es que los niños a menudo prefieren quedarse en casa, seducidos por los atractivos de las pantallas y los videojuegos. Aunque estas modalidades de juego pueden tener importantes beneficios, su predominio es preocupante. Otra es que los niños a menudo tienen una vida muy ocupada y un horario demasiado apretado. Muchos están sometidos a fuertes presiones en la escuela y en casa, y su vida está cada vez más dirigida y organizada. Al estructurar el tiempo libre de sus hijos o al permitir que se dediquen principalmente a juegos educativos y de habilidad delante de una pantalla, algunas personas creen que están haciendo lo mejor para prepararlos para un futuro incierto. Su deseo de ayudarlos a competir en los estudios y en el trabajo a menudo obra en detrimento del juego auténtico.

Ciertos progenitores opinan que el juego es trivial e improductivo. Otros están de acuerdo en que el juego auténtico es importante,

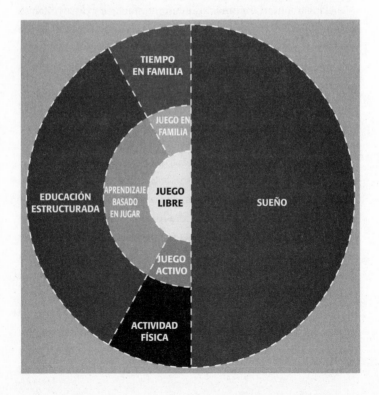

pero no lo incluyen entre las actividades de sus hijos. Para ilustrar cómo el juego pierde terreno frente a otras actividades, el comité asesor de «Ensuciarse es bueno» elaboró una sencilla guía visual. Sugiere que el juego auténtico no debería ser una actividad esporádica, sino algo que puede y debería suceder en cualquier lugar, en cualquier momento. El juego auténtico debería convertirse en una costumbre en vez de ser una mera actividad entre muchas otras.

En algunos aspectos, jugar es como dormir. Ambos son fundamentales para el bienestar y desarrollo de tus hijos. A propósito, el tiempo que tus hijos pasan jugando al aire libre les ayuda a dormir más y mejor. Se acuestan antes y más a gusto y es menos probable que se despierten demasiado temprano. Con lo que tú también duermes más.

SÁCALOS DE CASA

Los niños precisan pasar tiempo fuera de casa. Las pantallas pueden (y quizá incluso deberían) formar parte de la vida de tus hijos, pero necesitan mucho más. Estamos llegando rápidamente a un punto en el que el mundo más allá de los ordenadores se está convirtiendo en una fantasía: algo que observar más que con lo que interactuar. Aun así, tanto el alumnado como el profesorado tienen verdaderas ganas de salir de clase y aventurarse en el entorno. Un ejemplo es el éxito arrollador de la iniciativa mundial «Día de clases al aire libre» («Outdoor Classroom Day»). Ese día, escolares de todos los rincones del planeta salen con sus profesores al aire libre para jugar y aprender. Los docentes refieren que su conducta mejora y que alumnos que se sienten coartados por el plan de estudios medran en este entorno.

En 2017, participaron más de un millón de niños de ochenta

y un países. Además de una celebración a escala mundial, este día es
un catalizador que inspira a pasar más tiempo al aire libre todos los
días, tanto en el colegio como en casa. Por esta razón, la campaña se
ha reconocido como un importante agente de cambio y ganó el premio al Mejor Proyecto Educativo Mundial en los Global Good
Awards de 2017. Aprender fuera de las aulas es valioso por sí solo. Lo
es especialmente cuando los niños entran en contacto con el mundo
natural. Por desgracia, en estos tiempos, demasiados pocos lo hacen.

Richard Louv es autor de *Last Child in the Woods*. «Hoy en día,
un niño —dice— probablemente puede hablarnos de la selva llu-
viosa amazónica, pero no de la última vez que exploró el bosque a
solas o estuvo tumbado en un prado escuchando el viento y viendo
las nubes pasar.» Cada vez más investigaciones confirman algo que
espero que todos sepamos por sentido común: que nuestra salud
mental, física y espiritual se ve influida de forma positiva por nuestra relación con el entorno natural. Como señala Louv, «la exposición juiciosa de los niños a la naturaleza puede ser un eficaz tratamiento para trastornos de déficit de atención y otras enfermedades.
Del mismo modo que necesitan alimentarse bien y dormir suficiente, es muy posible que necesiten el contacto con la naturaleza».[29]

A algunos padres que programan en exceso las actividades de
sus hijos, vagar por el bosque les parecerá una experiencia trivial.
A fin de cuentas, nadie aprenderá chino ni sacará sobresaliente en
las pruebas de acceso a la universidad estando en contacto con la
naturaleza. Pero incluso eso puede no ser cierto. Un estudio reciente mostró que la función cognitiva mejoró en los examinandos
que pasearon por un parque tranquilo durante un descanso.[30]

Algunos creadores utilizan la misma tecnología que tiene a la
gente pegada a sus pantallas para levantarla de la silla y ponerla en
movimiento. La compañía Hybrid Play ha creado una aplicación
que se acopla a los columpios e incorpora el movimiento de los

niños en esos columpios a un videojuego de acción. Una aplicación de la compañía Biba hace posible que los niños jueguen con un compañero robot mientras corretean por el parque. «Después de años de sentar a la gente durante cientos de horas de juegos —dijo Greg Zeschuk, director de Biba—, intento compensar al mundo creando juegos que saquen a los niños de casa.»[31]

La *realidad aumentada* ayuda a convertir el mundo entero en una interfaz informática. Esto no es ni por asomo tan aterrador como parece. Lou lo experimentó en persona mientras miraba las estrellas con su hija de diecisiete años, que quiere ser astrofísica. Abigail orientó el móvil hacia al cielo nocturno y utilizó una aplicación de realidad aumentada llamada Sky Guide para identificar planetas, estrellas, constelaciones e incluso satélites en órbita. Estaban en plena naturaleza, pero la aplicación les permitió tener una experiencia más enriquecedora de la que habrían tenido en otras circunstancias.

DÉJALES CAERSE

Los niños necesitan aprender cómo funciona el mundo y cómo abrirse camino en la vida. Hay pocas maneras de que lo hagan si están cómodamente en casa. Puedes pensar que correrían demasiado peligro si hicieran según qué cosas. Es cierto que pueden lastimarse mientras juegan solos, y no estoy sugiriendo que los mandes a jugar a un cruce transitado o al borde de un precipicio. Pero podrían hacerse daño tropezándose por la escalera mientras están absortos en su teléfono inteligente. Y los beneficios de correr ese «riesgo» son menos que los que se obtienen saliendo de casa.

Gever Tulley es el fundador de Tinkering School, una escuela donde los niños desmontan electrodomésticos y utilizan herramientas eléctricas, entre otras actividades arriesgadas. En su libro

50 cosas peligrosas (que deberías dejar hacer a tus hijos), defiende la utilidad de exponer a los niños a riesgos mesurados. Entre las cincuenta cosas, está clavar clavos, meterse en un contenedor de basura y aplastar centavos en las vías del tren. Si la idea de permitir que tus hijos hagan cualquiera de estas cosas te asusta, Tulley tiene una respuesta. Claro que debemos protegerles del peligro, sostiene, pero cuando la protección se convierte en sobreprotección, «fracasamos como sociedad porque los niños no aprenden a valorar los riesgos por sí solos. Por tanto, debemos ayudarles a comprender la diferencia entre lo desconocido (o poco habitual) y lo que es peligroso de verdad». ¿Cómo les enseñamos a desenvolverse? Lo hacemos «brindando a los niños oportunidades para distinguir entre lo que es peligroso de verdad y lo que solo encierra cierto riesgo; les damos a conocer el riesgo mediante una exposición moderada y supervisada; les enseñamos a explorar en un entorno seguro y los ponemos en camino de explorar por sí solos».[32]

La realidad virtual es un avance extraordinario y cada vez lo será más en los años venideros. Pero no sustituye ni debería sustituir los beneficios de estar en la naturaleza, explorando y experimentando cosas nuevas, aunque de vez en cuando entrañen cierto riesgo.

DÉJALES VOLAR

La seguridad es importante, pero también lo es permitir que tu hijo desarrolle su resiliencia y autosuficiencia. Si exponemos a los niños a riesgos asumibles, ellos aprenden a lidiar con los contratiempos; aprenden a levantarse después de rasguñarse las rodillas. Si les permitimos ver el mundo como un lugar de oportunidades, es mucho más probable que desarrollen la creatividad e ingenio que necesitan para prosperar en la vida.

Angela Duckworth es profesora de psicología en la Universidad de Pensilvania. Ha realizado un estudio especial sobre la necesidad de que los niños desarrollen perseverancia y autocontrol, o *grit*. Describe *grit* como la pasión y la perseverancia por metas a muy largo plazo: «*Grit* es tener resistencia. *Grit* es enfocarte en tu futuro, día tras día, no solo durante una semana, no solo durante un mes, sino durante años, y poner muchísimo empeño en hacer que ese futuro sea una realidad. *Grit* es vivir la vida como si fuera un maratón, no un esprín».

La investigación de Duckworth sugiere que el éxito y la satisfacción en cualquier ámbito a menudo dependen más de esta cualidad que del talento. *Grit* es en gran parte independiente del talento. Las personas con mucho talento a menudo carecen de *grit* y no sacan el máximo provecho de sus aptitudes innatas: personas con menos aptitudes pueden llegar más lejos por su mayor determinación y perseverancia para desarrollar todo su potencial. La dedicación y la tenacidad son factores cruciales en la vida, pero tienen que pulirse con la experiencia: con los desengaños del fracaso además de con las gratificaciones del éxito.[33]

SEGUIMOS EN LAS MISMAS

Kurt Hahn nació en Berlín a finales del siglo XIX. A principios del XX, se convirtió en un educador de influencia mundial cuya obra se inspiró en la convicción de que los niños de su época (fueron tus bisabuelos, por cierto) iban por muy mal camino. Identificó lo que él denominó las «Seis decadencias de la juventud moderna», todas las cuales se debían a las innovaciones tecnológicas y los estilos de vida derivados de ellas:

- Decadencia de la forma física debida a los métodos modernos de locomoción.
- Decadencia de la iniciativa y el empuje debida a la extendida enfermedad «espectadoritis».
- Decadencia de la memoria y la imaginación debida a la confusa agitación de la vida moderna.
- Decadencia del afán por hacer bien las cosas debida a la debilitada tradición de los oficios artesanales.
- Decadencia de la autodisciplina debida a la constante oferta de estimulantes y tranquilizantes.
- Decadencia de la compasión debida a la prisa impropia con que se vive la vida moderna, o lo que William Temple llamó muerte espiritual.[34]

Esta es una perspectiva poco alentadora, y tal vez algunas de las predicciones de Hahn sobre nuestro declive fueran prematuras, ya que hemos conseguido sobrevivir (y en muchos casos hacer mucho más que eso) muchas décadas desde sus vaticinios. Por otra parte, apuntó problemas que aún tenemos. Pese a sugerir que la juventud estaba en decadencia, Hahn creía que había solución. Propuso «Cuatro antídotos para las decadencias de la juventud moderna»:

- *Preparación física:* competir con uno mismo para desarrollar la disciplina y determinación de la mente poniendo el cuerpo a prueba.
- *Expediciones:* por mar o tierra, realizar actividades de resistencia que sean largas y difíciles.
- *Proyectos prácticos:* que requieran habilidades manuales y artesanales.
- *Servicio de salvamento:* vigilancia en playas, extinción de incendios, primeros auxilios.[35]

Hahn fundó más adelante una organización internacional de escuelas hoy llamada Round Square, y el movimiento más amplio Colegios del Mundo Unido, y fue uno de los impulsores del Premio Duque de Edimburgo. También participó en la fundación de Outward Bound, un programa internacional que enseña cooperación, tenacidad y autosuficiencia a los niños mediante una serie de pruebas físicas. Hahn creía que el objetivo de la educación radica en «impulsar a las personas a tener experiencias formadoras de valores, para asegurar la supervivencia de estas cualidades: una curiosidad audaz, un espíritu infatigable, tenacidad para alcanzar un objetivo, buena disposición para la abnegación prudente, y sobre todo, compasión».[36] En otras palabras, creía que la manera de conseguir que la última generación prosperara era ocuparla en muchas de las actividades de las que hemos hablado.

El tiempo pasa sin pasar

Menciono el trabajo de Hahn (y podría citar muchos otros) para recalcar que, aunque muchas de las dificultades a las que tú y tus hijos os enfrentáis tienen un giro contemporáneo, las soluciones son tan antiguas como el tiempo. En el fondo, nuestro cometido como padres es crear un entorno en el que nuestros hijos sean todo lo fuertes, ingeniosos y felices de que sean capaces. Pueden hacerlo, pero solo si los incitamos a independizarse de nosotros. Debes tener claras tus funciones, ser consciente de la individualidad de tus hijos, ayudarles a encontrar su chispa de «genialidad» y a desarrollar su cuerpo y espíritu. Para conseguirlo, también necesitas participar en su educación de forma activa.

5

Entender el propósito de la escuela

Como ya he mencionado, a los niños les encanta aprender; no siempre les gusta que los eduquen y algunos tienen problemas graves con el colegio. Así pues, ¿qué clase de educación deberían recibir tus hijos, y cómo puedes saber si su escuela se la está brindando? El mejor punto de partida no es una lista de las materias que se deben estudiar y los exámenes que se deben realizar. Antes que nada, debes preguntarte qué quieres que tu hijo sepa, entienda y sea capaz de hacer, y después fíjate en qué necesita aprender y de qué manera.

VIVIR EN DOS MUNDOS

La relación entre naturaleza y educación muestra que tus hijos no viven en un mundo sino en dos. Igual que tú. Son el mundo que te rodea y el interior. El que te rodea existe con independencia de ti: estaba antes de que nacieras y seguirá aquí cuando te hayas ido. Es el mundo físico de la naturaleza, el entorno material y el mundo social de otras personas, la historia y la cultura. La educación debe ayudar a los niños a entender ese mundo: cómo funciona y cómo abrirse camino en él. Tu mundo interior existe solo porque tú lo haces. Nació contigo, y terminará cuando tú lo hagas (según tus creencias). Es el mundo de tu conciencia: tus sentimientos, ideas, elucubraciones íntimas, esperanzas y preocupaciones. La educación también debería ayudarles a entender su mundo interior: cómo se sienten y piensan, qué concepto tienen de sí mismos y los talentos, intereses y características que los definen.

La educación debería prestar la misma atención a estos dos mundos, en lo que tus hijos aprenden y en cómo se lo enseñan. Nuestra manera de entender el mundo que nos rodea está profundamente influida por nuestros sentimientos y actitudes; nuestra forma de sentir está definida por nuestro conocimiento y experiencia de este mundo. Para que tus hijos participen de ambos mundos, el plan de estudios debe ser variado y se les debe ofrecer un amplio abanico de experiencias de aprendizaje mediante las cuales explorarlo. Así pues, ¿cuál es el propósito de la educación? En mi opinión, es este:

> Permitir que los alumnos entiendan el mundo que les rodea y los talentos que llevan dentro para poder convertirse en personas realizadas y ciudadanos activos y compasivos.

Estos objetivos generales de la educación engloban cuatro finalidades principales, las cuales deberían ser todas igual de importantes para los padres.

DESARROLLO ECONÓMICO

Imagino que uno de los motivos por los que educas a tus hijos reside en que acaben obteniendo un buen empleo que les permita ganarse bien la vida. Estoy seguro de que no es la única razón, pero es una razón perfectamente válida. ¿Qué tipo de trabajo esperas que encuentren? Sin tomar en consideración sus intereses concretos, quizá esperas, como hacen muchos padres, que se dediquen a una profesión «estable» bien remunerada como la abogacía, las finanzas o la medicina. Por el contrario, tal vez no te importa el trabajo que hagan siempre que les guste. O puedes cruzar los dedos y esperar ambas cosas. Lo que sea que quieras, si crees que una educación académica tradicional es la mejor manera de prepararlos para su futura vida laboral, es muy posible que te equivoques. El mundo del trabajo está cambiando rápidamente, y parece probable que esos cambios se aceleren como un coche sin frenos en los años venideros; también lo harán los desafíos a los que tus hijos deben hacer frente.

Hasta hace relativamente poco tiempo, si una persona sacaba buenas notas en la escuela, iba a la universidad y obtenía el título, tenía casi garantizado un trabajo estable de por vida. Eso ya no es cierto. Una de las razones reside en que el mercado laboral ha cambiado muchísimo. En los últimos treinta años, las nuevas tecnologías, la globalización y la deslocalización lo han transformado. En los años setenta del siglo pasado, muchos de los alumnos estadounidenses que terminaban la educación secundaria pasaban directamente a desempeñar trabajos manuales en el sector industrial. En esa época, en torno a uno de cada cuatro empleados estadounidenses se ganaba la vida en ese sector. Hoy solo lo hace aproximadamente uno de cada diez. La disminución de los puestos de trabajo industriales comenzó en los años ochenta, y desde entonces casi siete millones de dichos puestos —más de una tercera parte— han desaparecido, un descenso de diecinueve millones de puestos a doce millones. Las consecuencias han sido devastadoras para muchas comunidades y, digan lo que digan los políticos, la mayor parte de esos puestos se han perdido para siempre.[1]

De igual manera, han aumentado las demandas en las «econo-

mías basadas en el conocimiento» —educación, marketing, diseño, tecnología, publicidad y medios de comunicación— y en los
sectores de servicios, como hostelería, viajes, ventas y atención sanitaria. Hoy pocos empleados llevan mono, y muchos más van a
trabajar con traje (de acuerdo, vaqueros). En respuesta, los gobiernos han animado a más y más jóvenes a ir a la universidad para ti-
tularse, y ellos lo han hecho. En los años cincuenta, en torno a uno
de cada siete alumnos estadounidenses que terminaban secundaria
iba a la universidad. En la actualidad, lo hacen dos de cada tres.
Esta estrategia no siempre ha funcionado según lo previsto para ti,
ellos o cada país.

Hay más de mil doscientos millones de jóvenes en el mundo
que tienen entre quince y veinticuatro años. Representan aproximadamente una sexta parte de la población mundial total.[2] Algo
más de setenta millones de ellos (es decir, uno de cada ocho o el
13 por ciento) están en paro. Esta cifra es más o menos el doble del
índice de desempleo adulto. Una sorprendente cantidad de estos
jóvenes son graduados universitarios, y muchos graduados que
han encontrado trabajo ocupan puestos para los que su título no es
necesario. Están subempleados. ¿Por qué ocurre esto? Una razón
reside en la cantidad de graduados universitarios que buscan trabajo en la actualidad. El valor de las titulaciones ha decaído porque
cada vez más personas las tienen. Dicho en pocas palabras, la mo-
neda está inflada.

La situación es peor para los jóvenes sin titulación. Pero los títulos universitarios no son los únicos que tienen valor. Una de las
trágicas paradojas del desempleo juvenil es que hay millones de
puestos vacantes, en parte porque muchas personas carecen de las
destrezas necesarias para desempeñarlos. El énfasis en los estudios
académicos y las presiones de los exámenes han ocasionado una
gran reducción de los estudios técnico-profesionales en las escue-

las. En los años ochenta, muchos centros educativos ofrecían diversos programas prácticos para aprender un oficio. Hoy rara vez lo hacen. Estos programas pasaron a considerarse de segunda categoría en la carrera por mejorar los niveles académicos. Hubo una época en la que los alumnos de secundaria iban de forma habitual a clases de electricidad, hogar, carpintería y otras materias de carácter práctico. Para muchos, estas clases eran donde ellos revivían, como otros hacían en los laboratorios de química o en el estudio de arte.

«Este sesgo contra la educación técnico-profesional es disfuncional —sostiene Mark Phillips, profesor emérito de secundaria de la Universidad Estatal de San Francisco—. Es destructivo para nuestros hijos. Deberíamos brindarles la oportunidad de formarse en las destrezas hacia las que sus talentos y preferencias innatas los encaminan, en vez de condenarlos en mayor o menor grado a trabajos que les parecerán carentes de sentido. Impedir que un joven que tiene afinidad por un oficio desarrolle las destrezas necesarias para seguir su vocación es destructivo.»[3]

¿Cómo se presenta el futuro? Es difícil decirlo, como siempre, pero es probable que la robótica y la inteligencia artificial estén a punto de provocar otro cambio de rumbo en el mercado de trabajo. Los empleos industriales seguirán desapareciendo casi con toda seguridad. Millones de puestos de los sectores de servicios también pueden evaporarse, a medida que muchas funciones que creemos exclusivas de los seres humanos sean sustituidas por máquinas «inteligentes», que las desempeñarán de manera más eficaz y económica, y sin quejarse. Como ya ha ocurrido con anterioridad, es muy posible que surjan nuevos trabajos en lugares inesperados. No sabemos cuáles, pero el campo estará abierto, al menos durante un tiempo, para que los seres humanos hagan lo que sea que hacen mejor. En cualquier caso, hay un terremoto continuo en el mercado de trabajo, y hacemos un flaco favor a nuestros hijos si les nega-

mos el acceso a los talentos y competencias que necesitarán para
ganarse la vida en este nuevo paisaje en constante evolución. En los
capítulos siguientes trataremos sobre qué pueden hacer los padres
a ese respecto.

Desarrollo social

Otro fin de la educación es el desarrollo social. Los padres desempeñan un papel relevante en el desarrollo social y emocional de sus
hijos, pero hay un límite a lo que pueden hacer por sí solos. Las
escuelas necesitan ser entornos donde las relaciones sean importantes en la práctica diaria de vivir y aprender juntos. Los fines sociales de la educación son fundamentales por diversos motivos.
Uno es que el aprendizaje es social por naturaleza, y un ejemplo es
cómo aprenden los niños a hablar. Lo hacen escuchando a las personas que les rodean. En general, gran parte de lo que sabemos lo
aprendemos con otras personas y de ellas. Al trabajar en grupo, los
alumnos aprenden a colaborar para resolver problemas y alcanzar
objetivos comunes, a aprovechar sus respectivas virtudes y mitigar
sus defectos, y a compartir y desarrollar ideas. Aprenden a negociar, resolver conflictos y apoyar soluciones consensuadas. Las
mejores escuelas lo saben y promueven el aprendizaje social mediante actividades en grupo, proyectos de colaboración y programas que integran a los alumnos en la comunidad. Por desgracia, no
todas lo hacen. En muchas aulas, los niños siguen aprendiendo
solos; trabajan *en* grupos pero no *como* grupos. Están sentados a
sus pupitres, y tapan con los brazos lo que hacen para que sus compañeros no les copien y no les acusen de hacer trampas. La tendencia a tratar el aprendizaje como una actividad individual se ve re-
forzada por la cultura competitiva de continuos exámenes.

Hay una segunda razón para subrayar las funciones sociales de la educación. Como hemos visto, en el caso de algunos jóvenes, el efecto de las redes sociales es volverlos torpes en las relaciones cara a cara. Las escuelas pueden mitigar estos problemas animándolos a aprender, jugar y colaborar. No se trata únicamente de integrarse en el colegio. Hay sólidos argumentos económicos a favor del aprendizaje social, pero los beneficios son aún más amplios. En la actualidad, hay siete mil quinientos millones de personas en la Tierra, y podríamos ser nueve mil millones a finales de siglo. Fuera de las escuelas, vivimos en comunidades muy complejas, y bastante más de la mitad lo hacemos en ciudades que no dejan de crecer. Algunas son megalópolis con más de veinte millones de habitantes. La aptitud para colaborar con otras personas es lo que mantiene unidas nuestras comunidades. Es fundamental para satisfacer las necesidades de la vida cotidiana y crucial para lidiar con los desafíos de mayor calado a los que hacemos frente como colectividad.

DESARROLLO CULTURAL

Educar a los jóvenes sobre el mundo que les rodea significa instruirlos sobre su cultura y las de otras personas. Esta es una de las razones por las que las humanidades —historia, geografía, sociología y religión— y las artes tienen un lugar tan importante en educación. El término «cultura» a menudo se utiliza para referirse de forma específica a las artes y en especial a las «artes mayores»: ópera, danza clásica, danza contemporánea, literatura seria, teatro y cine. Soy un ferviente defensor de las artes en el ámbito de la formación. Pero aquí me refiero a «cultura» en el sentido más general del estilo de vida de una comunidad: los valores, creencias y conductas que la definen.

Aunque el aprendizaje es natural, gran parte de lo que aprenden los niños es cultural. De la misma manera que aprenden a hablar escuchando a las personas que les rodean, también absorben la cultura, el estilo de vida, de las comunidades a las que pertenecen. Una de las funciones de la educación reside en enriquecer el conocimiento de su cultura —de las personas, acontecimientos y circunstancias que la han modelado— y de las razones por las que sus integrantes piensan y creen como lo hacen.

Otra función es capacitarlos para comprender la diversidad cultural: para entender cómo las culturas varían entre comunidades y cómo se influyen entre sí. En *Escuelas creativas*, cité una reflexión que encontré en internet sobre qué supone ser británico en la actualidad. «Ser británico —rezaba— significa ir a casa en un coche alemán, parar a comprar un curry indio o una pizza italiana y pasar la tarde sentado en muebles suecos, bebiendo cerveza belga y mirando programas estadounidenses en un televisor japonés. ¿Y lo más británico de todo? Desconfiar de todo lo foráneo.»

En nuestro tiempo, pocas personas viven en un único grupo cultural aislado. Más que nunca, los niños se encuentran en una compleja maraña de culturas. Yo vivo en Los Ángeles. Como la mayoría de las grandes ciudades, es un complejo mosaico de numerosos barrios, habitado por millones de personas de centenares de procedencias étnicas y sociales. El Distrito Escolar Unificado de Los Ángeles (LAUSD, del inglés Los Angeles Unified School District) es el segundo más grande de Estados Unidos, con más de setecientos mil alumnos. Colectivamente, hablan noventa y dos idiomas y, para más de las dos terceras partes de ellos, el inglés es su segunda lengua. En casa, pueden pertenecer a una comunidad cultural concreta. En la escuela, forman parte de un complejo mosaico de culturas. Así es para todos nosotros. Ser británico —o francés, alemán, estadounidense, nigeriano, polinesio o lo que sea— ilustra precisamente hasta qué punto se están entretejiendo nuestras identidades culturales.

Algunos de los mayores desafíos a los que hacemos frente en la Tierra son culturales. La diversidad de culturas es un maravilloso ejemplo de la abundancia de la creatividad humana. Pero las diferencias culturales pueden generar hostilidad, y lo hacen. La historia de la humanidad es una crónica a menudo espeluznante de culturas que se enfrentan y se conquistan unas a otras, a veces por el botín, otras por las tierras o solo porque sí. Algunos de los conflictos más catastróficos están avivados por diferentes doctrinas religiosas: entre cristianos y musulmanes, suníes y chiitas, católicos y protestantes, hutus y tutsis, etc. En el mundo cada vez más poblado e interconectado que habitamos, convivir con nuestras diferencias puede ser existencialmente importante para nuestra especie en su conjunto.

Desarrollo personal

Ninguno de los otros fines de la educación se puede alcanzar si olvidamos que incumbe a los corazones y mentes de personas, no a datos y clasificaciones. Piensa en tus hijos, esas personas únicas a las que tanto quieres y valoras, y a las que nadie conoce tan bien. Para beneficiarles tanto como debería, la educación tiene que intrigarlos y estimularlos en lo más hondo.

Antes he dicho que a los niños les encanta aprender, que no siempre les gusta que los eduquen y que algunos tienen graves problemas con el colegio, donde a menudo se impacientan y aburren. La probabilidad de que esto ocurra es mayor si lo que hacen les parece inútil. No estoy sugiriendo que solo deban estudiar lo que les interesa y que no deberíamos tentarlos con cosas que no lo hacen. A menudo se dice que la educación debería empezar donde está el niño, pero no debería dejarlo ahí. Eso es cierto. La educación consiste en ampliar los horizontes de los niños, desarrollar sus destrezas y enriquecer sus conocimientos.

Las buenas escuelas se esfuerzan por crear las condiciones óptimas para el aprendizaje. Saben que un plan de estudios variado y una enseñanza imaginativa pueden dejar a los alumnos más apáticos fascinados con temas que de lo contrario podrían no despertarles ningún interés. También saben que, cualquiera que sea el tema, la educación debería tener en cuenta las virtudes y defectos de tus hijos como aprendices. En otras palabras, debería ser personalizada.

Asimismo, deberías ayudarles a gestionar su mundo interior de pensamientos y emociones. Estar vivos consiste, en parte, en procesar sensaciones y percepciones acerca del mundo que nos rodea. Sucede continuamente, estemos despiertos o dormidos, pensemos o no en ello. Esto es cierto en el mejor de los casos. Hay veces que la relación entre los mundos interior y exterior puede volverse tortuosa. La pubertad y la adolescencia pueden ser etapas especialmente difíciles de abordar. La educación que tus hijos reciben puede exacerbar o mitigar estos problemas personales.

Hay un tercer aspecto en el que la educación debe ser personal. Aunque el aprendizaje es social, todos los aprendices son individuos. Una de las funciones de los padres reside en exigir la clase de educación que permite que sus hijos conozcan su mundo interior único y se labren su camino en el mundo que les rodea. No hay nadie que sea idéntico a tu hijo. Muchas personas no saben cuáles son sus verdaderos talentos, o se preguntan si tienen alguno. Esta es una de las razones por las que muchos adultos no disfrutan de su trabajo o de la vida que llevan. Otros sí lo hacen. Tienen vidas o profesiones que les parecen ideales e imprimen sentido y rumbo a su existencia. Están en su Elemento.

Antes de continuar, te daré un ejemplo de cómo las diversas

finalidades de la educación confluyen en la vida de las personas, sobre todo cuando los programas que estudian están concebidos para tener en cuenta su vida.

ARTWORXLA: EL CASO DE JONATHAN

Las artes a menudo ocupan los últimos puestos de la lista de prioridades de las escuelas, entre otras cosas por la presión de los exámenes. La enseñanza de las artes es especialmente insuficiente en las áreas pobres, aunque se haya demostrado de forma reiterada que los buenos programas de artes pueden ser un salvavidas para niños que viven en la pobreza.

artworxLA es una de las organizaciones más eficaces de Estados Unidos en la lucha contra la crisis del «abandono escolar» en la etapa secundaria. Situada en el centro de Los Ángeles, utiliza programas de artes de larga duración para reavivar el interés por la educación de jóvenes que han salido de escuelas convencionales. Les ofrece un aprendizaje en artes «escalonado», con niveles cada vez más avanzados que incluyen talleres y exposiciones de los alumnos, sesiones extraescolares impartidas por artistas, becas para la universidad y programas de artes en instituciones sin ánimo de lucro, prácticas laborales en empresas creativas y orientación individualizada. Esta experiencia de las artes tan completa brinda a los jóvenes en mayor riesgo de abandonar los estudios sin un diploma razones convincentes para seguir educándose. Artistas formados como profesores les ayudan a descubrir sus talentos artísticos, a reavivar su interés por aprender y a explorar las opciones prácticas para seguir estudiando y elegir una profesión. Un ejemplo del impacto de artworxLA es Jonathan.

En 2012, Jonathan, que ya iba apurado en segundo de secundaria, fue expulsado de su escuela por una pelea seria y por sus problemas para controlar la ira. También sufría insomnio. Él mismo explica: «Yo venía de una familia con muchísimos problemas. Era el niño al que nadie prestaba atención. Era el niño del que siempre se decía: "Probablemente se irá hoy y probablemente matará a alguien en el futuro". Era el niño al que todos decían: "No vas a llegar a nada en la vida" [...] Era la persona que se moría porque alguien le echara una mano».

Para darle una segunda oportunidad, Jonathan fue matriculado en la Hollywood Media Arts Academy (HMAA), una academia fundada conjuntamente por artworxLA y el Departamento de Educación del Condado de Los Ángeles. La HMAA fue la primera institución de su clase de toda la región en brindar una educación centrada en las artes y apoyo en «las materias académicas troncales» a alumnos de secundaria de escuelas alternativas, y es uno de los veinticinco centros escolares que colaboran en el programa de talleres semanales de artworxLA. En la HMAA, Jonathan realizó proyectos de arte en diversos programas basados en los medios, con sesiones en destacadas organizaciones culturales de Los Ángeles.[4] Su profesor lo animó a dibujar, incluso cuando no le apetecía, y eso lo cambió todo. «Empezó a molarme ir a clase, y hasta me preguntaba por las mañanas: "¿Qué será lo que crearé hoy?".» Jonathan fue a la academia sin ninguna esperanza de graduarse. En el primer curso, apenas faltó a clase y no provocó ningún incidente. Descubrió que dibujar era una vía eficaz para canalizar su ira y estrés. Empezó a llevar un recio cuaderno negro de dibujo dondequiera que fuera, con páginas y páginas de complicados dibujos: un payaso asustado, un dibujo a tinta de una mujer joven, la palabra «esperanza» escrita en grandes letras de imprenta. «Me ha ayudado mucho —dijo—. Hay que tener paciencia para dibujar. Igual que hay que tenerla para todo.»

Jonathan a menudo cruzaba la ciudad en autobús hasta un parque con una pista de carreras y un precioso mirador para dibujar la zona y a la gente. «Ahí la gente es encantadora. Hasta son simpáticos. No es como en mi barrio. En el parque, todos se saludan y me preguntan qué hago [...] procuran darme conversación. Se nota que intentan comunicarse.»

Con el apoyo de los profesores de la HMAA y avanzando peldaño a peldaño en el programa escalonado de artworxLA, Jonathan ha desarrollado un hondo interés por las artes visuales y la producción musical.[5] También encontró trabajo a través de artworxLA en una tienda de serigrafía. En 2016, colaboró con alumnos de todo el país en el Verano de las Artes del Otis College, un riguroso programa de cuatro semanas, y trabajó en técnicas de ilustración mientras exploraba nuevas áreas de creación artística y el diseño de juguetes.

Jonathan dice simplemente que artworxLA le ha salvado la vida. Ha dejado de ser un adolescente enfadado y retraído para convertirse en un graduado de secundaria que trabaja en prácticas en una productora de anuncios de televisión y piensa seguir estudiando. Por encima de todo, se siente plenamente realizado creando arte. «Antes de artworxLA, siempre era negativo, siempre estaba deprimido. Ahora, quiero ponerme a prueba. Quiero intentarlo. Siento que estoy donde necesito estar.» Para Jonathan, los beneficios han sido económicos, sociales, culturales y personales. No unos u otros, sino todos, porque, bien concebida, una educación equilibrada y dinámica los confiere todos.

Algunas personas arguyen que las escuelas deberían mantenerse al margen de los problemas sociales y personales, centrarse solo en enseñar competencias cognitivas y conocimientos culturales y dejar el resto a los progenitores, parroquias, servicios sociales, psicoterapeutas y agentes de policía. Por todas las razones que hemos expuesto, este enfoque no es viable aun cuando fuera deseable, que no lo es.

APRENDER A VIVIR

Antes he dicho que si crees que una educación académica convencional es necesariamente la mejor para tu hijo, es probable que te equivoques. El término «académico» tiene mucho peso en el ámbito de la educación. Las escuelas de enseñanza secundaria suelen priorizar las materias troncales a costa de muchas otras. Los representantes del gobierno pronuncian discursos sobre la necesidad de mejorar los niveles en las materias troncales. Los alumnos se clasifican sobre todo en virtud de la aptitud académica, y la política de admisión de muchas universidades solo tiene en cuenta las calificaciones de las materias principales al calcular la nota media de los estudiantes. ¿Cuáles son las materias académicas troncales? Por lo general son matemáticas, lenguaje, ciencias y ciencias sociales.[6] Las artes, la educación física, la formación técnico-profesional y otras asignaturas de carácter práctico suelen ocupar puestos mucho más bajos en la lista de prioridades.

Es posible que las universidades soliciten créditos adicionales en artes y un idioma extranjero, pero no se incluyen en la nota media. Algunos estudiantes de secundaria creen que pueden mejorar su nota media con materias optativas como educación física. No es así, afirma un destacado servicio de asesoría para alumnos y padres: «Aunque tener buena nota en una asignatura no académica puede ser un impulso para tu autoestima [...] es probable que sacar buena nota en una asignatura optativa no te ayude a entrar en la universidad. Estudia materias divertidas para intercalarlas con el resto, pero no esperes que te abonen el terreno para entrar en la universidad».[7] De una u otra forma, las materias académicas troncales ocupan la cúspide de la jerarquía en política educativa. ¿Qué tiene eso de malo? Y, por cierto, ¿qué es una educación académica?

El trabajo académico se basa en aptitudes de dos clases, ambas estrechamente relacionadas. Una consiste en comprender ideas teóricas y abstractas; la otra, en gestionar y memorizar determinados tipos de información. Fundamentalmente, esto es lo que los filósofos llaman conocimiento proposicional, o conocimiento de datos; por ejemplo, que hay cincuenta estados en Estados Unidos, o que la capital de Francia es París. El conocimiento proposicional se denomina a veces «saber *que*».

Ambos aspectos de la aptitud académica —pensamiento abstracto y conocimiento proposicional— dependen de una facilidad para las palabras y los números, razón por la cual los alumnos pasan tanto tiempo escribiendo y calculando (y los exámenes de «papel y lápiz» son tan preponderantes). Estas aptitudes son muy importantes y la educación debe sin duda desarrollar la capacidad de tu hijo para ellas. Son competencias inestimables por sí solas y la base del aprendizaje en muchas otras disciplinas. Son necesarias, pero no son suficientes para la educación que tu hijo necesita. Como he argumentado en el capítulo 3, la inteligencia de tu hijo estriba en mucho más que la aptitud académica, y dados los cuatro fines descritos, la educación debería consistir en algo más que trabajo académico.

Saber *que* constituye, en parte, la base de la educación. Adquirir conocimientos objetivos sobre el mundo natural y las culturas humanas es primordial en los cuatro fines de la educación. También lo es conocer las teorías e ideas que modelan nuestra forma de entenderlos. Pero el conocimiento es más que meros datos, y el pensamiento es más que mera teoría. Hace falta «saber *cómo*», que consiste en aplicar ideas y realizar cosas. Vivir en el mundo requiere más que tener facilidad para las palabras y los números; conlleva trabajar con personas y materiales y abordar situaciones prácticas. Desde producir alimentos hasta fabricar automóviles o componer música, nuestros estilos de vida están creados por personas que aplican ideas y hacen que ocurran cosas. Para ser de verdadera utilidad para tu hijo, la educación tiene que ser práctica además de académica: necesita relacionar saber *que* con saber *cómo*.

Hay otra forma de conocimiento. Estriba en saber qué opinamos de las cosas, y si los demás piensan igual o no. A veces, esta clase de conocimiento se denomina «saber *esto*». Consiste en entendernos como individuos y comprender nuestras relaciones con los demás. Saber *esto* son las cosas sobre las que hablamos y cavilamos todos los días. Y es primordial en las artes: el flujo de experiencias que impregna la pintura, la escultura, la animación, la música, el cine, la poesía, la danza, el teatro y las novelas. Las tres formas de conocimiento —saber *que*, saber *cómo* y saber *esto*— son fundamentales para una educación equilibrada.

SER COMPETENTES

Competencia es la aptitud para hacer bien las cosas. En *Escuelas creativas* sugerí que existen ocho competencias. Todas ellas se relacionan con los cuatro fines de la educación y desarrollan las tres formas de conocimiento. Los alumnos no las adquieren de manera secuencial en las distintas etapas de la escuela. Deberían desarrollarlas desde el principio de su educación y practicarlas a lo largo de su vida cada vez con más confianza y complejidad.

Curiosidad

Los niños son tremendamente curiosos. La primera prioridad de la educación es mantener viva su curiosidad. Cuando quieren aprender, disfrutan de la formación, aplauden sus desafíos y valoran sus recompensas. Ya hemos hablado de la plasticidad del cerebro en el desarrollo de tu hijo. Cuanto más curiosos son los niños, más aprenderán mientras crecen, y más sutiles serán sus aptitudes y sensibilidades. ¿Cómo despiertan los padres y profesores curiosidad en los niños? Intrigándolos con preguntas que les interesan. Mandándoles deberes que los espolean. Ocupándolos en proyectos que los motivan. Estimular la curiosidad es crucial desde las primeras etapas de la infancia, pero la educación no solo abarca la infancia y la adolescencia. La aventura de aprender debería durar toda la vida. Despertar la curiosidad de tus hijos en sus años más formativos es un regalo que mantendrá vivo su afán de aprender a lo largo de toda su vida.

Creatividad

En casi todos los aspectos, los seres humanos somos como el resto de los seres vivos de la Tierra, pero en algunos somos únicos. Uno de los rasgos que nos diferencia es nuestra enorme capacidad imaginativa y creativa. Imaginación es la aptitud para pensar cosas que no percibimos a través de los sentidos. Está relacionada con la creatividad, pero no es lo mismo. Podríamos ser imaginativos y quedarnos todo el día en la cama sin hacer nada. Ser creativos significa realizar algo. Defino creatividad como el proceso de tener ideas originales que son de utilidad.[8] Es poner a trabajar la imaginación, y puede surgir en cualquier actividad humana. Con la complejidad cada vez mayor de los desafíos a los que se enfrentan los niños, es fundamental que la educación les ayude a desarrollar su aptitud para pensar y actuar de forma creativa.

Crítica

El pensamiento crítico radica en analizar ideas e información valiéndose de la razón y la evidencia. Conlleva tomar en consideración diversos puntos de vista y los valores que los sustentan y realizar comparaciones pertinentes.[9] Ser crítico es cada vez más importante con el bombardeo de información y opiniones al que los jóvenes están expuestos en internet. Cuanto más saturados están, más necesidad tienen de pensar críticamente sobre lo que ven y oyen, y de determinar su parcialidad, veracidad o incoherencia. El pensamiento crítico debería ser parte integral de todas las disciplinas educativas, así como un hábito cultivado fuera del entorno escolar.

Comunicación

Somos seres sociales, y aprender a comunicar ideas de manera clara y coherente es fundamental en nuestras relaciones. Dominar la lectura, la escritura y las matemáticas es un imperativo en educación comúnmente aceptado, y así debe ser; igual de importante es saber hablar con claridad y confianza. La comunicación no emplea solo palabras y números. Hay pensamientos que es imposible expresar como es debido por estas vías. Pensamos en forma de sonidos e imágenes, y también de movimientos y gestos, lo cual da origen a nuestra capacidad para la música, las artes visuales, la danza y el teatro en todas sus versiones. La aptitud para comunicar pensamientos y sentimientos por todas estas vías es esencial para el bienestar individual y para la confianza e integración social.

Colaboración

Colaborar es trabajar conjuntamente en aras de un fin común. Muchos intentos de aumentar el nivel de las escuelas se basan en la competencia, y esta, por supuesto, forma parte de la educación. El acicate de competir con otras personas siempre es un estímulo para incrementar el rendimiento. No soy contrario a ella, pero la colaboración es igual de importante para aumentar el rendimiento, fomentar la participación ciudadana y mejorar la salud y fortaleza de nuestras comunidades. La colaboración no se consigue diciendo a la gente que debe colaborar; se consigue practicándola.

Compasión

La compasión es la empatía llevada a la práctica. Comienza reconociendo qué sienten otras personas y cómo nos sentiríamos nosotros en sus mismas circunstancias. Muchos de los problemas a los que se enfrentan los niños se deben a la falta de compasión. El acoso escolar, la violencia, el maltrato emocional, la exclusión social y los prejuicios basados en el origen étnico, la cultura o la sexualidad están todos alimentados por la ausencia de empatía. Cultivar la compasión es un imperativo moral y práctico, y también espiritual. Su puesta en práctica es la expresión más sincera de nuestra común humanidad, y un motivo de profunda felicidad personal y colectiva.

Calma

Muchos alumnos padecen estrés, ansiedad y depresión en la escuela. Estas pueden mitigar los efectos modificando su cultura en todos los aspectos que hemos descrito. También pueden ofrecer a los escolares tiempo y técnicas para explorar su mundo interior mediante la práctica diaria de la conciencia plena y la meditación. El propósito radica en ayudar al alumnado a saber más de sí mismos y sus motivaciones, y a ser más capaces de gestionar los sentimientos de su mundo interior.

Civismo

Los miembros de las sociedades democráticas deben ser ciudadanos activos que conocen sus derechos y obligaciones, saben cómo funcionan los sistemas social y político, se interesan por el bienestar de sus congéneres, expresan sus opiniones y argumentos, y se responsabilizan de sus actos. La función de las escuelas es primordial para cultivar este espíritu cívico, pero no impartiendo cursos académicos sobre civismo, sino siendo la clase de entorno que practica estos principios en su dinámica cotidiana. Es fundamental que los centros educativos no solo hablen de civismo; deben predicarlo con el ejemplo.

Los jóvenes que se sienten seguros en estas ocho áreas estarán bien preparados para acometer los ineludibles desafíos económicos, culturales, sociales y personales a los que deberán enfrentarse en la vida. Los padres pueden utilizar estos cuatro fines y ocho competencias como un modelo para determinar si la escuela de su hijo —o su programa de educación en casa— le brinda la clase de educación que verdaderamente necesita y para exigir mejoras donde sea preciso.

EL SENTIDO DE LA FELICIDAD

Antes de seguir, detengámonos en una consecuencia de la educación, que muchos padres ponen la primera de la lista para sus hijos: la felicidad. En el primer capítulo he dicho que mi objetivo es ayudarte a brindar a tus hijos la educación que necesitan para tener una vida feliz y provechosa. En la mayoría de las encuestas sobre los deseos de los padres para sus hijos, la felicidad siempre ocupa uno de los primeros puestos. ¿Qué es la felicidad y qué puedes hacer tú, si es que puedes hacer algo, para que tus hijos la tengan? Hace unos años, Lou y yo publicamos el libro ya mencionado *Encuentra tu Elemento*, cuyo propósito era, entre otros, responder esta pregunta. Aquí tienes un breve resumen de las partes que vienen al caso.[10]

A veces suponemos que felicidad significa estar siempre de buen humor. De hecho, no es así. Martin Seligman, uno de los padres del movimiento de la psicología positiva, arguye que el análisis de la felicidad puede dividirse en tres elementos diferenciados: emoción positiva, entrega y sentido. La emoción positiva es lo que sentimos. La entrega significa fluir: «fundirse en la música, tener la sensación de que el tiempo se ha parado y fluir con libertad durante una actividad absorbente».[11] El tercer elemento de la felicidad es el sentido, o «pertenecer y servir a algo que uno considera superior a uno mismo».[12] Si sentimos que lo que hacemos es importante para nosotros o para las personas que nos rodean, es más probable que lo disfrutemos. Por tanto, la felicidad es un estado de satisfacción además de placer. Podemos ser felices en una faceta de nuestra vida y no serlo en otras. Por esta y otras razones, Seligman concluyó que la felicidad se entiende mejor como parte de un concepto de bienestar más amplio. La consultoría Gallup dirigió una investigación sobre bienestar en ciento cincuenta países, desde

Afganistán a Zimbabue. El estudio deja ver una amplia muestra de la actitud hacia el bienestar en todo el mundo.[13] Este concluye que el bienestar se entiende mejor en relación con cinco ámbitos generales de la vida.

- *Bienestar profesional:* lo tenemos según cómo ocupemos nuestro tiempo o si simplemente disfrutamos con lo que hacemos cada día.
- *Bienestar social:* si tenemos relaciones sólidas y amor en nuestra vida.
- *Bienestar económico:* si gestionamos con eficacia nuestras condiciones económicas.
- *Bienestar físico:* si tenemos buena salud y energía para realizar cosas en la vida cotidiana.
- *Bienestar comunitario:* lo tenemos según sea nuestro sentido de compromiso con la zona en la que vivimos.

Tom Rath concluye acerca del estudio: «Si tenemos problemas en alguno de estos ámbitos, como nos ocurre a la mayoría, eso perjudica a nuestro bienestar y afecta a nuestra vida cotidiana [...] No estamos aprovechando nuestra vida al máximo a menos que vivamos eficazmente en los cinco».[14] En un plano fundamental, arguye, todos necesitamos la ilusión de tener algo que hacer al despertarnos cada día. Aquello a lo que dedicamos la mayoría del tiempo todos los días conforma nuestra identidad, tanto si somos alumnos, padres, voluntarios o jubilados como si tenemos un trabajo convencional. Entre semana, pasamos la mayor parte del día haciendo algo que consideramos una profesión, ocupación, vocación o trabajo.

Cuando las personas se conocen, se preguntan: «¿A qué te dedicas?». Si tu respuesta a esa pregunta es algo que te parece satisfactorio e importante, es probable que goces de bienestar profesional. «Si gozamos de poco bienestar profesional, es fácil entender cómo puede perjudicar a los otros ámbitos con el tiempo.»[15] Para muchas personas, el bienestar profesional está estrechamente relacionado con sus relaciones sociales y su compromiso con la comunidad. Aunque la felicidad es un estado interior, a menudo mejora si miramos más allá de nosotros mismos y nos interesamos por las necesidades de otras personas.

Sonja Lyubomirsky es profesora de psicología en la Universidad de California, Riverside. En su éxito de ventas, *La ciencia de la felicidad*, sostiene que hay tres factores principales que influyen en nuestra felicidad personal: nuestras circunstancias, nuestro carácter innato y nuestra conducta. De los tres, nuestras circunstancias —salud, riqueza, posición social, etc.— solo contribuyen en más o menos el 10 por ciento. Un conocido estudio demostró que «los estadounidenses más ricos, los que ganan más de diez millones de dólares anuales, reconocen un nivel de felicidad personal apenas ligeramente superior al de los empleados administrativos y obreros que trabajan para ellos».[16] Las personas que viven en la pobreza a menudo refieren un nivel de felicidad que difiere poco o nada del de personas que viven en entornos ricos. La felicidad y el bienestar se basan en muchos más factores que no solo en nuestras circunstancias materiales. Un componente muy importante es nuestra herencia biológica individual o carácter.

Hasta cierto punto, nuestra capacidad para ser felices está relacionada tanto con la naturaleza como con la educación. Todos tenemos un nivel genético alrededor del cual fluctuamos pero al que tendemos a regresar. Los estudios de gemelos idénticos y mellizos sugieren que todos nacemos con un determinado nivel genético de felicidad que tiene su origen en nuestros padres biológicos: «Este es un punto de referencia o potencial para ser felices al que

estamos destinados a regresar incluso después de importantes contratiempos o triunfos».[17] Algunas personas son optimistas y alegres
por naturaleza, y otras parecen sufridoras innatas. A menudo, su
actitud tiene poco que ver con la situación que están atravesando.
¿Cuánto influye nuestro carácter en nuestro nivel de felicidad y
bienestar personal? Puede representar hasta el 50 por ciento de lo
felices que somos en un determinado momento.

Si tu biología desempeña un papel tan importante en tu felicidad y tus circunstancias influyen relativamente poco, ¿qué puedes
hacer para ser más feliz? La buena noticia es que puedes hacer
bastante. Tienes más poder del que quizá imaginas para aumentar
tu nivel de felicidad y bienestar. Según Sonja Lyubomirsky y otros
autores, el 40 por ciento de la felicidad de una persona está influido por su conducta: qué decide hacer y cómo decide pensar y
sentir. La clave de la felicidad no radica en modificar su composición genética, lo que es imposible, ni sus circunstancias, lo que
puede ser posible o no, sino en sus «actividades diarias intencio-
nadas».

El monje budista francés Matthieu Ricard es un escritor de talento y el sujeto de un estudio sobre la felicidad realizado en la
Universidad de Wisconsin-Madison, y los círculos mediáticos le han
puesto el sobrenombre de «el hombre más feliz del mundo». En su
libro *En defensa de la felicidad: un auténtico tratado de la felicidad*,
sostiene que «he llegado a comprender que, aunque algunas personas son más felices que otras por naturaleza, su felicidad continúa
siendo vulnerable e incompleta, y que lograr la felicidad como estado vital es una habilidad. Requiere un esfuerzo sostenido en el
entrenamiento de la mente y el desarrollo de una serie de cualidades humanas, como la paz interior, la conciencia plena y el amor
altruista».[18]

¿Qué significa todo esto para el bienestar de tus hijos y para tus funciones como padre y las de escuela? Las respuestas van implícitas en lo que hemos tratado a lo largo de este capítulo. Tanto para tus hijos como para ti:

- El bienestar es más que una efímera sensación de placer. En parte, radica en ayudarles a descubrir sus talentos, intereses y propósito en la vida: su Elemento.
- El bienestar reside en ayudarles a mirar hacia fuera además de mirar hacia dentro: en centrarse en el presente y ayudar a otros más que en ensimismarse.
- El bienestar tiene tanto que ver con el esfuerzo como con las circunstancias. Requiere intención, experiencia y resiliencia.

El bienestar no es un estado material, sino espiritual. No lo digo en un sentido religioso, sino en el sentido de tener la moral alta o baja: de sentirnos realizados por tener un rumbo y propósito en la vida. Las ocho competencias que he descrito no son fines en sí mismas ni casillas que hay que marcar. Son los medios para que tus hijos se conviertan en individuos realizados y ciudadanos comprometidos en un mundo con pocos puntos fijos pero algunas verdades constantes. Al final, ni tú ni tu escuela podéis hacer que tus hijos aprendan. Lo que sí está en tu mano es crear condiciones en las que quieran hacerlo, con una noción clara de qué deben aprender, cómo y por qué. Sobre esa base, puedes determinar si la educación que reciben es la adecuada y pensar en cómo reforzarla si lo es o, en caso contrario, en cómo mejorarla.

6

Elegir la escuela correcta

Una escuela es una comunidad de personas que aprenden. ¿Qué hace que una escuela sea buena? Debería crear las condiciones óptimas para que tus hijos aprendan y evolucionen en todos los aspectos que hemos descrito: cognitivo, afectivo, social y espiritual. Debería sacar a la luz sus mejores cualidades personales y ayudarles a desarrollar las competencias que necesitan para abrirse camino en la vida. ¿Qué clase de comunidad debería ser?

Los elementos de la excelencia

Cualquiera que sea la escuela, ¿cómo es la mejor educación, y cómo la reconocerás cuando la veas? Hay diversos elementos que influyen en la calidad y utilidad de la educación:

- *Plan de estudios:* los contenidos que el alumnado debe aprender.
- *Enseñanza:* ayudarle a hacerlo.
- *Evaluación:* saber cómo progresa.
- *Horario:* la organización de las horas lectivas y los recursos.
- *Medio:* el entorno físico donde aprende el alumnado.
- *Cultura:* los valores y conductas que la escuela promueve.

La calidad de la educación radica en cómo actúan estos elementos de forma conjunta. Un plan de estudios excelente no basta si el sistema de evaluación solo valora una parte de él. Un medio maravilloso no basta si la calidad de la enseñanza es deficiente. La clave de una buena escuela radica en atinar con el equilibrio y la dinámica. ¿Es variado el plan de estudios? ¿El profesorado educa de forma personalizada? ¿Cuánta iniciativa y creatividad le permite el centro educativo? ¿Cómo se relaciona este con los padres y la comunidad? Por el momento, analicemos los elementos por separado.

PLAN DE ESTUDIOS

¿Tiene la escuela un plan de estudios amplio, equilibrado y dinámico?

El plan de estudios son los contenidos de la educación: lo que el alumnado debe saber, entender y poder hacer. Existe el plan de estudios oficial, que es lo que el alumnado debe aprender. Existe el plan de estudios no oficial, que es lo que puede decidir aprender, es decir, las materias optativas y las actividades extraescolares. Y existe el plan de estudios completo, que incluye todo lo anterior: el abanico completo de experiencias que brinda la escuela.

También existe lo que en ocasiones se denomina plan de estudios oculto, que es otra manera de referirse a la cultura de la escuela, y esto es tan primordial como todo lo que aparece en el folleto, de haberlo. El alumnado aprende más en el colegio de lo que hay en el plan de estudios, y sus padres también. Absorben qué considera importante el centro y qué no. Lo hacen según qué consta en el plan de estudios y qué no; qué materias son obligatorias y cuáles optativas. Lo hacen por cómo se evalúa el trabajo de los alumnos.

¿Reciben comentarios y observaciones útiles, o solo se puntúan con una letra o una cifra? Captan los valores de la escuela y qué cuenta como conductas aceptables.

Debes considerar el equilibrio del plan de estudios completo y qué partes son obligatorias, cuáles son optativas y por qué. Un plan de estudios equilibrado debe conferir igual importancia a las siguientes disciplinas:

Lenguaje

El lenguaje es uno de los fundamentos de la inteligencia humana. Nadie enseña a tus hijos a hablar. Tú los alientas y guías, pero no les das clases sobre cómo hacerlo. Absorben el habla de las personas que les rodean. Leer y escribir son otra cosa. En circunstancias normales, todo el mundo aprende a hablar; no todo el mundo aprende a leer y escribir. Hacerlo requiere aprender códigos completamente distintos.

En la mayoría de las lenguas escritas, leer y escribir conlleva asociar sonidos orales con marcas visuales (letras) y grupos de letras (palabras) con significados específicos. Supone entender las convenciones mediante las cuales secuencias de palabras (oraciones) tienen o no sentido. Aprender a escribir requiere un dominio de la motricidad fina; aprender a cifrar nuestros pensamientos por escrito y a descifrar los pensamientos de otras personas leyendo sus palabras también requiere complejas destrezas intelectuales. La educación en lenguaje conlleva aprender todas estas destrezas. Asimismo, debería cultivar la pasión por la literatura en todos sus estilos y desarrollar las destrezas de lo que a veces se denomina oratoria, la aptitud para hablar con claridad y confianza y para escuchar a los demás con paciencia y atención. Aunque la mayoría de las personas saben hablar, no siempre lo hacen de manera concisa o correcta. Una de las funciones de la educación en lenguaje reside en ayudarles a hacerlo de manera más eficaz para fines diversos y en entornos distintos.

Matemáticas

Una buena manera de iniciar una discusión en una reunión de matemáticos es preguntar por una definición de matemáticas. Al profano puede parecerle evidente; al especialista que conoce bien sus muchas formas y complejidades, no tanto. Para nuestro propósito, y exponiéndome a la ira de los matemáticos reunidos, matemática es la aptitud para comprender y operar con números. En educación, la base de las matemáticas es la aritmética, que comprende sumar, restar, multiplicar y dividir. En niveles más avanzados, abarca la aplicación práctica de conceptos e instrumentos matemáticos mediante la geometría, el álgebra, la trigonometría y el cálculo. Al igual que la aptitud para leer y escribir, las matemáticas permiten acceder al estudio de muchas otras disciplinas y desarrollan destrezas fundamentales para la independencia social y económica. La aptitud para aplicar las matemáticas a un cierto nivel es capital en muchos ámbitos, tales como informática y programación, economía y la mayoría de las profesiones y oficios. A pesar de lo que los teléfonos inteligentes hacen hoy en día por nosotros, en nuestro mundo es muy difícil salir adelante sin una base sólida de aritmética. Más aún, las matemáticas son una disciplina hermosa por mérito propio, repleta de ideas exquisitas y algunos de los más grandes logros del pensamiento y la cultura del ser humano. Los matemáticos de la reunión seguro que estarían de acuerdo en eso.

Ciencias

Vivimos en dos mundos; el que nos rodea y nuestro mundo interior. La ciencia es el estudio sistemático del mundo que nos rodea a través del análisis, la observación y la experimentación. El objetivo de los científicos reside en crear teorías y aportar explicaciones, que pueden confirmarse con pruebas. Las ciencias naturales —física, química, biología y química— estudian la naturaleza y la dinámica del mundo físico para comprender las leyes que los rigen. Para ello, los científicos se afanan en aportar conocimientos que puedan ser validados por quienquiera que repita sus observaciones. Las ciencias humanas —como la psicología, la sociología y la antropología— tienen como objetivo investigar la vida de los seres humanos utilizando algunas de las mismas técnicas, aunque la compleja naturaleza del comportamiento humano resta inevitablemente «objetividad» a sus hallazgos. Los científicos de cualquier ámbito dependen del análisis lógico, pero la lógica solo es uno de sus recursos. Los descubrimientos científicos de cualquier campo son a veces fruto de inesperados golpes de intuición e imaginación. La educación en ciencias es importante para todos porque brinda conocimientos básicos fundamentales sobre cómo reunir pruebas y desarrolla las destrezas del análisis lógico. Permite acceder al vasto repertorio de conocimientos científicos sobre el mundo que nos rodea. Ayuda a comprender cómo la ciencia ha modelado el mundo y a conocer las ideas y logros, a menudo de una creatividad pasmosa, que han impulsado estos cambios.

Artes

Las artes aluden a las cualidades de la experiencia humana. A través de la música, la danza, las artes visuales, el teatro, etc., damos forma a lo que sentimos y pensamos sobre nosotros mismos y a cómo experimentamos el entorno. La base de todas las artes es la creación. Los músicos crean música; los pintores, imágenes; los bailarines, danzas, y los escritores, libros, obras de teatro, novelas y poemas, que expresan las cualidades de sus percepciones y experiencias personales. Las artes pueden inspirarnos en muchos sentidos: por su belleza inherente y su forma, por las ideas y sentimientos que encarnan, y por los valores culturales y tradiciones que representan. El pulso de la cultura late más fuerte en las artes visuales, verbales y escénicas. La educación en artes debe instruir en la práctica de las artes y enseñar a comprenderlas y apreciarlas. En el capítulo 2 he argüido que la inteligencia es polifacética. La música, la danza, el teatro, las artes visuales y las artes verbales, en todas sus versiones, ilustran esta formidable diversidad y brindan vías prácticas para cultivarla en tus hijos. A través de las artes, los alumnos pueden formular ideas y sentimientos en un gran número de modalidades y medios. Pueden explorar sus valores culturales e identidad, así como interactuar con los valores y tradiciones de otras culturas.

Humanidades

Las humanidades se ocupan del estudio de la cultura humana. Comprenden la historia, los idiomas, la educación religiosa, la geografía, las ciencias sociales y la filosofía. Son fundamentales para que los alumnos adquieran un mayor conocimiento del mundo que les rodea: de su diversidad y complejidad. También amplían su conocimiento de todo lo que comparten con el resto de los seres humanos, incluidos los que pertenecen a otras épocas y culturas, y les ayudan a desarrollar una conciencia crítica de la sociedad y época en las que viven. Las humanidades se solapan en varios aspectos con las ciencias y las artes. Como las artes, están interesadas en comprender la naturaleza de la experiencia humana. Como las ciencias, suelen utilizar los instrumentos de la investigación y análisis académicos. Comprenden lo que a veces se denominan artes liberales. En la Antigüedad, las artes liberales (del latín *liber*, que significa «libre») eran las disciplinas que desarrollaban las cualidades críticas e intelectuales necesarias para la vitalidad de las sociedades libres y democráticas. El estudio de las humanidades y las artes liberales desarrolla las cualidades y conocimientos que todos necesitamos para tener un estilo de vida complejo y civilizado.

Educación física

Los planos cognitivo, emocional, social y físico del bienestar de tus hijos están estrechamente relacionados. La educación física contribuye directamente a su vigor y desarrollo global conforme crecen y aprenden. También puede favorecer el aprendizaje en todas las áreas al aumentar la concentración y agilidad mental de los alumnos. La educación física y el deporte están íntimamente ligados a las tradiciones y prácticas culturales de nuestras comunidades. Los juegos y deportes pueden suscitar un profundo entusiasmo tanto en relación con los propios juegos como a través del sentido de colectividad que pueden generar. El abanico de actividades físicas y deportes brinda al alumnado muchas oportunidades para diversas clases de logros físicos. La danza y la gimnasia, por ejemplo, son poderosas formas de creatividad y expresión estética. Los deportes de equipo desarrollan las destrezas del individuo, crean un fuerte sentido de colaboración y brindan formas de compartir los éxitos y fracasos en entornos controlados y seguros. En todos estos aspectos, la educación física es fundamental si queremos que nuestros hijos reciban una formación equilibrada.

Destrezas básicas para la vida

La vida no es un ejercicio académico. La educación debe ayudar a tus hijos a emprender con pulso firme algunos de los muchos cometidos y desafíos prácticos a los que deberán hacer frente a medida que se abren camino en la vida. Algunas escuelas ofrecen programas prácticos en conocimientos básicos de economía; en salud y nutrición, cocina y administración del hogar. Los mejores no se imparten como cursos teóricos, sino a través de experiencias prácticas, ya desde primaria, una etapa en la que los niños tienen un vivo afán por aprender a través del juego, por jugar a tiendas y, en general, por montar toda clase de negocios.[1]

Aunque podemos tratar las distintas áreas por separado, la eficacia del aprendizaje radica en cómo pueden actuar de forma conjunta. Esto depende por completo de cómo se enseñan. En ese sentido, no hay nada más importante para la educación de tus hijos que sus profesores.

UN ENFOQUE DINÁMICO DEL APRENDIZAJE

¿Adaptan los profesores su metodología a los diversos alumnos y materiales?

A la mayoría de los docentes, les importan mucho su profesión y los alumnos a los que enseñan. Esto no significa que todos sean apropiados para tu hijo. El profesor apropiado lo motivará a aprender y lograr más de lo que tú creías posible; el inapropiado puede hacer que el aprendizaje parezca tedioso. Los métodos de enseñanza y aprendizaje deberían ajustarse a los diversos tipos y etapas de desarrollo. Los recién nacidos y los bebés poseen colosales capacidades latentes. La medida en que estas se estimulan en los primeros años de vida tiene una influencia crucial en el desarrollo del cerebro. Los niños que crecen en hogares bilingües o multilingües, por ejemplo, suelen llegar a tener un buen dominio de todos los idiomas que utilizan. Lo mismo ocurre en otras áreas del desarrollo, como la música. Los adolescentes y adultos a menudo tienen más dificultad para aprender a tocar un instrumento o hablar un segundo idioma. El equipo docente debería apoyar y orientar a tu hijo de forma individualizada para desarrollar sus cualidades y ayudarle en las áreas en las que va apurado. Tú deberías buscar un equilibrio entre las áreas siguientes.

Teoría y práctica

¿Existe un equilibrio adecuado entre el estudio teórico y el trabajo práctico?

Una de las sempiternas imágenes de las escuelas es la clásica disposición de las aulas: la mesa del profesor delante, frente a ordenadas hileras de pupitres y sillas, y escolares que miran al frente. En los colegios de antes, y todavía en algunos de los actuales, los alumnos solían pasar la mayor parte del día sentados a su pupitre con solo breves descansos para hacer un poco de ejercicio o cambiar de aula. Hay importantes razones relacionadas con la salud para no hacer esto, como hemos visto. Hay razones educativas igual de poderosas.

En el capítulo 5, he argüido que la aptitud académica es muy relevante, pero también que la inteligencia es más que solo aptitud académica y la educación general tiene que reflejarlo. He distinguido entre saber *que,* saber *cómo* y saber *esto.* Cultivar estas distintas formas de conocimiento requiere diferentes tipos de actividades y de metodologías de enseñanza.

El cerebro posee una maleabilidad asombrosa, sobre todo en los primeros años de vida. Algunas experiencias tienen un impacto tan profundo en nosotros que instantáneamente forman recuerdos imborrables. Menos vívidas, las experiencias cotidianas pueden perdurar un tiempo en nuestra memoria a corto plazo, pero a menos que cavilemos sobre ellas o se repitan, las recordamos con vaguedad, si es que lo hacemos. Aprender ideas, datos o destrezas nuevas es igual. Para grabarlos en la memoria a largo plazo de manera que podamos utilizarlos, debemos practicarlos para que pasen a formar parte de nuestra estructura mental.

Retener conocimientos proposicionales (saber *que*) requiere concentración y esfuerzo. Nadie puede hacerlo por ti. A veces oigo críticas sobre el aprendizaje de memoria en educación, como si fuera malo por definición. No lo es. Si tus hijos están aprendiendo un idioma, o las leyes de la química, o los detalles de acontecimientos históricos específicos, o los principios de la aritmética de manera que puedan utilizarlos fácilmente, tendrán que grabarlos en su memoria a largo plazo. Cuando lo hagan, el esfuerzo cambiará sus cerebros sutilmente. Los profesores deben ayudarles a disfrutar del proceso y hacerles sentir que merece la pena, estimularlos con actividades prácticas y trabajando en grupo, pero, inevitablemente, el esfuerzo de memorización es individual. Puede requerir mucha concentración, repetición y reflexión. Hay materias que solo se pueden aprender así. El problema de la imagen del aula clásica reside en dar por hecho que es la mejor manera de aprenderlo todo. No lo es.

Saber *cómo* hacer algo solo puede aprenderse haciéndolo. Aprender a tocar un instrumento, dibujar un boceto, crear objetos con materiales físicos, dominar un deporte o practicar un oficio, depende de una sinergia de destrezas cognitivas y físicas. En todas las actividades que requieren experiencia práctica, además de conocimientos teóricos —desde la danza clásica hasta la cirugía o la ingeniería—, los buenos profesionales acaban adquiriendo una «memoria muscular», que es fruto de la repetición y el perfeccionamiento de técnicas prácticas. La educación también debe ocupar a tus hijos en una amplia gama de actividades prácticas: trabajar con materiales y con otras personas en la aplicación de ideas, justo de la manera que la propia vida exige continuamente.

Saber *esto* consiste en entender las cualidades de nuestras experiencias. Aprender a comprender sus sentimientos, hallar sentido a sus experiencias y ser positivos en sus relaciones es fundamental para la felicidad y bienestar de tus hijos. Ellos no aprenden estas cosas mediante el estudio abstracto de las emociones, sino a través de la experiencia y practicando las disciplinas cuyos elementos centrales son los sentimientos, los valores y las relaciones. En las escuelas, incluyen las artes visuales, interpretativas y verbales y las técnicas reflexivas de la meditación y la conciencia plena.

Los cuatro fines de la educación y las ocho competencias que he descrito antes solo pueden alcanzarse y desarrollarse mediante un plan de estudios amplio y una metodología que incluye pero trasciende las convenciones del aula académica tradicional.

A MOVERSE

¿Hacen los alumnos suficiente actividad física?

Antes he argüido que las artes tienen la misma importancia que otras áreas fundamentales del aprendizaje. La mayoría de los centros educativos conceden cierta atención a las artes: por lo general, artes visuales, música y literatura. Tienen menos contemplaciones con la danza y el teatro, si es que las tienen. Hay pruebas sólidas de que las artes en general reciben menos atención en las escuelas de zonas de renta baja y en muchos centros concertados, los cuales a menudo tienen un plan de estudios especializado o un alumnado selecto.[2] Como hemos visto, muchos colegios han reducido las horas de educación física para disponer de más tiempo para los programas de matemáticas, lectura y ciencias. Parten del supuesto de que el único modo de mejorar los niveles en estas áreas es centrarse en ellas a costa de otras. Esto es un error, por muchas razones.

Las matemáticas y la danza

En 2006, di una charla en el congreso organizado por la TED titulada «¿Las escuelas destruyen la creatividad?».[3] En aquella intervención, decía que los colegios tienden a educar a los alumnos de cuello para arriba y que este desequilibrio tiene consecuencias negativas para el desarrollo global de los niños. La danza es un caso claro. En casi todos los sistemas escolares, ocupa la última posición de la jerarquía, si es que está presente. Muchas personas consideran la danza una actividad escolar marginal: optativa en el mejor de los casos, pero en absoluto necesaria como las matemáticas, las ciencias o la tecnología. Hace unos años, fui entrevistado por la BBC y, en un determinado momento, el entrevistador dijo: «En la charla que dio en la TED dijo que la danza es tan importante como las matemáticas. No puede hablar en serio». «Hablo en serio —respondí—. Claro que la danza es tan importante como las matemáticas.» Sé que puede resultar difícil de entender, así pues, me explicaré.

Desde hace varios años, soy benefactor de la Escuela de Danza Contemporánea de Londres. En 2016, me invitaron a dar la conferencia anual en honor del director fundador, Robert Cohan. La invitación me llegó justo después de mi entrevista con la BCC, y decidí titular mi intervención: «Por qué la danza es tan importante como las matemáticas en educación».[4] Como preparación para la charla, publiqué el título en Twitter. Tuve muchas reacciones positivas y algunas escépticas. Un tuit decía: «Va a ser una de las charlas más cortas de la historia, ¿no?». Otro afirmaba, con contundencia: «Ken, la danza no es tan importante como las matemáticas». Vale, a mí me parecía que sí. Algunos eran irónicos: «Por suerte, las habilidades para saber leer el calendario no son tan importantes como bordar una rumba». Otra persona escribía: «¿Y qué? Los teléfonos son más importantes que los plátanos. Las hormigas no son tan importantes como el Pato WC. Los clips son más importantes que los codos». Al menos, esa fue una respuesta creativa. Saltaba a la vista que el autor pensaba que yo estaba comparando cosas que son incomparables y poniéndome en evidencia al hacerlo. Algunas respuestas venían más al caso: «¿En serio? ¿Importante para qué y para quién? Por cierto, soy profesor de matemáticas».

Un aforismo que se atribuye al filósofo Friedrich Nietzsche reza así: «Aquellos que fueron vistos bailando fueron tomados por locos por quienes no podían oír la música». Cuando los escépticos cuestionan el lugar de la danza en la educación o dicen la tontería de que saber leer el calendario es más importante que bordar una rumba, tengo que suponer que no pueden oír la música. Permíteme dar otra vuelta de tuerca.

No estoy restando relevancia a las matemáticas, por supuesto que no. Las matemáticas son una parte indispensable de la gran aventura creativa de la mente humana. También están íntimamente relacionadas con la dinámica de la danza. Este no es un argumento en contra de las matemáticas; es un argumento a favor de educar al niño completo con equidad. ¿Importante para qué y para quién?

Hablo de la igual importancia de la danza con las otras artes, el lenguaje, las matemáticas, las ciencias y las humanidades en la educación general de todos los niños. ¿Quién lo dice? Yo, por ejemplo, y muchas otras personas de diversas culturas y tradiciones.

La formación en danza no es un campo nuevo. Existe una larga tradición de profesionales y defensores de esta disciplina en el ámbito educativo que es anterior a la emergencia de la escolarización de masas y se remonta hasta la Antigüedad. Desde tiempos inmemoriales, las personas han entendido la importancia de la danza como parte fundamental de la vida y la educación. El hecho de que se descuide en los sistemas de enseñanza de masas no niega las convincentes pruebas de su valor. Estudiosos de diversas disciplinas han investigado y escrito acerca de la danza en sus múltiples facetas y han aportado cada vez más pruebas de su poder para enriquecer la vida y transformar la educación.

En *Dance Education around the World: Perspectives on Dance, Young People and Change*, Charlotte Svendler Nielsen y Stephanie Burridge recopilan una serie de estudios recientes sobre el valor de la danza en toda clase de contextos: de Finlandia a Sudáfrica, de Ghana a Taiwán, de Nueva Zelanda a Estados Unidos.[5] La mala posición de esta disciplina en las escuelas se debe en parte a la buena posición del trabajo académico convencional, que asocia la inteligencia principalmente con el razonamiento verbal y matemático. Estos estudios exploran que conocer la danza más a fondo cuestiona las nociones convencionales de inteligencia y rendimiento. Demuestran su poder transformador para personas de todas las edades y procedencias incluso en las peores circunstancias: en la paz, en la guerra, en la abundancia y en la miseria. Revelan que la danza puede ayudar a restituir la alegría y la estabilidad en vidas fraguadas de problemas y aliviar las tensiones en escuelas azotadas por la violencia y el acoso.

¿Qué es la danza? Es la expresión física a través del movimiento y el ritmo de relaciones, sentimientos e ideas. Nadie la inventó. Está en lo más hondo de todas las culturas desde los orígenes de la historia. Somos criaturas encarnadas y la danza es parte del pulso de la humanidad. Comprende múltiples géneros, estilos y tradiciones y se halla en constante evolución. Sus funciones van de lúdicas a sagradas y sirven a fines sociales de toda clase. Está en todas partes y es para todos. ¿Por qué debería enseñarse en el colegio? Las razones son *personales*, *sociales*, *económicas* y *culturales*. Aquí tienes unos ejemplos.

Hay incontables estilos de danza y numerosas compañías profesionales que las practican. Muchas ofrecen programas para escuelas. Una de ellas es Dancing Classrooms, una compañía sin ánimo de lucro con sede en la ciudad de Nueva York, que lleva los bailes de salón a colegios de primaria y secundaria. Trabaja con algunos de los centros educativos y distritos más conflictivos del país, como en Nueva York, Los Ángeles y Detroit. A través de la danza, Dancing Classrooms tiene como objetivo mejorar las relaciones sociales, especialmente entre géneros, y enriquecer la cultura de las escuelas en su conjunto promoviendo la colaboración, el respeto y la compasión. El programa fue fundado en 1994 por el bailarín Pierre Dulaine y actualmente ofrece a cada centro escolar veinte sesiones repartidas en diez semanas, que culminan en una representación a escala regional. Tiene beneficios indiscutibles para los estudiantes y sus escuelas.[6]

Toni Walker es exdirectora del centro de primaria Lehigh del condado de Lee, Florida. Al elogiar el programa en general, menciona sus beneficios *personales* para alumnos concretos, entre ellos una chica especialmente conflictiva. «Cuando esta joven llegó a Lehigh por primera vez, su expediente debía de tener dos dedos de grosor. Provenía de un barrio céntrico pobre. Tenía mucha calle y estaba muy enfadada. Le parecía que tenía que demostrar lo que valía y asegurarse de que todos sabían que era fuerte y pelearía.» Cuando la escuela puso en marcha el programa, no quería participar, pero la asistencia era obligatoria. Tuvo que asistir y pronto descubrió que tenía una aptitud innata. «En la siguiente clase, tenía una actitud un poco distinta y no nos hizo falta pelearnos para que bailara. Se puso en la fila ella sola.» En la tercera y cuarta clase, explica Toni, se transformó: «Se comporta de otra manera; habla de un modo distinto; es amable; es respetuosa; no la han mandado al despacho del director ni una sola vez, ni una. Su madre no da crédito. Es asombroso. Asombroso. El programa es mucho más grande de lo que la gente cree».[7]

La educación en danza tiene grandes beneficios para las relaciones *sociales* de los alumnos, en especial entre géneros y estudiantes de la misma edad. Muchos estilos, como los bailes de salón, son sociales por naturaleza. Requieren moverse juntos en sincronía y empatía con un contacto físico directo. En una evaluación de Dancing Classrooms en la ciudad de Nueva York, el 95 por ciento de los profesores refirieron que las aptitudes de los alumnos para cooperar y colaborar habían mejorado de manera tangible como consecuencia de bailar juntos. En una encuesta realizada en Los Ángeles, el 66 por ciento de los directores refirieron que, después de participar en el programa, los alumnos manifestaron una mayor aceptación de sus compañeros, y el 81 por ciento de los alumnos dijeron que trataban a los demás con más respeto.

La danza tiene importantes beneficios *culturales*. Saint Mark The Evangelist es una escuela de primaria de Harlem, Nueva York. El director Antwan Allen participó personalmente en las sesiones con sus alumnos de octavo. Al principio, fue para compensar las proporciones: «Había demasiadas chicas y faltaban chicos, así que asistí a la primera clase para echarles una mano, y desde entonces me encanta». En parte, el valor de que él participe, afirma, es el ejemplo que sienta para los chicos. También muestra a todos los alumnos que es más que una figura de autoridad; es «una persona que puede entender el mundo a través de sus ojos». Considera que el programa es un elemento destacado de la cultura de la escuela y lo demuestra participando. Como él dice, sacamos tiempo para las cosas que nos parecen importantes: «Si puedo sacar una hora para una reunión, puedo sacarla para bailar con mis estudiantes. Lo pongo en mi calendario sin más: dos veces a la semana, bailo con mis alumnos de octavo durante una hora. No lo trato de manera distinta a como trataría una supervisión con uno de mis profesores o una reunión con unos padres porque todo es importante y todo forma parte de la cultura de la escuela».[8]

Los beneficios personales, sociales y culturales de la danza son significativos por sí solos; también es positiva para la economía. Además de ser un sector profesional para aquellos con los talentos especializados y la determinación que se requieren, promueve muchas de las cualidades y sensibilidades personales que los empresarios reconocen cada vez más como esenciales en una población activa capaz de colaborar y adaptarse. Seguramente estás de acuerdo, pero sigues pensando que las matemáticas serán más útiles a los alumnos al terminar la formación que saber bailar. Antes hemos analizado la necesidad de la educación de abordar el desarrollo cognitivo, emocional, físico, social y espiritual de tus hijos. Cada disciplina contribuye de un modo distinto a su desarrollo global, incluidas las matemáticas y la danza. Cuando maduren, los jóvenes harán uso de todo lo que aprendieron en la escuela. Algunos ahondarán su interés en campos específicos. Unos se harán matemáticos. La mayoría no lo hará, pero para todos los que hayan estudiado matemáticas, habrá aspectos de esta disciplina que les parecerán inestimables, aunque nunca más resuelvan una ecuación de segundo grado ni utilicen el cálculo de forma habitual, como no hacemos la mayoría. Otros se apasionarán por la danza y quizá lleguen a ser bailarines. La mayoría no lo hará, pero para todos los que hayan practicado la danza como es debido, habrá beneficios que les parecerán inestimables, aunque no sigan bailando después de la escuela, como no hacemos la mayoría.

Por si aún te preocupa que, pese a todos los valores de la danza, el tiempo dedicado a bailar robe tiempo a las matemáticas u otras disciplinas académicas, esto no es así. Por el contrario. Como he dicho, esta no es una discusión en contra de las matemáticas, sino a favor de la danza. No se excluyen una a otra, ni en la educación ni en la vida. Además de ser importante por sí sola, resulta que los beneficios de la danza pueden tener un impacto directo en el rendimiento de los alumnos en otras áreas del aprendizaje, incluidas las matemáticas. Paradójicamente para los escépticos, existen pruebas sólidas de que, cuando los niños bailan, su rendimiento en matemáticas también mejora.

Otro de los centros con los que trabaja Dancing Classrooms es el centro de primaria Emanuel Benjamin Oliver de las Islas Vírgenes. La directora, la doctora Lois Habtes, se quedó especialmente impresionada con el mejoramiento de las notas en lectura y matemáticas en los alumnos de quinto curso que participaron en el proyecto: «Les hicimos un examen en septiembre en lectura y matemáticas, y otro justo antes de que se fueran a casa en diciembre. Todos los años en marzo llevamos a cabo nuestros exámenes normalizados. Todos los años sin excepción, con Dancing Classrooms, nuestros alumnos de quinto son los que sacan las mejores notas. No hay peros que valgan acerca del impacto de las clases de danza en la vida académica de nuestros alumnos. Cuando llegué, suspendían. El año pasado, nuestro segundo año, alcanzaron un rendimiento del 83 por ciento. Este año, nuestro quinto curso obtuvo una puntuación del 85 por ciento en el examen de lectura, la nota más alta de la escuela. En todos los exámenes que hemos hecho a los alumnos, desde párvulos hasta quinto, este ha ido por delante del resto, gracias a Dancing Classrooms».[9] No es un fenómeno aislado. Solo es un ejemplo de una relación bien documentada entre actividad física y buen rendimiento educativo.

En el capítulo 4 he hecho alusión a la labor del doctor John J. Ratey, profesor asociado de psiquiatría clínica en la Facultad de Medicina de Harvard y una figura destacada del creciente movimiento para reconectar cuerpo y mente en el ámbito de la educación. Su libro publicado en 2008, *Spark*, está inspirado en un extraordinario programa de educación física del Distrito 203 de Naperville en Illinois. El distrito tiene catorce escuelas de primaria, cinco de enseñanza media y dos de secundaria. A Naperville Central le preocupaba tener tantos alumnos con un rendimiento tan bajo en lectura. Este centro de secundaria conocía la existencia de estudios que demostraban la relación positiva entre el ejercicio y el aprendizaje y organizó una clase de educación física (EF) antes de la jornada escolar para los alumnos que habían escogido lectura como asignatura optativa. La llamó educación física de preparación para la lectura (EFPL).

La EFPL no es un programa de educación física convencional con atletismo y deportes competitivos. Se centra en mejorar la forma física y mantenerse activo, y ofrece varias alternativas para ello, como muros de escalada, kayak, cursos de cuerdas, pesas y danza. Las clases incluyen ejercicio cardiovascular supervisado para que los alumnos puedan alcanzar la condición física que se han propuesto y mejorarla. El programa lleva un control de la condición física y de su impacto en sus otras asignaturas. La EFPL ha convertido a los diecinueve mil alumnos del distrito en quizá los más sanos de Estados Unidos. En una clase de tercero de secundaria, solo el 3 por ciento de los estudiantes tenía sobrepeso, en comparación con la media nacional del país, que es del 30 por ciento. Ratey señala: «Lo que es más sorprendente, increíble, de hecho, es que el programa también ha convertido a estos alumnos en unos de los más inteligentes de la nación».[10]

En 1999, los de segundo de secundaria de Naperville estuvieron entre los alumnos de todo el mundo que realizaron un examen normalizado internacional llamado Estudio Internacional de las Tendencias en Matemáticas y Ciencias (TIMSS, del inglés Trends in International Mathematics and Science Study), el cual evalúa los conocimientos de matemáticas y ciencias. El TIMSS se hace cada cuatro años desde 1995. Los exámenes de 1999 incluyeron a doscientos treinta mil alumnos de treinta y ocho países, cincuenta y nueve mil de Estados Unidos. Por lo común, los estudiantes de China, Japón y Singapur superan a los estadounidenses en estos exámenes. En algunos países asiáticos, casi la mitad de los participantes obtienen puntuaciones que los sitúan en los primeros puestos; habitualmente, solo el 7 por ciento de los estadounidenses alcanzan este nivel. En las pruebas de 1999, los alumnos de Estados Unidos se clasificaron en el decimoctavo puesto en ciencias y el decimonoveno en matemáticas, y los distritos de Jersey City y Miami se clasificaron en el último lugar en ambas disciplinas. La cosa fue muy distinta para los de Naperville. Casi el 97 por ciento de alumnos de octavo de Naperville realizaron el examen, de manera que no estaban seleccionados especialmente para participar. En la sección de ciencias del TIMSS, se clasificaron los primeros del mundo, justo por delante de Singapur, y fueron los sextos en matemáticas, justo por detrás de Singapur, Corea, Taipei, Hong Kong y Japón.

Como el doctor Ratey observa, «En una época en la que nos bombardean con tristes noticias sobre adolescentes gordos, desmotivados y gandules, este ejemplo brinda verdadera esperanza». Se muestra debidamente prudente en atribuir el excepcional rendimiento de los alumnos de Naperville a su poco corriente programa de educación física. Como él dice, siempre hay que tener en cuenta otros factores.[11] Por otra parte, «la correlación es sencillamente demasiado fascinante para descartar esa posibilidad».[12]

¿Por qué bordaron los exámenes los alumnos de Naperville? «No es que Naperville sea el único barrio rico del país con padres inteligentes y cultos. En distritos pobres donde ha arraigado un estilo de educación física similar al de Naperville, como Titusville, Pensilvania, las notas han mejorado de modo perceptible. Estoy convencido de que su hincapié en la buena forma desempeña un papel fundamental en el rendimiento académico de sus alumnos.»[13] La estrategia de estas escuelas con tan buen rendimiento es todo lo contrario de la tendencia de casi todos los distritos escolares estadounidenses a reducir el tiempo de educación física y recortar otros programas para aumentar las horas de matemáticas, ciencias y lenguaje. Sencillamente, estas medidas no han mejorado el rendimiento como tantos responsables políticos y administradores suponían que harían —y según parece siguen suponiendo—, pese a todas las pruebas de lo contrario.

Por otra parte, cada vez hay más pruebas del impacto positivo del bienestar físico en el rendimiento y motivación general de los alumnos. Ratey cita una exhaustiva revisión realizada en 2004 por un comité de destacados investigadores, de ámbitos tan dispares como la quinesiología o la pediatría, de más de ochocientos cincuenta estudios sobre la influencia de la actividad física en niños en edad escolar. La mayoría de los estudios medían los efectos de treinta a cuarenta y cinco minutos de actividad física de moderada a vigorosa entre tres y cinco días a la semana: «Abarcaban temas de muy diversa índole, como obesidad, capacidad cardiovascular, pre-

sión arterial, depresión, ansiedad, autoestima, densidad ósea y rendimiento académico». Basándose en pruebas sólidas en varias de
estas categorías, el comité recomendó encarecidamente que los
alumnos realizaran una hora diaria (o más) de actividad física de
moderada a vigorosa. Cuando analizó el rendimiento académico en
concreto, halló pruebas contundentes para respaldar la conclusión
de otros estudios de que «la actividad física tiene una influencia
positiva en la memoria, la concentración y la conducta en clase».[14]

La mayoría de los alumnos de las escuelas públicas de Estados
Unidos reciben cierta educación en música y artes visuales, por
incompleta que sea. En su mayor parte, la danza y el teatro se consideran ciudadanos de segunda clase, y las posibilidades de estudiar artes en general son menores para los alumnos de zonas muy
pobres.[15] Bob Morrison, fundador y director de Quadrant Research, confirma que «todavía hay millones de alumnos que no
tienen acceso a ningún tipo de formación en artes. Muchos de ellos
viven en nuestras comunidades más pobres, donde se podría argumentar que los programas son más necesarios». ¿Estaría bien tener
a millones de alumnos sin acceso a las matemáticas o el lenguaje?,
pregunta. «Por supuesto que no, y no debería tolerarse en las artes.
Perdura el falso mito de que la educación en artes es para quienes
tienen un talento especial, pero sabemos que benefician a todos,
sea cual sea su trayectoria profesional. No enseñamos matemáticas
únicamente para crear matemáticos y no enseñamos lenguaje únicamente para crear la próxima generación de novelistas. Esto también es válido para las artes. Las enseñamos para crear ciudadanos
completos que puedan aplicar las destrezas, conocimientos y experiencias de su contacto con las artes a su trayectoria profesional y
su vida.»

Y, no obstante, aquellos que fueron vistos bailando fueron tomados por locos por quienes no podían oír la música.

TRABAJO INDIVIDUAL Y EN GRUPO

¿Existe un equilibrio entre el tiempo que los alumnos trabajan solos y juntos?

En ocasiones, la mejor manera de dominar una materia es recibir una clase magistral, repasarla en casa y después evaluar su comprensión mediante ejercicios. Este es un método de aprendizaje en su mayor parte individual y muy efectivo. Otras veces, la forma más eficaz de aprender puede ser en compañía de otras personas. Una escuela debería brindar una combinación de ambos métodos. La doctora Maryellen Weimer enumera cinco valores fundamentales del aprendizaje en grupo:

- *Aprenden los contenidos de verdad:* cuando los alumnos trabajan los contenidos en grupo, lo resuelven todo por sí solos en vez de recurrir al profesor para lo que necesitan saber.
- *Comprenden los contenidos:* si los alumnos intentan explicarse las cosas entre ellos, argumentar una respuesta o justificar una conclusión, esta interacción aclara sus ideas y a menudo también las de sus compañeros.
- *Aprenden la dinámica de trabajar en grupo:* los miembros productivos del grupo llegan preparados, contribuyen a su interacción, se ayudan entre ellos y entregan un buen trabajo a tiempo.
- *Aprenden el valor de las decisiones consensuadas:* si los alumnos realizan un examen de forma individual y después hacen el mismo examen en grupo, la nota del que han realizado en grupo casi siempre es más alta porque comparten lo que saben, discuten las respuestas y, a través de ese proceso, a menudo dan con la respuesta correcta.

- *Aprenden a colaborar con los demás:* al trabajar en grupo aprenden a colaborar con personas ajenas a su círculo de amigos, incluidas las que tienen culturas y experiencias distintas.[16]

MEZCLAR EDADES

¿Están los alumnos más motivados a aprender en grupos de edades mezcladas?

Cada niño aprende cosas distintas a un ritmo diferente. En los colegios, los escolares suelen estar agrupados según su año de nacimiento. Ahora bien, juntar a alumnos de edades distintas puede ser beneficioso para todos. Las clases que mezclan a los niños según este criterio tienen la ventaja de agruparlos según su etapa de desarrollo más que por su edad cronológica, lo que ayuda a los que tienen más dificultad con una determinada tarea o idea. Los menores pueden beneficiarse de la relativa sofisticación de los mayores, quienes refuerzan lo que saben ayudando a los pequeños a aprender.

Lilian G. Katz es profesora emérita de educación infantil en la Universidad de Illinois en Urbana-Champaign. Señala que, aunque los seres humanos no suelen nacer en camadas, parecemos empeñados en educarlos como si así fuera. El objetivo de agrupar a alumnos de edades distintas reside en «aprovechar las diferencias en las experiencias, conocimientos y aptitudes de los niños». Las clases de edades mezcladas les ofrecen la oportunidad de aprender unos de otros. Nuestros hijos «requieren contextos reales en los que su inclinación a ayudarse pueda manifestarse y reforzarse». Necesitan estar expuestos a diversas formas de aprendizaje: cuanto mayor sea la franja de edades de un grupo, más variadas son las conductas y actuaciones que es probable que sean aceptadas y toleradas tanto por los adultos como por los propios niños. Y precisan una participación social más desarrollada. En un grupo de edades mezcladas, arguye, «los niños menores pueden participar e intervenir en actividades más complejas de las que podrían iniciar si estuvieran solos».[17]

Algunas escuelas de primaria tienen clases de edades mezcladas que siguen juntas de un curso al siguiente con el mismo docente. Los posibles beneficios para los alumnos son más tiempo para aprender, porque el profesor no necesita conocerlos al principio de cada curso; un aprendizaje más centrado en avanzar al ritmo de cada uno, y mayor camaradería con los compañeros. En los centros de secundaria estadounidenses, las clases de edades mezcladas son relativamente comunes. No es infrecuente que un alumno de segundo vaya a una clase de francés de tercero con uno de cuarto, por ejemplo, o que alumnos de tres cursos distintos estén en la misma clase optativa de ciencias. Los que estudian en grupos de edades mezcladas aprenden al menos igual de bien que los agrupados por edades.

Evaluación

¿Tiene la escuela un método de evaluación transparente e informativo?

¿Cómo evalúa la escuela los progresos de tu hijo? Si solo lo hace mediante exámenes normalizados, cabe la posibilidad de que cualquier dificultad que tenga no se identifique hasta que sea demasiado tarde para abordarla de forma productiva. ¿Qué hace el centro para identificar los progresos y rendimiento de tu hijo en concreto? ¿Cuánto peso confiere a la opinión de sus profesores o a la tuya? ¿Qué importancia tienen las notas de los exámenes normalizados en la percepción de tu hijo como alumno y en su forma de motivarlo y ayudarlo? ¿Tiene en cuenta sus virtudes y defectos cuando lo evalúa?

Los buenos colegios utilizan evaluaciones formativas, que aportan información e indicaciones para los estudiantes, profesores y padres a lo largo del curso, y evaluaciones acumulativas, que documentan el rendimiento de los alumnos al final de curso. En el capítulo 8 analizaremos maneras nuevas y mejores de brindar ambas.

La mayoría de los profesores ofrecen voluntariamente más ayuda a los alumnos que la necesitan, pero si la escuela se lo pone difícil presionándoles para terminar el plan de estudios cuanto antes (una tendencia cada vez más frecuente en Estados Unidos por las presiones de los gobiernos locales y nacional), este refuerzo podría no ser posible.

Un horario flexible

¿Es el horario escolar variado y flexible?

La mayoría de los centros educativos tienen un horario fijo, que dicta a todos dónde tienen que estar, cuándo y por qué. Hasta hace poco, la planificación en una escuela pequeña era un desafío logístico, y en una grande, un quebradero de cabeza garantizado. Proporcionar un horario individualizado a todos los alumnos parecía imposible, y la consecuencia es la famosa inflexibilidad del típico día lectivo. El problema radica en que los alumnos aprenden a ritmos distintos según lo que estudian y, en la práctica, las actividades a menudo no encajan perfectamente en franjas horarias convenidas.

Hace tiempo que existen razones educativas fundadas para tener horarios más flexibles que contemplen estas diferencias. La buena noticia es que las tecnologías digitales actuales permiten elaborarlos y cada vez más escuelas los usan. En algunas, todo el alumnado tiene un horario individualizado y una carpeta de evaluación personal para llevar un registro de su trabajo y apoyar sus progresos. Esto no significa que siempre trabajen solos, sino que pueden hacerlo a su ritmo y con grupos de otros alumnos, de la edad que sea, que están trabajando en las mismas materias y proyectos.[18]

UN ENTORNO SEGURO Y ESTIMULANTE

¿Es la escuela un lugar seguro y motivador para los alumnos y la comunidad?

Las escuelas a menudo funcionan con presupuestos y recursos limitados, pero he estado en colegios de zonas deprimidas que transmiten dinamismo, orgullo y profunda compasión a todos los que recorren sus pasillos. He estado en centros de barrios ricos que dan una impresión de frialdad y tristeza. ¿Cómo se anuncia la escuela de tus hijos a su alumnado? ¿Tiene más aire de alegre centro de aprendizaje o de fría institución? ¿Están las paredes adornadas con obras de los alumnos y casi vibran de actividad? Tus hijos pasarán siete horas al día allí. ¿Cómo influirá el entorno en su estado de ánimo y su afán por aprender?

Espíritu de comunidad

¿Tiene la escuela una relación buena y eficaz con el conjunto de la comunidad?

Por último, intenta determinar el espíritu de comunidad de la escuela. ¿Cómo interactúa con las familias y el barrio? ¿Tiene la asociación de madres, padres y profesores un papel activo en ella? ¿Ve con buenos ojos que los padres estén presentes en las clases, echen una mano con las actividades y compartan sus conocimientos o experiencias? ¿Interactúa con empresas y centros comunitarios de su zona? ¿Cultiva un espíritu de comunidad para sus alumnos?

Eric Schaps fundó el Centro de Estudios del Desarrollo en Oakland, California, una organización que elabora programas escolares que combinan los conocimientos académicos con la ética y el desarrollo social. Estos programas se han utilizado en más de ciento cincuenta escuelas y programas extraescolares.[19] Schaps está convencido de que los centros educativos con un marcado espíritu de comunidad ofrecen una inestimable serie de beneficios:

> Los alumnos de las escuelas con un marcado espíritu de comunidad tienen más probabilidades de estar motivados para estudiar; de manifestar una actitud ética y altruista; de desarrollar competencias sociales y emocionales, y de evitar diversas conductas conflictivas, como el consumo de drogas y la violencia.
>
> Estos beneficios a menudo son duraderos. Los investigadores han descubierto que los efectos positivos de determinados programas que integran los centros de primaria en la comunidad perduran en los de enseñanza media y secundaria. En la etapa media, se halló que los alumnos procedentes de escuelas primarias que habían adoptado el Proyecto de Desarrollo Infantil del Centro de

Estudios del Desarrollo superaban a los provenientes del grupo comparativo de escuelas primarias en rendimiento académico (mejores notas medias y puntuaciones en exámenes), valoraciones de conducta por parte de los profesores (más dedicación a los estudios, conducta más respetuosa y mejores competencias sociales) y malas conductas referidas por los propios alumnos (menos casos de malas conductas y menos actos delictivos). Un estudio que evaluó los efectos duraderos del Proyecto de Desarrollo Social de Seattle —otro programa para escuelas de primaria— en jóvenes de dieciocho años que habían participado en él halló en este grupo menores índices de conductas violentas, abuso del alcohol y actividad sexual, así como una mayor motivación y rendimiento académicos, en comparación con los alumnos de otros grupos.[20]

EDUCACIÓN ALTERNATIVA

En el primer capítulo he dicho que tú puedes mejorar la educación dentro del sistema, cambiar el sistema o educar a tus hijos al margen de él. Un número reducido pero cada vez mayor de padres opta por la tercera vía. Yo creo firmemente en la enseñanza pública y llevo toda mi vida profesional defendiéndola. Aun así, puedes darte cuenta de que tus hijos no reciben la educación que necesitan en la escuela local y que, por más que lo intente, no puede impulsar los cambios que hacen falta a tiempo para que ellos se beneficien. En ese caso, quizá decidas explorar las alternativas.

Jerry Mintz es una voz destacada del movimiento de escuelas alternativas desde hace más de treinta años. Además de pasar diecisiete años como profesor de centros públicos y director de centros públicos y alternativos independientes, ha fundado varios colegios y organizaciones alternativas. En 1989, creó la Organización de Recursos Educativos Alternativos y es su director desde entonces.[21] Propone diez signos que indican que tal vez es hora de buscar un enfoque educativo alternativo para tu hijo.

1. **¿Tu hijo dice que odia la escuela?** En tal caso, probablemente en esta algo falla. Los niños son aprendices natos. Si tu hijo dice que odia la escuela, escúchalo y averigua la razón.

2. **¿Le cuesta mirar a un adulto a los ojos o interactuar con niños mayores o menores que él?** Entonces tu hijo puede haberse «socializado» para interactuar únicamente con niños de su misma edad en vez de hacerlo con un grupo más amplio de personas.

3. **¿Parece obsesionado con llevar a la escuela ropa de marca y de moda?** Este es un síntoma de una cultura que pone el énfasis en valores externos más que internos, lo que induce a los alumnos a utilizar vías superficiales de comparación y aceptación.

4. **¿Vuelve cansado y de mal humor?** Los estudiantes pueden tener malos días en cualquier escuela, pero si el cansancio e irritabilidad son constantes, pueden indicar que la educación no es vigorizante sino debilitante.

5. **¿Se queja de conflictos o situaciones injustas?** Esto puede indicar que la escuela no resuelve los conflictos comunicándose con sus alumnos. En muchos centros educativos, los adultos resuelven los problemas con rapidez sin contar con los alumnos, lo que les impide desarrollar su aptitud para asimilar y analizar la situación a fondo.

6. **¿Ha perdido interés en expresarse de manera creativa a través del arte, la música y la danza?** La marginación de las artes a menudo devalúa o extingue estos talentos e intereses naturales en los niños.

7. **¿Ha dejado de leer o escribir —o de cultivar un interés concreto— solo por diversión?** ¿Dedica el mínimo tiempo y esfuerzo a los deberes? El énfasis en satisfacer los requisitos de los exámenes normalizados puede traer como consecuencia una apatía cada vez mayor hacia otras actividades que antes le apasionaban y una pérdida de creatividad.

8. **¿Deja los deberes para el último momento?** Esto es un signo de que no satisfacen su necesidad: quizá solo sean tareas rutinarias, lo que podría estar apagando su curiosidad innata.

9. **¿Llega a casa entusiasmado por algo de lo que ha pasado ese día?** De no ser así, puede no haya nada en la escuela que entusiasme a tu hijo. El colegio y la educación deberían ser amenas, dinámicas e interesantes.

10. **¿Ha sugerido la escuela que tu hijo debería tomar medicación para regular su conducta?** Recela de estos diagnósticos y ten en cuenta que, en la actualidad, gran parte del plan de estudios tradicional trata de controlar la conducta. Si se espera que los alumnos estén sentados de cinco a seis horas diarias con una atención e interacción personal limitada, quizá sea hora de librar a tu hijo de esa situación.

Ninguno de estos signos por separado debería interpretarse como un motivo para preocuparse, pero si has observado varios de ellos de manera habitual, Mintz arguye que puede ser hora de explorar las alternativas. ¿Cuáles son? Hay varias opciones, tanto públicas como privadas. En Estados Unidos, por ejemplo, muchos sistemas escolares públicos tienen programas alternativos. Hay dos enfoques generales:

- Programas de elección pública: están a disposición de todos los alumnos de la comunidad y a veces se denominan «escuelas dentro de escuelas».

- Programas para población en riesgo: están destinados a alumnos que han tenido problemas de diversa índole con su colegio. Algunos están adaptados a necesidades individuales y son de gran ayuda; otros se parecen más a centros de detención para menores y ofrecen pocos beneficios.

Antes he hablado del aumento de las escuelas concertadas, alternativas y privadas. Comprenden más de cuatro mil quinientas escuelas Montessori, basadas en el enfoque experiencial concebido por la doctora Maria Montessori, así como centenares de escuelas Waldorf y otras llamadas progresistas, que aspiran, cada una a su modo, a ofrecer un equilibrio apropiado entre los diversos «elementos de la excelencia». Hay centenares de centros alternativos independientes donde padres y alumnos se responsabilizan activamente de su educación. Estas últimas a menudo se denominan escuelas democráticas, escuelas libres o escuelas Sudbury. Jerry Mintz es autor de *School's Over: How to Have Freedom and Democracy in Education*, un libro que recomiendo como un útil compendio de la historia, práctica y valores de la educación alternativa y en especial la democrática.[22]

En el prólogo que escribí para el libro de Mintz, recalco que las escuelas democráticas son radicalmente distintas de las convencionales. En los centros con una democracia plena, los alumnos tienen competencias ejecutivas en la gestión de su aprendizaje y en todas las decisiones relacionadas con este, lo que incluye la dirección, el horario, el plan de estudios, la evaluación, las instalaciones e incluso la contratación del personal docente. Las escuelas democráticas parecen el polo opuesto de la naturaleza controladora y dirigida por adultos de gran parte de la enseñanza convencional. En muchos aspectos lo son. También son la encarnación de principios que sistemas escolares de todo el mundo proclaman de forma habitual: la necesidad de desarrollar aprendices independientes, de cultivar una pluralidad de talentos, de crear ciudadanos considerados, compasivos y productivos. Esto se manifiesta especialmente en la obra de Yaacov Hecht.

Hecht es un educador visionario y una destacada figura internacional de la enseñanza democrática. En 1987, en Hadera, Israel, fundó la primera escuela del mundo en llamarse democrática. Desde entonces, ha ayudado a establecer una red de estas y ha organizado el primer Congreso Internacional sobre Educación Democrática (IDEC, del inglés International Democratic Education Conference), que pone en contacto a educadores, colegios y organizaciones. En la actualidad, hay centenares de centros de este tipo en todo el mundo, casi un centenar de ellos en Estados Unidos. La escuela libre de Brooklyn en Nueva York, la granja escuela de Summertown en Tennessee y el instituto Iniciativa de la Juventud de Viroqua en Wisconsin son solo unos pocos ejemplos. Hecht también cofundó Ciudades Educadoras—el Arte de las Alianzas, una organización que integra plenamente los colegios en los sistemas y recursos de las ciudades en las que están ubicados.[23] En su libro *Democratic Education*, Hecht describe los principales componentes de una escuela democrática:

- Posibilidad de elegir las áreas de aprendizaje: los alumnos deciden qué quieren aprender y cómo.
- Autogestión democrática.
- Evaluación centrada en el individuo, sin compararlo con ningún otro y sin exámenes ni notas.

La educación democrática depende del respeto común por los individuos, la empatía con las necesidades del grupo y el compromiso de toda la comunidad con fines comunes y el bienestar colectivo. Lejos de ser una alternativa a la educación convencional, estos valores deberían ser centrales en todas las escuelas. A fin de cuentas, son los valores que sustentan la democracia.

Educación en casa

Un número reducido pero cada vez mayor de padres asume un control directo de la formación de sus hijos y los educa en casa o libremente. Hoy en día, alrededor del 3 por ciento de los niños estadounidenses en edad escolar se educan en casa, y es probable que este porcentaje aumente. ¿Cuáles son los atractivos de esta clase de educación?

En primer lugar, conoces a fondo los intereses y caracteres de tus hijos, lo que significa que puedes personalizar las actividades para que se adapten perfectamente a ellos. Asimismo, puedes ser flexible en la manera de organizar su aprendizaje. Los educadores en casa a menudo dicen que su día lectivo es bastante más corto que la jornada escolar tradicional. Como se organizan el tiempo y adaptan el ritmo del día a las actividades, les parece que hacen el mismo trabajo o más. Mientras que algunos quizá penséis que enseñar a vuestros hijos durante horas puede ser duro en otros aspectos, muchos padres que educan a los suyos refieren un estrechamiento de los lazos familiares. Estos niños tienen más opciones de aprender y actuar de forma independiente, y para tomar decisiones sobre lo que aprenden. Asimismo, como no están ligados a un emplazamiento concreto, pueden viajar más y explorar el mundo que les rodea. También tienen más oportunidades para hacer ejercicio y jugar.

Hay dos preguntas comunes acerca de los posibles inconvenientes de la educación en casa. Una es si quienes reciben esta clase de formación se pierden la oportunidad de relacionarse con otros niños. En la práctica, las familias a menudo se reúnen para educar a sus hijos juntas, con el fin de poner en común recursos que amplían las redes sociales de sus hijos y las suyas propias. Según Jerry Mintz, casi todos los padres que educan en casa forman parte de algún grupo de personas que optan por lo mismo. Algunos de estos grupos se han asociado en centros de recursos, que están abiertos hasta cuatro o cinco días a la semana.

Otra pregunta es si estos niños lo tienen más difícil para obtener una titulación convencional. Las familias adoptan diversos enfoques según el país. Algunas intentan convertir el hogar en escuela con un plan de estudios convencional. Otras optan por inscribirse en un colegio «paraguas», lo cual les permite crear un plan de estudios propio y deberes por cursos, y les ayuda con cualquier trámite que sea necesario. No todas las familias están interesadas en que sus hijos realicen exámenes convencionales o accedan a la universidad por la vía tradicional; en ocasiones, deciden educarlos en casa precisamente para evitarlo. Los jóvenes que se presentan a exámenes convencionales, como las pruebas de acceso a la universidad, pueden sacar tan buenas notas como los que han ido a la escuela, de acuerdo con sus aptitudes y aplicación.

La educación en casa no es para todo el mundo. Muchos padres no pueden permitirse (o no quieren) renunciar a su trabajo para centrarse en la formación de sus hijos. Otros no se ven capaces de hacerlo por carecer de las destrezas necesarias. Algunas familias tienen experiencias maravillosas, y otras no. El éxito depende, en gran parte, de lo bien dispuestos que estén padres e hijos, y de si se aplican a fondo a lo que conlleva este estilo de educación. Enseñar, como veremos en el siguiente capítulo, requiere más que

mero entusiasmo. Los mejores educadores en casa lo saben y se
esfuerzan por desarrollar tanto sus conocimientos teóricos y prácticos como los de sus hijos. Si te estás planteando educar a tus hijos
en casa, hay muchos recursos en internet a los que puedes recurrir en
busca de apoyo.[24]

Educación libre

«El mejor sábado de todos los tiempos [...] el día con el que sueña la
gente cuando está atrapada en la escuela.» Así es como la bloguera
Sandra Dodd describe el típico día de un niño educado libremente.[25] La educación libre es una forma de educación en casa que evita
por completo las clases convencionales. Se estima que el 10 por
ciento de padres que educan en casa emplean esta metodología.
Como los niños son aprendices natos, el movimiento de la educación
libre parte del supuesto de que su curiosidad les llevará a descubrir
las herramientas que necesitan para abrirse camino en la vida y les
permitirá profundizar en las áreas que los fascinan de verdad.

A diferencia de la mayoría de los niños educados en casa, estos
no reciben clases de sus padres u otros adultos a menos que las
busquen expresamente y asistan a cursos de música, literatura, arte
o cualquier otra de las ofertas educativas que puedan brindar los
círculos de la educación libre. Los progenitores basan su metodología en los intereses de sus hijos más que en un plan de estudios
predeterminado. Como señala Jerry Mintz, en algunos casos, el
plan de estudios «se elabora de manera retroactiva, se lleva un registro de las actividades a lo largo del curso y se dividen, al final del
proceso, las experiencias en las correspondientes áreas de estudio». Los padres estadounidenses que educan según esta metodología no suelen realizar exámenes ni ceñirse al sistema de graduación de su estado.[26]

«Los niños hacen cosas reales durante todo el día —escribió Earl Stevens, coautor de *The Unschooling Unmanual*—, y en un entorno hogareño de confianza y apoyo, "hacer cosas reales" siempre trae consigo un desarrollo mental saludable y conocimientos útiles. Para los niños es natural leer, escribir, jugar con números, aprender sobre la sociedad y el pasado, pensar, preguntarse cosas y hacer todo lo que la sociedad intenta imponerles sin éxito en el contexto de las escuelas.»[27] Stevens menciona que su hijo manifestó desde pequeño un interés por la lectura y la lengua, hasta tal punto que él no tuvo la tentación de intervenir en la experiencia en modo alguno. Lengua se convirtió en la «asignatura» preferida de su hijo, aunque jamás puso un pie en una clase de lengua.

El profesor Peter Gray realizó una encuesta entre adultos educados según esta metodología para determinar su éxito en la vida. La gran mayoría de los encuestados dijeron que las ventajas superaban con creces a los inconvenientes y que creían que la educación libre les ayudó a desarrollar su motivación interna. Una preocupación común del grupo era lidiar con las opiniones de otras personas. Aunque algunos se sentían aislados debido a la educación libre, ya que la mayoría de sus coetáneos habían estudiado en centros educativos, muchos dijeron que la posibilidad de interactuar con personas de todas las edades (a diferencia de estar en una clase con compañeros de su misma edad) era un verdadero beneficio. Más del 80 por ciento de los encuestados había continuado estudiando y más de la mitad se había titulado o estaba a punto de hacerlo, algunos en universidades prestigiosas. Curiosamente, aunque a ninguno le parecía que la universidad fuera difícil desde el punto de vista académico, varios señalaron que la estructura les resultaba extraña.[28]

Todo lo que viene va

En *Escuelas creativas*, recalco que personalizar la educación puede parecer revolucionario, pero esta revolución no es nueva. Está muy arraigada en la historia de la enseñanza. Muchas personas e instituciones han abogado por formas de educación que siguen los ritmos naturales del desarrollo infantil, y por su importancia en la creación de sociedades más justas y civilizadas. Estos partidarios y profesionales provienen de culturas muy diversas y tienen perspectivas muy distintas. Lo que tienen en común «es su pasión por centrar la educación en el aprendizaje de los niños y en qué necesitan para aprender por su cuenta».[29]

Rudolf Steiner, por ejemplo, fue un filósofo y reformador social austríaco que desarrolló un método pedagógico de corte humanista que sentó las bases de la Asociación de Centros Educativos Waldorf-Steiner. El método de Steiner se construye en torno a las necesidades individuales del niño *completo*: académicas, físicas, emocionales y espirituales. La primera escuela Steiner abrió sus puertas en 1919. En la actualidad, hay casi tres mil centros en sesenta países.[30]

A. S. Neill fundó la escuela Summerhill en 1921, que más tarde se convirtió en modelo de todas las escuelas democráticas posteriores. Su filosofía es «conceder libertad al individuo porque todos los niños son capaces de responsabilizarse de su vida y de desarrollar su potencial para convertirse en las personas que ellos sienten que están destinados a ser. Esto estimula el desarrollo de su confianza personal y una verdadera aceptación de sí mismos como individuos».[31]

Maria Montessori fue médica y educadora. Comenzó a trabajar en el ámbito de la educación en San Lorenzo, Italia, a principios del siglo xx, dando clases a niños pobres y desfavorecidos. Actualmente, hay más de veinte mil escuelas Montessori en todo el mundo que aplican su método de aprendizaje. Una de ellas es Park Road Montessori, una maravillosa escuela pública de primaria de Charlotte, Carolina del Norte, que he tenido el placer de visitar. Como deja claro el programa de Park Road, los métodos de Montessori se basan en una serie de principios básicos:

Movimiento y cognición: en el método Montessori, las letras se aprenden repasando letras de papel de lija con el dedo mientras se pronuncian los sonidos, en vez de mediante un mero reconocimiento visual; los conceptos matemáticos se introducen con materiales que muestran los pasos de las operaciones matemáticas; la geografía se aprende dibujando mapas.

Capacidad de decisión y control: este método permite al alumnado un considerable grado de decisión y control en lo que respecta a sus actividades. No tienen libertad para portarse mal ni evitar partes del plan de estudios, pero todos los días deciden en qué quieren trabajar, con quién les apetece hacerlo y durante cuánto tiempo. Decidir favorece la creatividad, el bienestar y la rapidez y aptitud para resolver problemas.

Interés y curiosidad: la educación Montessori se centra en los intereses personales del alumnado y está estructurada para permitirle dedicarse a ellos. Montessori elaboró materiales y lecciones específicas para estimular los intereses y curiosidad.

Satisfacción interna: los premios y castigos son incentivos para un esfuerzo forzado u obligado. El método Montessori se ciñe a la satisfacción interna y supervisa el rendimiento con materiales autocorrectivos, la corrección por parte de los compañeros y la observación del profesor. No hay notas ni exámenes.

Colaboración: los niños aprenden bien cuando colaboran y aprenden a llevarse mejor con sus compañeros, lo que crea un clima más positivo para todos en el aula. El método Montessori saca provecho de las clases particulares entre compañeros, lo que beneficia tanto al que enseña como al que aprende.

Contexto: los materiales prácticos del método Montessori muestran a los menores a qué se aplica su aprendizaje y por qué funcionan los diversos procedimientos. Los conceptos matemáticos, el estudio de la literatura, las ciencias, etc., se presentan todos en su contexto histórico.

Estos y otros métodos de aprendizaje personalizado a menudo se agrupan con el epígrafe general de «educación progresista», la cual algunos críticos consideran la antítesis de la «educación tradicional». La historia de la educación se caracteriza por oscilar entre estos dos presuntos polos. El movimiento de normalización es el movimiento pendular más reciente. Yo sostengo, tanto aquí como en mis otros libros, que la educación eficaz siempre es un equilibrio entre rigor y libertad, tradición e innovación, el individuo y el grupo, la teoría y la práctica, el mundo interior y el que nos rodea. Y ese equilibrio es, a fin de cuentas, lo que deberíamos querer para nuestros hijos.

APRENDER Y ENSEÑAR

Antes hemos tratado los elementos de la excelencia en las buenas escuelas. La calidad de la enseñanza es una de sus piezas centrales. Un centro educativo puede tener un plan de estudios maravilloso y un sofisticado método de evaluación, pero su utilidad depende de lo bien que aprende el alumnado, y eso depende por completo de su profesorado.

7

Ir al origen

¿Quiénes eran tus profesores y profesoras preferidos en la escuela? Yo no recuerdo a todos los míos, pero algunos aún descuellan después de tantos años: unos por sus excentricidades, otros por su enseñanza motivadora, algunos por ambas cosas. En los cursos intermedios de secundaria, tuvimos como profesor de latín al señor Davis, un sesentón de cara chupada y tez pálida que parecía un pariente mayor de Mister Bean. Iba desaliñado como tantos otros profesores y su erudición era extraordinaria. Cuando hablaba, se cogía la mejilla con una mano, como si se estuviera consolando, lo que seguramente hacía. Adoptaba aquella postura cuando estaba sentado, con el codo apoyado en la mesa. Lo que me fascinaba era que dejara la mano ahí incluso cuando se levantaba y se paseaba por el aula, momentos en los que parecía una maniobra más incómoda.

A menudo llevaba una corta batuta, como la varita de un mago, con la que señalaba todo lo que captaba su interés: algo escrito en la pizarra o un alumno que le había llamado la atención. Cuando nos hacía una pregunta, se colocaba a nuestro lado y golpeteaba el pupitre con la batuta con aire amenazador mientras esperaba, como una mantis, la respuesta. Era una técnica singular, pero concentraba la mente de maravilla. Aprendí mucho latín de esa manera.

En mis dos últimos cursos de secundaria, estudiamos literatura con el doctor Bailey, un hombre callado de aspecto solemne, con mucha presencia y autoridad. También él estaba a punto de jubilarse después de haber dedicado la mayor parte de su vida profesional a estudiar y enseñar los textos clásicos de la literatura inglesa. A petición nuestra, podía recitar largas parrafadas de Shakespeare, Milton y los poetas románticos. En nuestra primera clase, nos dijo que su objetivo para ese curso era convencernos de que *Antonio y Cleopatra* era la mejor obra de teatro que jamás se había escrito en lengua inglesa. Casi lo hizo. Al final de los dos años que pasamos juntos, le pedimos una lista de los diez libros en inglés que todos deberíamos leer. La perdí hace mucho tiempo, pero recuerdo que en primer lugar estaba la Biblia del rey Jacobo. Nos animó a leerla no por su contenido religioso —eso era una cuestión personal de cada uno, dijo—, sino por la incomparable belleza del lenguaje con el que estaba redactada.

El doctor Bailey me impresionó en todos los sentidos, entre otras cosas porque era ciego. Sus notas de revisión estaban en braille en finos rollos de papel, como cinta de teletipo, que él pasaba bajo sus dedos mientras hablaba. Yo intentaba imaginar las dificultades que tuvo que afrontar para dedicarse a su pasión en el mundo impreso de cartas, libros y archivos.

LA IMPORTANCIA DE LOS PROFESORES

Alistair Smith ha trabajado con docentes de todo el mundo. En su libro *High Performers: The Secrets of Successful Schools*, dice: «Los alumnos con los mejores profesores en las mejores escuelas aprenden al menos tres veces más cada año lectivo que los que tienen los peores profesores en las peores escuelas [...] hay que invertir en la

calidad de la enseñanza y en el profesorado».[1] Esperamos mucho
de los docentes, y con razón. Ellos también esperan algo de ti.

LAS OCUPACIONES DE LOS DOCENTES

La principal función del profesorado es ayudar al alumnado a
aprender. Esta afirmación puede parecer obvia, pero estos profesionales dedican mucho tiempo a otros quehaceres. Deben preparar clases que se amolden a la normativa de la escuela y, en las escuelas públicas, a los requisitos de la legislación local y nacional.
Deben evaluar el trabajo de los estudiantes, lo que les quita horas
de su tiempo después del trabajo y los fines de semana. Realizan
numerosos trámites administrativos rutinarios, llevan un registro
de la asistencia, redactan informes y asisten a reuniones. Hoy en
día, pasan una cantidad de tiempo desmesurada supervisando
exámenes normalizados. Tienen que lidiar con problemas de conducta y tensiones entre los alumnos. En los centros de secundaria,
es posible que trabajen con centenares de ellos todas las semanas.
Tienen que sustituir a profesores que faltan, y a menudo asumen
muchos otros compromisos: dirigir programas extraescolares, clubes, equipos deportivos, ensayos o funciones. También tienen una
vida más allá de la enseñanza.

En resumidas cuentas, la docencia es una profesión absorbente. Ser un buen profesor requiere conocimientos, formación
y entusiasmo por contribuir al éxito del alumnado. Al igual que
ocurre con los profesionales de la abogacía, la medicina o la odon-
tología, hay algunos malos profesores y otros que preferirían dedicarse a otra cosa, pero en mi experiencia la mayoría de los profesores ponen todo su empeño en contribuir al éxito de sus
estudiantes. Esa es una gran responsabilidad, y los buenos docen-

tes la asumen con gusto y se la toman en serio. Cuando trates con los profesores de tus hijos, es importante que respetes su profesionalidad y no olvides las presiones a las que los someten sus estudiantes, los administradores de la escuela, los legisladores y los otros padres. A la vista de todo lo expuesto, ¿qué debes esperar tú de los profesores de tus hijos, y cómo se relacionan sus funciones con las tuyas?

Enseñar y aprender

Aprender es como hacer ejercicio. Nadie puede hacerlo por ti. Es un logro personal y requiere energía y dedicación solo para hacerlo, y ya no digamos para hacerlo bien. Pueden meterte en un gimnasio durante seis horas seguidas, cinco días a la semana, pero si tú pasas el rato apoyado contra las máquinas fantaseando, no estarás en mejor forma cuando termines. Si convences a otra persona para que haga ejercicio en tu lugar, ella mejorará su aspecto físico, pero tú no. Si levantas pesas a regañadientes o haces unas cuantas flexiones solo por cumplir, quizá saques algún provecho, pero será mucho menos que si te aplicaras como es debido.

Tus hijos pueden ir obedientemente a la escuela y pasarse todo el día sentados en clase, pero nadie más puede aprender por ellos. Quizá lo hacen todo por inercia, se esfuerzan lo menos posible o consiguen que tú u otra persona les haga los deberes, pero, para sacar el máximo provecho de la educación, tienen que querer aprender y hacerlo ellos mismos. El aprendizaje no se puede delegar. La función de sus docentes reside en motivarles y ayudarles a aprender.

Las funciones del profesorado

Si te preguntara por un sinónimo de «enseñar», ¿cuál sería? Una palabra que surge con frecuencia es «instruir». Otra es «explicar». Si tuvieras que hacer un dibujo de «enseñar», ¿cómo sería? A menudo, imaginamos a los profesores de pie delante de un aula, dirigiéndose a toda la clase. A veces enseñan de esa manera; otras, no. En ocasiones, la mejor forma de ayudar a los alumnos a aprender un material es explicárselo a todos a la vez. Por ejemplo, si el tema son los verbos irregulares, los giros idiomáticos, fechas históricas u otros tipos de conocimiento proposicional, una explicación directa puede ser la manera apropiada de impartirlo, y explicárselo al alumnado a la vez es lo más lógico.

Si la clase trata de técnicas específicas en las áreas de las matemáticas, ciencias, música, arte o deporte, una demostración didáctica podría ser lo más apropiado. Por supuesto, los alumnos aún necesitan aprenderlas, y todos tienen sus puntos fuertes y débiles en cómo lo hacen. Los buenos profesores personalizan su metodología y a menudo trabajan con grupos más pequeños o individualmente para brindar el apoyo apropiado. La necesidad de personalizar la educación es una de las razones por las que enseñar consiste en algo más que en instruir a toda la clase. Otra es que la educación es más que conocimientos proposicionales.

Si revisas los fines de la educación y las ocho competencias que describo, verás que gran parte de lo que queremos que aprendan nuestros hijos no se adquiere solo mediante la instrucción. Se adquiere con la práctica, la experiencia, el debate, la reflexión, las relaciones, los desafíos y la motivación. Los buenos profesores lo saben y tienen varias funciones, no solo una. Destacaré cuatro de ellas.

Facilitar el aprendizaje

Veo una analogía entre educación y agricultura. Las personas que se dedican a la labranza y a la jardinería saben que las plantas medran en determinadas condiciones y no lo hacen en otras. Saben qué no las hace crecer: ni les acoplan las raíces ni les pintan las hojas. Las plantas crecen por sí solas. La labor del jardinero consiste en crear las condiciones óptimas para que eso suceda. Con la educación ocurre lo mismo. Los buenos profesores saben que no pueden hacer aprender a sus estudiantes. Ellos lo hacen solos. La función de los docentes es crear las condiciones óptimas para que eso suceda.

Los profesores expertos tienen un repertorio de técnicas y la instrucción directa solo es una de ellas. Adaptan su método a las necesidades del momento: a veces, instruyen a toda la clase; otras, facilitan actividades en grupo; en ocasiones, enseñan de forma individualizada. Saber enseñar requiere sentido crítico, flexibilidad y creatividad, y saber qué es lo más apropiado en un determinado momento con unos determinados alumnos en un determinado contexto.

Motivar a los alumnos

Los buenos profesores mantienen el interés, la curiosidad y el entusiasmo del alumnado por aprender. Les exhortan a dar lo mejor de sí mismos. Les instilan el placer por instruirse, por ver el tiempo que pasan en clase y el trabajo que conlleva como una experiencia que esperan con ilusión, no como algo que tienen que soportar. En sus clases saltan chispas de curiosidad y nunca se sabe qué encenderá estas chispas.

Sarah M. Fine es profesora, investigadora e instructora educativa. Arguye que la clave para favorecer la motivación en las aulas de secundaria reside en tener un «espíritu intelectual juguetón». Los docentes que ofrecen trabajos libres y proyectos que comportan riesgos intelectuales tienen más probabilidades de que sus alumnos mantengan la motivación, tengan ganas de ir a sus clases y se esfuercen cuando están en ellas. «Los alumnos describieron a sus profesores como aliados, no como enemigos o tiranos —escribió—. En particular, fue notable la ausencia de la palabra "aburrido" en sus descripciones de lo que hacían en clase.»[2] Ten en cuenta que, como he mencionado, enseñar y aprender es una relación y requiere esfuerzo tanto por parte del alumnado como del profesorado. Hace poco, mientras charlaba con un grupo de estudiantes universitarios, uno de ellos dijo: «Algunos de nuestros profesores son aburridísimos. ¿Qué podemos hacer nosotros?». Mi respuesta fue: «No puedes echarles toda la culpa a los profesores. Si te aburres, también tiene que ver contigo. No deberías limitarte a quedarte sentado delante del profesor y pensar "Vamos, interésame". Es tu educación. Interésate tú y asume la responsabilidad».

La doctora Judy Willis es una neuróloga que ha sido profesora de enseñanza media y formadora de educadores. Cree que el pensamiento de orden superior, la creatividad y los momentos «ajá» tienen más probabilidades de surgir en un clima de «descubrimiento exuberante», donde los alumnos de todas las edades conservan ese entusiasmo preescolar de emprender cada día con el placer por aprender.[3] Christopher Emdin es profesor asociado en la Facultad de Magisterio de la Universidad de Columbia. Habla de «pedagogía pentecostal», la cual utiliza las técnicas que emplean los predicadores para motivar a los alumnos en clase:

El predicador da golpes en el púlpito para llamar la atención. Baja mucho la voz cuando quiere que los fieles lo escuchen con interés, y estas son las destrezas que necesitamos para tener profesores que sepan motivar de verdad. Entonces ¿por qué en magisterio solo dan montones de teoría y nos hablan de rendimiento académico y de muchas otras cosas que no tienen nada que ver con las destrezas básicas, con la magia que se necesita para captar el interés de un público, para captar el de un alumno? Podríamos centrarnos en los contenidos, y eso está bien, y podríamos centrarnos en las teorías, y esto está bien, pero los contenidos y las teorías sin la magia de enseñar y aprender no significan nada.[4]

Es una analogía muy gráfica y está en lo cierto cuando señala la trascendencia que tiene la buena enseñanza. Practicada como es debido, es un arte que llevará a los alumnos a rendir más de lo que creían posible. De forma indirecta, la analogía con los sermones religiosos también incide en el carácter personal del estilo de cada profesor. Como todos, algunos son comediantes sociables e incluso pomposos; otros son callados, introvertidos y considerados. Mi profesor de inglés, el doctor Bailey, fue un educador excepcional a su manera, pero no me lo puedo imaginar hablando en lenguas desconocidas por inspiración divina.

Empoderar a los alumnos

Empoderar significa hacer a un individuo más fuerte y seguro de sí mismo. La confianza personal se basa en valorar las propias aptitudes y cualidades. Existe una diferencia entre confianza personal y lo que podríamos llamar confianza utilitaria. La primera es un sentido general de fe en nosotros mismos que nos permite acometer la mayoría de las situaciones con aplomo y desenvoltura. La confianza utilitaria está relacionada con contextos concretos y depende de si tenemos las destrezas específicas para salir airosos.

Hace poco fui a un restaurante chino. En mitad de la cena, el cocinero sacó un carrito de la cocina y empezó a mover una gran pelota de masa. Durante más o menos diez minutos, la enrolló, dobló, estiró y, por último, la transformó en una larga trenza de fideos perfectos. Fue la actuación de un virtuoso, desempeñada con calma, seguridad y una técnica magistral. Pese a lo mucho que me impresionó, eso no significa que fuera a sentirse igual de seguro planeando en ala delta, tocando el laúd o practicando una endodoncia. La confianza en tareas concretas puede estar limitada a ellas; no se traslada forzosamente a otras y tampoco se traduce en un sentido general de confianza en uno mismo. Conozco muchas personas que manifiestan un aplomo increíble en algunas áreas especializadas y son tremendamente vergonzosas en otras.

Hay una diferencia entre verdadera confianza y falsa confianza. La primera se basa en una valoración adecuada de las aptitudes personales; la segunda, en sobrevalorarlas. El cocinero tenía verdadera confianza. Se le notaba en la cara mientras amasaba. Su sonrisa serena estaba curtida por años de práctica.

Hay diversas tablas de clasificación internacionales que cotejan datos sobre el rendimiento del alumnado en exámenes normalizados, sobre todo en lectoescritura y matemáticas. Por lo general, los estudiantes de Estados Unidos quedan reflejados como mediocres en dichas tablas, similares estadísticamente a los de Reino Unido y Suecia. En un sondeo, preguntaron a los alumnos cómo de seguros se sentían de haber hecho bien los exámenes. Los estadounidenses se clasificaron los primeros en esa escala: un triunfo de la falsa confianza.[5]

En el capítulo 2 hemos hablado sobre la necesidad de estimular la autoestima de tus hijos y los peligros de los elogios injustificados. El estímulo es importante, pero los elogios sin competencia pueden engendrar falsa confianza. La manera de desarrollar verdadera confianza en nuestros hijos no es elogiarlos con superlativos por todo lo que hacen. Es ayudarlos a desarrollar los conocimientos, destrezas y cualidades que necesitan para superar los desafíos a los que hacen frente.

Los buenos profesores empoderan a los alumnos de dos maneras. Cultivan su confianza utilitaria desarrollando sus aptitudes en sus áreas de especialización. Cultivan su confianza personal trabajando juntos como comunidad de aprendizaje para desarrollar sus aptitudes en las ocho competencias. Con ello, les ayudan a adquirir los conocimientos y destrezas que necesitan para convertirse en aprendices independientes: a experimentar, hacer preguntas y desarrollar su aptitud para el pensamiento creativo y crítico.

Es precisamente esta comprensión de la relación entre enseñar y aprender lo que sustenta el concepto de «facultad de aprender». Uno de los creadores de esta noción es el profesor universitario y escritor británico Guy Claxton, quien señala que «desarrollar la facultad de aprender» (BLP, del inglés Building Learning Power) consiste en ayudar a los jóvenes a convertirse en mejores aprendices, tanto dentro como fuera de la escuela. Se trata de cultivar de forma sistemática hábitos y actitudes «que capaciten a los jóvenes para afrontar las dificultades e incertidumbres con calma, confianza y creatividad». Los alumnos que se sienten más seguros de su aptitud para aprender «aprenden más deprisa y mejor. Se concentran y piensan más, disfrutan más aprendiendo, y sacan mejores notas en los exámenes de curso y en los de acceso a otros centros».[6]

Tener expectativas

Los buenos profesores esperan mucho de sus estudiantes, y es difícil sobreestimar la influencia que eso puede tener en su rendimiento. El coautor de este libro, Lou, es escritor gracias a su profesor de literatura de tercero de secundaria. Lou jamás se había planteado dedicarse a escribir; solo lo hacía para los trabajos escolares, y se le daba bien. Aquel profesor se fijó en un escrito que Lou redactó a principios de curso y lo animó a intentar componer cuentos cortos y ensayos. También le asignó el papel de redactar los trabajos que mandaba a toda la clase. Al ver que su interés despertaba de maneras que no se esperaba, Lou empezó a quedarse después de clase para que el profesor le ayudara con sus escritos y descubrió que esa tarea le importaba más que cualquier otra que hubiera desempeñado hasta entonces en la escuela, tanto que ni siquiera le parecía una tarea. De haber tenido otro profesor en tercero de secundaria, es posible que Lou jamás hubiera descubierto su pasión por la escritura y su vida podría haber seguido un derrotero completamente distinto.

ESTILOS DE ENSEÑANZA

Enseñar y aprender no es una fusión de mentes como en *Star Trek*. Los profesores no transfieren el contenido de su mente a las de sus alumnos, como en una descarga informática. Al menos, no todavía. Enseñar y aprender es una relación que se basa fundamentalmente en cuatro elementos principales: el *profesor*, el *alumno*, el *contenido* y el *contexto*. Todos se influyen entre sí.

En el capítulo 2 he bosquejado una clasificación de los estilos educativos de los padres. Los docentes también tienen estilos de enseñanza propios, que están relacionados, en parte, con cómo entienden su papel y, en parte, con su personalidad. Hay tantos modelos de enseñanza como profesores existen, pero algunos son comunes. Hace unos años, el doctor Anthony Grasha realizó un extenso estudio sobre estilos de enseñanza. Halló cinco tipos principales y ofreció algunas ideas sobre las ventajas e inconvenientes de cada uno:[7]

- *Experto:* conoce la materia en profundidad y concibe la enseñanza como un vehículo para transmitir sus conocimientos a otras personas. Grasha considera que la ventaja de este tipo de profesor es que comparte su dominio de una disciplina. El inconveniente reside en que conocer tan bien la materia le impide a veces entender las dificultades de los profanos para aprenderla.

- *Autoridad formal:* proyecta seriedad, está centrado en hacer las cosas como es debido, y se ciñe estrechamente al plan de estudios. La ventaja de este modelo reside en que los objetivos del curso están claros y bien definidos; todos saben a lo que aspira la clase. El inconveniente es una tendencia a la rigidez, lo que no da buenos resultados con todos los alumnos.

- *Modelo personal:* tiende a ofrecer muchos ejemplos de su vida. Mostrará cómo se realiza una tarea y después animará al alumnado a seguir esas pautas. El valor práctico es su ventaja; el inconveniente es que causa problemas a los estudiantes que no aprenden de manera tan eficaz con esas técnicas.

- *Facilitador:* se centra en ayudar a los alumnos a convertirse en pensadores independientes guiándolos para que aprendan solos. Los facilitadores hacen muchas preguntas y son orientadores más que instructores. En los docentes que emplean este estilo, Grasha ve como ventaja el tratar a los alumnos como individuos, pero como inconveniente el tiempo que invierten y la posibilidad de que algunos alumnos se sientan incómodos con la metodología.

- *Delegador:* anima al alumnado a trabajar de forma autónoma y actúa como recurso cuando es necesario. Grasha cree que este método acelera el desarrollo de los alumnos como aprendices independientes, pero advierte que muchos no están preparados para el grado de autonomía que brinda un delegador.

Al igual que ocurre con los progenitores y sus estilos educativos, la mayoría de los profesores son una combinación de estos tipos más que estrictamente uno u otro. Como todos tienen su estilo y personalidad, algunos tendrán una buena relación con tus hijos y otros no. En ambos casos, es importante que se relacionen con ellos como individuos y les ayuden a aprender de la manera que más les convenga.

LOS ALUMNOS

Los sentimientos que tienen tus hijos hacia sus profesores influyen en su actitud hacia el aprendizaje: si tienen una buena conexión personal con ellos, si les caen bien o los respetan, si quieren complacerlos... Estos sentimientos pueden cambiar con el tiempo, pero cualesquiera que sean en el presente influye en cómo trabajan con cada profesor. Dicho esto, hablamos de una relación, por tanto, las actitudes de los profesores hacia tus hijos se ven influidas por las actitudes de tus hijos hacia ellos. En toda relación, cada persona saca a la luz aspectos distintos de otra. Por eso solo somos amigos de algunas personas y nos enamoramos de otras. El mismo niño puede ser respetuoso con un profesor e irritante y respondón con otro. Si te sorprende enterarte de que tu hijo tiene continuos problemas con un determinado profesor, puede venirte bien recordar que, en general, siempre es cosa de dos.

Contenido

Todos los niños tienen una aptitud natural para algunas actividades y no tanta para otras. Unas les gustan y otras no. Estos talentos y preferencias influyen en la facilidad con la que aprenden en distintas disciplinas y en cuánto les gustan. Unos tienen por naturaleza buena memoria para determinados tipos de información; otros no y necesitan esforzarse más. Unos tienen un don para la música, el arte, la física o la danza. Un alumno con un talento natural para algo no necesita la misma clase de apoyo que uno que va apurado. El profesor apropiado puede impulsar a tu hijo a ser competente en una actividad por la que no ha manifestado el menor interés. Hay muchos ejemplos de personas que descubrieron un talento y lo cultivaron porque un determinado profesor las motivó y se tomó un interés especial por ellas. Por supuesto, el profesor inapropiado puede quitar a tu hijo el gusto por cosas que siempre le habían apasionado.

Contexto

La cultura de la escuela influye en el empeño de tu hijo por aprender. Si sus compañeros se toman en serio una determinada actividad o un docente, es probable que también lo haga él. Si sus compañeros los desaprueban o ridiculizan, tu hijo puede desligarse en vez de caer en desgracia con ellos. Como en todas las relaciones, los diversos elementos se influyen entre sí, a menudo de manera imprevisible. Las burlas de sus amigos pueden quitar a tu hijo el gusto por una disciplina que antes le apasionaba e ilusionaba. Si su pasión es inquebrantable, podría seguir esforzándose por darlo todo a pesar del profesor o de sus compañeros. La complejidad de estas relaciones es lo que convierte la enseñanza en una profesión tan especializada.

¿QUÉ CONSTITUYE UN BUEN PROFESOR?

¿Cómo podemos distinguir a un buen profesor de uno mediocre? En primer lugar, esperamos, como es lógico, que los docentes tengan conocimientos de los que carecen sus alumnos y que una de sus funciones sea transmitírselos. Mi profesor de latín, el señor Davis, sabía mucho más latín que nosotros, y su principal cometido era ayudarnos a conocer mejor esa lengua. Dominar la materia que se imparte es importante para ser un buen profesor, pero no basta. Además, debe saber motivar, facultar, empoderar y crear expectativas más ambiciosas en sus alumnos. Estas son destrezas profesionales complejas, razón por la cual todos los sistemas escolares de alto rendimiento, como Finlandia, Canadá, Corea del Sur, Singapur y Hong Kong, confieren tanto peso a la selección y formación del profesorado.

En Estados Unidos, muchas escuelas concertadas tienen la prerrogativa de contratar docentes que saben mucho de la materia que imparten pero carecen de las destrezas fundamentales para enseñarla. Por lo visto, algunos políticos creen que tener conocimientos suficientes de una disciplina es lo único que hace falta para ser profesor. Esto, sencillamente, no es cierto.

Teach for America (TFA) es una controvertida organización sin ánimo de lucro que ofrece una formación de cinco semanas a graduados universitarios recientes (la mayoría de los cuales no tienen un título en educación) y les proporciona trabajo como profesores durante dos años, principalmente en escuelas empobrecidas y con escasos recursos. A algunos les va bien y siguen enseñando. A muchos, no, y pasan a dedicarse a otra cosa, con mejor currículum. Inspirados por TFA, diversos países han puesto en marcha iniciativas parecidas para animar a graduados universitarios brillantes a pasar un tiempo enseñando en escuelas. Una de ellas es Teach First en Reino Unido. El supuesto es que la principal cualidad que necesita un buen profesor es haber superado con notoriedad la materia que enseña. La experiencia demuestra que esto no es cierto ni nunca lo fue.

A criterio de la mayoría, Finlandia tiene uno de los mejores sistemas educativos del mundo. Gran parte de su éxito se debe a la pericia de su profesorado. La enseñanza es una profesión respetada y existe una fuerte competencia para ejercerla. Para ser profesores, las personas aspirantes deben cursar un programa de formación docente certificado en una universidad finlandesa, lo que les permite obtener una titulación superior basada en un trabajo de investigación. Después, deben continuar estudiando otros cinco o seis años antes de enseñar a sus propios alumnos. Estos programas gozan de tanta popularidad entre los jóvenes de Finlandia que solo uno de cada diez aspirantes es aceptado todos los años. Como solo el 10 por ciento de ellos superan el riguroso sistema de admisión, cabría suponer, como queda claro que hacen algunos políticos, que la respuesta reside sencillamente en contratar nuevos profesores de entre el 10 por ciento superior de los graduados universitarios que se presentan. No lo es.

Pasi Sahlberg es uno de los principales expertos en el sistema finlandés de educación. La idea de que Finlandia selecciona a los estudiantes académicamente «mejores y más brillantes» para que sean sus profesores es un falso mito, afirma. Los candidatos aceptados representan un amplio espectro del rendimiento académico, y se hace a propósito.[8] Alrededor de una cuarta parte proviene del 20 por ciento superior en aptitud académica, y la otra cuarta parte lo hace de la mitad inferior. Esto significa que más o menos la mitad de los alumnos de primer año son «mediocres académicamente». La Universidad de Helsinki, dice Sahlberg, «podría muy bien elegir a los candidatos mejores y más brillantes de entre la ingente cantidad de aspirantes que se presentan todos los años, y tener a todos sus nuevos estudiantes de magisterio con unas notas admirables. Pero no lo hace porque sabe que el potencial para enseñar está distribuido de manera más equitativa en el conjunto de la población». Jóvenes deportistas, músicos y líderes juveniles, por ejemplo, «a menudo tienen las incipientes características de los grandes profesores sin tener el mejor expediente académico».[9] Lo que Finlandia demuestra es que, más que tentar a los estudiantes más brillantes para que estudien magisterio, es mejor concebir desde el principio unos estudios de magisterio que atraigan a quienes poseen una pasión y aptitud innata para dedicarse a la enseñanza. Por cierto, ninguno de los mejores sistemas de educación del mundo favorece vías rápidas de acceso a la enseñanza.

Es significativo que Teach for America haya llegado a la misma conclusión de que, para ser buenos profesores, no basta con tener un título universitario; hace falta pasión y experiencia en ayudar a otras personas a aprender. TFA estudió a sus profesores a fondo y descubrió que aquellos que más ayudan a sus alumnos comparten una serie de características:

- Siempre reinventan sus clases y evalúan sus progresos con los alumnos.
- Se esfuerzan por mantener un clima integrador en sus aulas e interesar a los padres en lo que sucede en ellas.
- Se mantienen muy centrados en los resultados.
- Están extraordinariamente bien preparados tanto en el día a día como en lo que respecta al curso completo, y trabajan en

orden inverso a partir de los objetivos que se han propuesto alcanzar.

- No cejan en su empeño, pese a las condiciones de la escuela y la comunidad.[10]

El empeño surgió en un estudio realizado por Angela Duckworth, la autora de *Grit: el poder de la pasión y la perseverancia*. Halló que los profesores «con *grit*» tenían un 31 por ciento más de probabilidades de «generar un crecimiento considerable» en sus alumnos. También observó que los profesores que estaban satisfechos con su vida tenían muchas más probabilidades de ayudar a sus alumnos.[11] Las personas que adoran su trabajo tienden a estar satisfechas con su vida y a trabajar con mucha entrega. Este es sin duda el caso de los docentes, con lo mucho que invierten de sí mismos en sus alumnos y en lo que enseñan. Esa es otra característica de los buenos profesores. Les apasiona mejorar en la práctica de su profesión y aprender de los demás. Tomemos el caso del movimiento Edcamp.

Un Edcamp brinda a los profesores tiempo y espacio para colaborar y aprender juntos. El primer Edcamp tuvo lugar en Filadelfia en 2010, organizado por un grupo de profesores que estaban dispuestos a arriesgarse. Su propósito era proporcionar una formación continuada a los educadores, basada en sus propias preguntas, dificultades y pasiones. Los fundadores corrieron la voz en Twitter y se alegraron cuando un centenar de docentes se inscribió y se presentó en el primer Edcamp. Los participantes decidieron que querían intercambiar opiniones, con miras a tener conversaciones en lugar de ponencias. Las sesiones se basaron en sus ideas, lo que demostró que los profesores quieren aprender unos de otros y confían en sus respectivas experiencias. Hay cuatro sencillas reglas que definen un Edcamp:

- Debe ser gratuito. Los profesores que quieren aprender no tienen que recaudar fondos para hacerlo. Basta con que asistan a un Edcamp.

- Cualquiera puede asistir. Un Edcamp es para todos los docentes que se interesan por los alumnos, al margen del curso que imparten y la escuela en la que trabajan.

- Está dirigido por los participantes. Las personas que acuden a un Edcamp deciden de qué se hablará, de manera que cada Edcamp es distinto y todos los asistentes pueden proponer un tema de conversación.

- No asisten vendedores. A diferencia de los congresos multitudinarios donde los profesores se ven bombardeados por vendedores, un Edcamp evita su presencia.

Voluntarios, en su mayor parte profesores a jornada completa, dirigen cada Edcamp. Impulsados por la pasión de los docentes por su profesión, esta experiencia se ha multiplicado en todo el mundo. En 2010, se organizaron ocho Edcamps. En 2017, se habían organizado casi mil seiscientos en los cincuenta estados de Estados Unidos y en treinta y tres países del mundo. Los Edcamps varían en tamaño, desde veinte a treinta participantes hasta más de seiscientos. Por lo común, tienen entre setenta y cinco y un centenar de asistentes.[12]

El hogar y la escuela

Enseñar y aprender es una relación. Una de las partes más importantes de esta es entre tú y la escuela. Tus hijos tienen más probabilidades de ir bien en los estudios si tú evitas pensar que el colegio y los profesores son los únicos responsables de su educación. La

Universidad de Chicago llevó a cabo un detallado estudio a lo largo de siete años en las escuelas de primaria de los barrios urbanos de renta baja de la ciudad.[13] El estudio investigó el rendimiento de los alumnos y el mejoramiento de los colegios, y los factores que más influían en ellos. La calidad del profesorado era uno, como siempre es. Otro elemento importante era la implicación de las familias. Aunque había otros indicadores más importantes, el estudio observó que los alumnos de escuelas primarias con mucha implicación de las familias tenían una probabilidad diez veces mayor de mejorar en matemáticas y cuatro veces mayor de hacerlo en lectura que los de escuelas cuyos lazos con las familias eran débiles. ¿Por qué es la familia, y en especial la implicación de los progenitores, tan ventajosa para la educación de los hijos y para la vida escolar en general?

Motivación y apoyo

Los padres que se interesan activamente por la educación de sus hijos pueden tener un gran impacto en su motivación y rendimiento. Esto es válido cualesquiera que sean las circunstancias y extracción social de las familias. Cuando los padres hablan de la escuela con sus hijos, esperan que saquen buenas notas, les ayudan a hacer planes de futuro y se aseguran de que las actividades que realizan fuera del colegio sean constructivas, sus hijos suelen ser mejores estudiantes que si los padres no se interesan. Cuando familias y escuelas colaboran, «es más probable que los niños vayan a clase con regularidad, estudien más años, disfruten más, saquen buenas notas y tengan un mayor índice de graduación».[14]

Conocimiento personal

Probablemente tú conoces a tus hijos mejor que nadie. Sabes más de sus intereses, manías, defectos, virtudes, cambios de humor, historia y relaciones. No lo sabes todo de ellos, en especial a medida que se hacen mayores y más independientes, pero sabes mucho. Sus docentes ven algunas facetas de tus hijos; tú ves muchas otras. Algunos alumnos tienen problemas en la escuela porque su individualidad no se comprende. Es posible que sus virtudes no se reconozcan o no se tengan en cuenta. Pueden tener intereses y talentos de todo tipo fuera del colegio de los que sus profesores no saben nada, y es posible que estos actuaran de otro modo con ellos si los conocieran. Una de las aportaciones de los padres reside en ayudar a los profesores a hacerse una idea más completa de quiénes son sus hijos y de sus virtudes y capacidades.

La escuela y la comunidad

Las escuelas y los profesores pueden tener dificultades de toda clase con el alumnado, como problemas de conducta y disciplina, acoso, drogas, violencia, estrés emocional y depresión. Algunos de estos problemas se originan en el entorno escolar y es posible que el colegio pueda abordarlos de forma interna. Otros se originan en la familia, la comunidad o el contexto cultural, y los alumnos los llevan a la escuela en su manera de comportarse. Es posible que tú también los tengas en casa. Cuanto más estrechas son las relaciones entre el profesorado y las familias, más probabilidades hay de que estos problemas puedan comprenderse como es debido y abordarse de forma conjunta.

¿QUÉ HAY DE LOS DEBERES?

Probablemente hay pocas cosas más irritantes para ti y tus hijos que los deberes. Parte del creciente estrés que los estudiantes sienten en la escuela se debe a la cantidad de deberes que les mandan. Parte del estrés que sientes tú se debe sin duda a conseguir que los hagan, o a hacerlos por ellos. La utilidad de los deberes es un tema que crea mucha polémica entre los profesionales de la educación. Algunos no les ven ninguna utilidad y aducen que tendrían que suprimirlos. Uno de ellos es Alfie Kohn, un influyente referente intelectual en educación. En su libro *El mito de los deberes: ¿por qué son perjudiciales para el aprendizaje y la convivencia familiar?*,[15] arguye que no existe un nexo necesario entre los deberes y el rendimiento académico y que las consecuencias negativas de estos en el hogar y la vida personal de los alumnos superan con creces cualquier otro beneficio que se les pueda atribuir. Otros educadores ven en los deberes diversos beneficios educativos y de otro tipo, y entre ambos polos hay opiniones que cubren todo el espectro.

Empecemos por el principio. ¿Cuántos deberes tienen habitualmente los alumnos de hoy? ¿Qué dicen las investigaciones y la experiencia sobre su utilidad? ¿Qué pueden hacer los padres para ayudar a sus hijos con el trabajo que les mandan hacer en casa y, si les parece excesivo, para reducirlo o suprimirlo?

¿Cuántos deberes?

La cantidad de trabajo que se manda a los alumnos para hacer en casa varía mucho de una escuela a otra y de un curso a otro. En algunos centros y cursos, no se hacen deberes. En otros, es posible que les dediquen dieciocho horas o más a la semana. En Estados

Unidos, el criterio aceptado, que está respaldado tanto por la Asociación Nacional de Educación como por la Asociación Nacional
de Madres, Padres y Profesores, es la regla de los diez minutos: los
alumnos no deberían tener más de diez minutos diarios de deberes
por cada curso que completan. En primero, lo ideal sería tener diez
minutos diarios; en segundo, veinte; y así sucesivamente hasta segundo de bachillerato (el duodécimo año), cuando deberían dedicar una media de ciento veinte minutos diarios a los deberes, lo
que equivale a unas diez horas semanales. No siempre es así.

En el año 2013, la Facultad de Educación de la Universidad de
Phoenix encargó un sondeo sobre la cantidad de deberes que se
suele mandar.[16] De párvulos a quinto de primaria, suponían poco
menos de 3 horas semanales; de sexto de primaria a segundo de
secundaria, representaban 3,2 horas; y de tercero de secundaria a
segundo de bachillerato ascendían a 3,5 horas. Hay que tener en
cuenta dos factores. En primer lugar, estos son los deberes que
manda cada profesor. Para calcular el tiempo total que los alumnos
dedican a los deberes, hay que multiplicar estas horas por el número de profesores que tienen. Los alumnos de secundaria que trabajan con cinco profesores en distintas áreas del plan de estudios
pueden encontrarse con 17,5 horas o más de deberes a la semana,
lo que equivale a un trabajo de media jornada. El otro factor es que
estos son los cálculos de los profesores sobre el tiempo que debería
costar hacer los deberes. El tiempo que invierta cada alumno será
mayor o menor que eso, según sus aptitudes e intereses. Uno puede despachar sus deberes como si nada en la mitad del tiempo que
otro pasará esforzándose envuelto en un sudor frío.

¿Tienen los alumnos actuales más deberes que en generaciones
anteriores? Con tantas variables, es difícil decirlo. Algunos estudios sugieren que sí. En 2011, una investigación del Centro Nacional para la Estadística en Educación halló que, por término medio,

los alumnos de secundaria dedicaban unas siete horas semanales a los deberes.[17] Un estudio similar de 1994 calculó la media en menos de cinco horas semanales.[18] La verdad es que yo estudié secundaria en Inglaterra en los años sesenta y les dedicaba mucho más tiempo, aunque quizá tenía que ver con mis aptitudes. Una manera de valorar esto es comprobar cuántos deberes tienen tus hijos y compararlo con los que tenías tú a su misma edad.

Ventajas

La utilidad de los deberes es un tema controvertido. Sus defensores arguyen que benefician a alumnos, profesores y padres en varios aspectos:

- *Los alumnos* aprenden a comprender mejor contenidos específicos; a consolidarlos a su propio ritmo; a convertirse en aprendices más independientes; a desarrollar su aptitud para resolver problemas y administrar su tiempo, y a relacionar lo que aprenden en la escuela con actividades externas.
- *Los profesores* pueden saber si sus alumnos entienden las lecciones; evaluar los progresos, virtudes y carencias de cada uno, e impartir más materia en clase.
- *Los padres* pueden participar en la educación de sus hijos de manera práctica; ver directamente lo que estos aprenden en clase, y tener una idea más clara de sus progresos: qué encuentran fácil y qué les cuesta más.

La doctora Ashley Norris es vicerrectora de la Facultad de Educación de la Universidad de Phoenix. Al comentar el estudio de su universidad, dice: «Los deberes ayudan a desarrollar confianza, responsabilidad y aptitudes para resolver problemas que pueden predisponer a los alumnos para tener éxito en secundaria, la universidad y su trabajo».[19]

Quizá sea así, pero a muchos padres les resulta difícil ayudar a sus hijos en materias que hace mucho que no estudian, si es que llegaron a hacerlo. Las familias tienen vidas muy ajetreadas y a los padres les cuesta encontrar tiempo para ayudar con los deberes, además de sus muchas otras ocupaciones. Norris está convencida de que el esfuerzo merece la pena, sobre todo, arguye, porque en muchas escuelas la naturaleza de los deberes está cambiando. Una influencia es la popularidad cada vez mayor de la denominada clase invertida.

En la clase típica, el profesor dedica tiempo a presentar la materia a los alumnos. Sus deberes consisten en trabajos basados en esta. En la clase invertida, el profesor proporciona a los alumnos materiales introductorios —vídeos, diapositivas, apuntes—, para que ellos los repasen en casa y lleven preguntas e ideas a la escuela, donde trabajan en colaboración con el profesor y sus compañeros. Como Norris señala, con este método los deberes trascienden los límites del aula y plantean un uso más productivo del tiempo que los alumnos pasan en el colegio, permitiéndoles «colaborar en el aprendizaje, aprender unos de otros, quizá evaluar [su respectivo trabajo] y compartir esas experiencias».[20]

Aun así, a muchos padres y educadores cada vez les preocupa más que los deberes, sean del tipo que sean, sean la gota que desborde las atosigadas vidas de los alumnos y sus familias. Roban a sus hijos un tiempo fundamental para relajarse y descansar después de clase, jugar, ser niños y estar juntos en familia. Por si eso fuera poco, a menudo se asegura que los deberes tienen beneficios, pero estos no son sistemáticos y, desde luego, no están garantizados.

Un panorama confuso

El doctor Harris Cooper es profesor de psicología y neurociencia en el Instituto de las Ciencias del Cerebro de la Universidad Duke. En 2006, publicó un detallado análisis del impacto de los deberes en el rendimiento académico.[21] Concluyó que estos tienen, en efecto, un impacto positivo en ciertos aspectos del rendimiento escolar. Halló que los beneficios eran mayores para los alumnos de secundaria y bachillerato que para los de primaria. El estudio de Cooper sugiere varias razones por las que los deberes son más beneficiosos para los alumnos mayores que para los menores. Los pequeños, observa, son menos capaces de abstraerse de las distracciones de su entorno. Asimismo, tienen «hábitos de estudio menos eficaces». También se debe a que los profesores de primaria a menudo mandan deberes «para ayudar a los niños a administrarse mejor el tiempo y desarrollar sus técnicas de estudio, no para influir de forma inmediata en su rendimiento en disciplinas concretas».[22]

Tener demasiados deberes puede ser contraproducente para los alumnos de todos los cursos. «Incluso en el caso de los alumnos de secundaria, sobrecargarlos de trabajo no se asocia con mejores notas», dijo Cooper. En general, la investigación es consecuente con la «regla de los diez minutos» para la cantidad óptima de deberes. Lo fundamental, aduce Cooper, es que «todos los niños deberían hacer deberes, pero la cantidad y tipo deberían variar según su grado de desarrollo y situación familiar. Los de los más pequeños habrían de ser breves, exigir poco esfuerzo, requerir una participación esporádica de los padres y, cuando sea posible, utilizar actividades extraescolares que los niños disfrutan».[23] Incluso en el caso de los alumnos de bachillerato, más de dos horas diarias de deberes «no se asoció con un mayor rendimiento».[24]

El equipo de Cooper estudió el impacto de los deberes en las notas y otros indicadores convencionales del rendimiento académico. No evaluó, porque no podía, su influencia en los cuatro fines de la educación ni en las ocho competencias, que he tratado antes. La investigación sí indicó que los deberes «parecen mejorar los hábitos de estudio, las actitudes hacia la escuela, la autodisciplina, la curiosidad y la aptitud para resolver problemas de forma independiente». Por otra parte, pueden causar «cansancio físico y emocional, favorecer actitudes negativas hacia el aprendizaje y limitar el tiempo de ocio de los niños».[25] Estos efectos secundarios son graves para cualquier escuela que pretenda mejorar el rendimiento de sus alumnos y su pasión por aprender.

Romper moldes

Estos efectos negativos son parte de la razón por la que algunas escuelas de enseñanza media y secundaria están reformulando los deberes para sacar el máximo partido de sus posibles beneficios, tanto en casa como en clase. Algunos centros de primaria los están reduciendo o suprimiendo por completo. Maureen Healy es una escritora premiada y una solicitada asesora sobre el bienestar emocional infantil. Afirma que muchos de los padres de los niños con los que trabaja están encantados con estas tendencias, «que acaban con el fastidio diario de "¿Has hecho los deberes?"».[26] Los padres están más libres para comunicarse con sus hijos durante la cena u otras actividades sin la imperiosa presión de los deberes. Heidi Maier es superintendente escolar del condado de Marion, Florida, el cual tiene cuarenta y dos mil alumnos. Como señala Maureen Healy, Heidi fue noticia en la prensa nacional no solo porque prohibió los deberes, sino porque los sustituyó por veinte minutos de lectura todas las noches.

Mark Trifilio, director de la escuela de primaria Orchard de Vermont, ha hecho algo parecido. En 2016, después de consultar con el profesorado y los padres, decidió suprimir los deberes. Para ello se basó en que tenían pocos beneficios demostrados y muchos inconvenientes, salvo en relación con la lectura. Mejor dedicar el tiempo a leer y a otros intereses, pensó. La escuela estuvo de acuerdo con este nuevo sistema:

Sistema sin deberes: trabajo diario de los alumnos en casa

1. Lee un libro para ti todas las noches; *y haz que tus padres también te lean.*
2. Sal afuera a jugar; *esto no significa jugar más tiempo con pantallas.*
3. Cena en familia; *y ayuda a poner la mesa y fregar los platos.*
4. Duerme toda la noche de un tirón.

Un año después Trifilio refirió que los alumnos no se habían quedado rezagados y disponían de «tiempo para pensar con creatividad y dedicarse a lo que les apasiona».[27] En palabras de Maureen Healy, el mensaje entre líneas de un sistema sin deberes en las escuelas de primaria es: «Confiamos en nuestros profesores, confiamos en el plan de estudios y confiamos en que nuestros alumnos prestarán atención y aprenderán durante el día. No mandar deberes entre párvulos y quinto de primaria no borra el aprendizaje, sino que ayuda a los alumnos a soportar mejor una jornada a menudo larga y les anima a dedicarse a sus intereses personales después de clase».[28]

¿Qué se puede hacer?

Evaluar la situación y actuar

¿Qué deberías hacer si te preocupa la cantidad o naturaleza de los deberes que mandan a tus hijos? En primer lugar, hablar con ellos de los problemas que tienen. Por ejemplo, ¿es su problema la saturación: tener demasiados deberes? ¿Concierne a áreas de estudio específicas? ¿Tiene que ver con el apoyo que reciben de la escuela o con los métodos de evaluación? Cuando tengas claros los problemas, habla con la escuela. Si están relacionados con áreas de estudio específicas, empieza dirigiéndote a los profesores que las imparten. Si el problema es el volumen total de trabajo, dirígete al director o, en centros más grandes, al encargado de supervisar el plan de estudios. Aunque la escuela tendrá pautas sobre la cantidad de deberes que deben mandar los profesores, es posible que quienes tienen mayor responsabilidad no sean conscientes de la carga acumulada para tu hijo en concreto.

En las conversaciones, podrías comentar la regla de los diez minutos. Si la respuesta sigue sin satisfacerte, plantea la cuestión a la asociación de madres, padres y profesores y cita ejemplos de otras escuelas, incluidas las que he mencionado antes con formas distintas de plantear las tareas. Si estás de acuerdo con que tus hijos tengan deberes, ¿cómo puedes ayudarles con ellos?

Consejos para gestionar los deberes

Proponte establecer alguna rutina para que la vida sea más fácil para todos. Ashley Norris sugiere lo siguiente:

- *Resiste el impulso de hacerles el trabajo:* los deberes brindan a los alumnos la oportunidad de aprender de sus errores, de manera que es importante no pasarse de la raya. Si a tu hijo le cuesta resolver un problema, hazle preguntas para ayudarle a plantearlo de otro modo. Ten cuidado con los pretextos y estrategias que utilizan para librarse de hacer sus tareas escolares o convencer a otros para que se las hagan.

- *Haz sus deberes:* aprovecha los recursos que tienes a tu alcance y anticípate. La clave para evitar que los deberes de nuestros hijos nos rebasen reside en estar preparados. Los recursos de internet pueden ayudarte a refrescar conceptos que llevas mucho tiempo sin estudiar. Hojea sus libros de texto para enterarte de lo que darán más adelante. Reúnete con su profesor si no te sientes con confianza para enseñar la materia; este quizá tenga algunas sugerencias.

- *Elabora un plan:* evita las prisas y nervios de última hora. Planifica la semana y divide los deberes largos en secciones más pequeñas para no agobiarte. Si tu hijo tiene que presentar un proyecto al término de la semana, determinad juntos cómo va a organizarse y cómo puede dividirlo en proyectos más cortos.

- *Crea un calendario familiar:* elabora un calendario físico o electrónico con todos los horarios y fechas tope escolares, extraescolares y laborales de la familia. Anota también los plazos en los que dividir un proyecto largo o estudiar para un examen con objeto de ayudar a tu hijo a mejorar su aptitud para administrarse el tiempo. Anota tus propias actividades en el calendario para mostrarle cómo administras tú el tuyo.

- *Planificad juntos los deberes semanales:* reunirse una vez a la semana para planificar las tareas de sus hijos es una buena forma de que los padres se comuniquen con ellos, les inculquen la importancia de la educación y pasen «tiempo de calidad» juntos. Cada lunes después de que tu hijo sepa sus deberes para la semana, sentaos a planificarla para completarla con éxito. Hablad de todas las actividades, fijad las fechas de entrega, determinad qué información se necesita y añadid tiempo para estudiar. Los adultos también se benefician de dedicar un tiempo a planificar, organizarse y aprender. Mientras tus hijos estudian, tú puedes pagar facturas, leer el periódico o investigar tus propios proyectos.

- *Relaciona los deberes con actividades de la vida real:* busca oportunidades para ayudar a tus hijos a relacionar lo que aprenden con experiencias de la vida real. Por ejemplo, fíjate en temas de actualidad para repasar lecciones de ciencias sociales, o documéntate sobre trabajos específicos para tener casos gráficos de conceptos científicos y matemáticos. Si tus hijos son mayores, anímalos a leer el periódico todos los días para tener ejemplos de buena redacción e ínstales a documentarse y escribir artículos que pueden compartir con familiares y amigos.

- *Da rienda suelta a tu creatividad, sobre todo con niños pequeños:* busca oportunidades para complementar los deberes con proyectos creativos. Pide a tu hijo que cree una presentación digital, decore una caja, piense en cómo proteger un huevo para que no se rompa al tirarlo contra el suelo o incluso entreviste a una autoridad local sobre un tema. Vincularlos a la tecnología puede mantener a tus hijos interesados y motivados.

- *Crea un entorno tranquilo y favorable:* organiza en casa un espacio que propicie el estudio y el aprendizaje, un lugar tranquilo en el que tu hijo haga siempre los deberes. Debe ser cómodo pero no tener acceso a un televisor u otras distracciones. También es importante mantener una rutina y fijar un horario de estudio regular.

Como ocurre con todos los consejos de este tipo, necesitas adaptar estas sugerencias a tus circunstancias y expectativas. La clave reside en no olvidar los principios más generales que deberían formar la base del desarrollo de tus hijos, como jugar, relajarse, dormir, pasar tiempo en familia, alimentarse bien y tener tiempo para explorar sus intereses. Prestar la debida atención a todos ellos no es desviarse de una educación cabal: es la mejor manera de brindarla.

UNA ADVERTENCIA

Implicarte en la educación de tus hijos puede favorecer tremendamente sus progresos y rendimiento. Por otra parte, cabe la posibilidad de que los padres se impliquen demasiado y consigan justo el efecto contrario. En capítulos anteriores hemos tratado los problemas de sobreproteger a los hijos y en especial de los padres que se ponen en plan helicóptero, «siempre rondando cerca de su hijo y acudiendo a su rescate a la menor dificultad».[29]

Algunos padres siempre tratan de controlar al milímetro a sus hijos y a todas las personas que se relacionan con ellos, incluidos sus docentes. Les llaman siempre que sus hijos no sacan sobresaliente y les insisten para que les suban la nota. Cuando acusan a su hijo de portarse mal, intentan restarle importancia e incluso amenazan con una demanda si creen que lo han tratado de forma injusta. Llaman a otros padres para intentar que se pongan de su parte, o quizá para señalar que los hijos de estos son el verdadero problema.

Chris Meno de la Universidad de Indiana reconoce que los padres helicóptero suelen tener buena intención y solo quieren proteger a sus hijos frente a peligros o decepciones. Con esa actitud, pueden hacer mucho daño y muy poco bien a sus hijos, a los profesores o a sí mismos. Es posible que los pequeños sigan dependiendo demasiado de ellos y no aprendan a defenderse. Sus profesores pueden frustrarse y tener la sensación de que su autoridad profesional no se respeta. Es probable que los otros padres los encuentren obsesivos, presuntuosos y francamente irritantes y traten de evitarlos.

Por supuesto, hay veces que tú u otros padres podéis tener problemas justificados que plantear a los profesores, o incluso quejas formales contra ellos o la escuela. Trataremos qué hacer en esos casos en el capítulo 9. Aparte de presentar quejas justificadas, tu objetivo debería ser tener una buena relación con los profesores, ya que esa es la mejor manera con diferencia de ayudar a que las relaciones entre ellos y tus hijos sean lo más gratificantes posible.

Una escuela es una comunidad de aprendizaje y está compuesta por muchos miembros. Todos tienen su función, pero los más importantes para la educación de tus hijos son sus profesores. La relación que estableces con ellos es importante para mejorar la relación que ellos tienen con tus hijos y, en consecuencia, la eficacia con la que estos aprenden. ¿Cómo debería ser tu relación con los profesores y con la escuela en su conjunto y cómo puedes saber si es beneficiosa para ti y para ellos?

8

Construir la relación

Un proverbio africano dice que se necesita una aldea para criar a un niño. Para educarlo, desde luego que sí. En el capítulo anterior he mencionado que enseñar y aprender es como cuidar de un jardín y que los niños aprenden mejor en determinadas condiciones, las cuales forman parte de un ecosistema educativo mucho más amplio. Dentro de este ecosistema estáis tú y tu familia, las comunidades de las que formáis parte y muchas otras personas y organizaciones responsables de lo que sucede en el ámbito de la enseñanza. Probablemente, lo que a ti más te interesa es la educación de tus hijos. También puedes tener un interés más general en ella. En ambos casos, tienes cuatro vías para influir en la formación de tus hijos y en las personas responsables de brindársela: comunicarte directamente con sus profesores; participar en la vida escolar de manera más general; colaborar en la gestión de la escuela, y adoptar un papel activo en la política educativa.

TRABAJAR CON PROFESORES

Tienes derecho a saber qué hacen tus hijos en el colegio y cómo les van los estudios, y a plantear cuestiones que pueden afectar a sus progresos. En Estados Unidos, las escuelas suelen comunicarse con los progenitores por dos vías: el boletín de notas al final del semestre y las llamadas «tardes de padres».

En teoría, las tardes de padres son ocasiones para que profesores, padres y alumnos intercambien impresiones y hagan planes en un entorno distendido. En la práctica, son uno de los actos más estresantes del curso: una sucesión de conversaciones breves y crispadas en las que se dice menos de lo que se queda en el tintero. Para algunos padres, pueden ser una de las contadas ocasiones en las que van a la escuela en todo el curso. Borboteando bajo la superficie, puede haber toda clase de sentimientos, y no todos son relajantes. El escritor infantil Allan Ahlberg describe algunos de ellos:

> *Esperamos en el pasillo,*
> *mi padre, mi madre y yo.*
> *Ellos están charlando*
> *y yo estoy hecho un flan.*
> *¿Qué les dirá la profe?*
> *¡Diré que me duele algo!*
> *Ojalá no hiciera faltas de ortografía.*
> *Ojalá no fuera un zoquete.*
>
> *Esperamos en el pasillo,*
> *mi marido, mi hijo y yo.*
> *Mi hijo está sonriendo*
> *y yo también, de los nervios.*
> *¿Qué nos dirá la profesora?*
> *Que haya algo bueno, por favor.*
> *Es un buen chico,*
> *aunque bobo como su padre.*

Esperamos en el pasillo,
mi mujer, mi hijo y yo.
Mi mujer está tan tranquila
y yo estoy hecho un flan.
Odio estas tardes de padres,
me recuerdan a mi niñez.
¿A quién van a castigar?

Espero dentro del aula.
Ya casi es la hora de empezar.
Ojalá tuviera forma de parar
los pálpitos de mi corazón.
Los padres en el pasillo
charlan la mar de tranquilos;
y ahora nos veremos las caras;
y estoy hecha un flan.[1]

Una de las razones por las que estas reuniones suelen ser estresantes es que se hacen con muy poca frecuencia, quizá dos o tres veces a lo largo del curso, en general cuando se entregan las notas. Si se improvisa una reunión, a menudo es porque hay un problema, lo que aumenta la tensión. Aparte de breves encuentros en la puerta de la escuela, algunos padres no tienen mucha más relación que esta con los profesores de sus hijos.

Generalmente, los boletines de notas son una lista de calificaciones con breves comentarios, escritos por los profesores bajo presión y leídos por los padres con el corazón en un puño. Cuando se sientan a comentarlas, el trabajo que revisan probablemente es de hace tiempo y el momento para intervenir ha pasado. Es importante que padres y profesores colaboren, y el verdadero valor radica en aprovechar las oportunidades y abordar los problemas a medida que surgen en lugar de practicar una autopsia semanas después del suceso.

Una manera de mejorar la colaboración es tener reuniones y seminarios con mayor frecuencia. Algunas escuelas los organizan y son de utilidad. Deberías asistir si tienes la posibilidad, y animar al colegio a ofrecerlos si no lo hace. Por supuesto, el tiempo es limitado para todos y la vida que llevamos es ajetreada. En la actualidad, hay otros modos de colaborar. Con la proliferación de las tecnologías móviles, diversas aplicaciones hacen posible que profesores, padres y alumnos se mantengan en contacto siempre que lo necesiten. Entre estas se incluyen Blackboard Learn, Edmodo y Fresh Grade.[2]

Fresh Grade permite al profesorado publicar regularmente información actualizada sobre los progresos de sus alumnos. Mediante su teléfono móvil o tableta, pueden publicar imágenes, fotografías, vídeos, audios y apuntes en los portafolios digitales de los alumnos, en los que quedan documentadas sus actividades y progresos a lo largo del curso. Los padres tienen la posibilidad de acceder a estos materiales siempre que quieran. Pueden ver ejemplos del trabajo en curso de sus hijos, secuencias de ellos leyendo y vídeos suyos en actividades con otros niños. Pueden publicar comentarios y preguntas para los profesores y ofrecer apoyo personalizado en casa cuando sea necesario.

La madre de un niño de párvulos, quien confesó «tendencias sobreprotectoras», dijo que tenía la sensación de perderse cosas cuando lo único que oía sobre el día lectivo de su hija era «Ha sido divertido», «Ha estado genial» o «No ha pasado nada interesante». Con la aplicación, puede ver las fotografías y vídeos de actividades que publica su profesor: «Ahora, si le pregunto por un ejercicio de matemáticas concreto que he visto en una foto, ella me lo cuenta todo sobre él. Es una herramienta estupenda para que hablemos». Otro padre está igual de entusiasmado: «Siento que me tienen al tanto de los progresos y notas de mi hijo. Es muy fácil de usar y una excelente manera de que hablemos sobre lo que hace en clase».

Algunos profesores y alumnos tienen ciertas dudas sobre esta clase de documentación tan constante y exhaustiva. Les preocupa que sea invasiva y pueda alentar a los padres a implicarse demasiado en lo que sucede en la escuela. Como todas las herramientas, estas aplicaciones son neutras en sí mismas. Para padres helicóptero sin control, podrían ser un turbocompresor. El desafío reside en aprender a utilizarlas de manera responsable para que la educación sea más cooperativa y eficaz para todos.

Colaborar con los profesores para apoyar los progresos de sus hijos es la primera razón para que los padres estrechen lazos con su centro educativo. Otra es mejorar la vida del colegio en su totalidad. Hay muchas vías para hacerlo.

La vida de la escuela

Richard Gerver, antiguo director, me explicó una historia estupenda sobre la madre de uno de sus alumnos.[3] La mujer, en palabras de Richard, tenía «fobia a la escuela», pero era una buena peluquera y en el colegio consideraban que podía transmitir útiles competencias al alumnado. La convencieron para que enseñara algunas técnicas de peluquería a los niños y les hablara sobre su profesión. La experiencia rebasó las expectativas de todos los que participaron, y sus clases fueron mucho más allá de enseñar peluquería. También ayudó a los alumnos a mejorar sus competencias comunicativas, «por ejemplo, empatía en la escucha de las clientas, ¡lo que fue increíble de ver! —dijo Richard—. Verdadera competencia, enseñada por una madre en un contexto real, ¡una competencia que ella ni tan siquiera se daba cuenta de que tenía!».

Danielle Wood es editora de Education.com. Ha propuesto ocho maneras en las que los padres pueden desempeñar una función práctica en las escuelas y aulas:

- Leer a la clase o a un grupo de alumnos que necesitan más ayuda con la lectura.
- Colaborar en algunas actividades, como la clase de manualidades o el aula de informática.
- Ofrecerse a dar clases particulares o a echar una mano para ayudar a los alumnos a entender un ejercicio o a profundizar en él.
- Ofrecerse para ayudar al profesor.
- Participar en grupos o clubes de actividades específicas.
- Compartir sus conocimientos y hablar a los alumnos de perspectivas profesionales.
- Ofrecerse para ayudar en la biblioteca de la escuela.
- Ofrecerse para colaborar en programas deportivos.[4]

Muchos padres tienen destrezas o intereses específicos de los que podrían beneficiarse las escuelas. Quizá tienes un máster en administración de empresas y puedes ayudar a los alumnos a desarrollar sus talentos empresariales. A lo mejor tienes experiencia en nutrición y puedes ir a la escuela varias veces a lo largo del curso para aconsejar sobre mejores formas de alimentarse. Tal vez pintas o te fascina la astronomía o sabes cómo llevar un club de lectura. Informa de estas destrezas al director o al profesorado y verás si el centro está dispuesto a sacarles partido.

Carol Shepard se enteró de que la escuela de enseñanza primaria de su hija en Georgia acababa de recibir ordenadores portátiles para utilizarlos en clase. Le pareció que era una gran oportunidad para enseñar al alumnado cómo realizar una película en formato digital. Propuso la idea y supo que uno de los profesores estaba interesado en presentar una película en la Academia de Cine de Georgia, un concurso cinematográfico estudiantil. No dejaron pasar la oportunidad de aceptar la ayuda de Shepard, y ella convenció a otros adultos para que se sumaran al proyecto.

«Enseñamos a los alumnos a utilizar el programa de morfo, la animación con Scratch y la tecnología de parada de imagen para crear animación en plastilina (como *Wallace y Gromit*) —dijo—. Aprendieron que no bastaba con hacer las cosas una vez para dominar la técnica. Hablamos de la regla de tres en ingeniería de software: hasta que no desarrollas algo tres veces, no sabes qué estás desarrollando. Nuestra película requirió mucho más trabajo del que habíamos calculado en un principio, pero todos los alumnos llegaron a la escuela una hora o más antes durante muchas semanas para participar en nuestro club y terminar la película. Al final del proceso de creación, habían empezado a rodar escenas nuevas sin la guía de un adulto y, más importante aún, a resolver solos los conflictos de la dinámica de su equipo.»[5]

El film ganó el premio a la mejor película de su categoría, lo que impulsó a la escuela a desarrollar el programa para cursos posteriores. Shepard no era cineasta profesional. Tenía cierta experiencia en producción cinematográfica digital y quiso compartirla con la escuela de su hija. Su caso demuestra que no hay que ser experto en un campo para tener algo útil que ofrecer. Muchos centros tienen poco personal y una dependencia excesiva de las normativas oficiales y tu apoyo bien podría parecerles una bendición.

Aunque creas que no tienes nada especial que ofrecer, brindar el tiempo del que dispones puede ser de gran utilidad. Ayudar a recaudar fondos, organizar actos, repartir folletos o montar una obra de teatro mejora la calidad general de la experiencia escolar para el alumnado y resto de los miembros de la comunidad educativa. Jo Ashline es profesora de educación infantil y conoce las inestimables funciones que los padres pueden desempeñar para dinamizar el entorno escolar. Aunque el profesorado y el personal de administración tienen la responsabilidad de brindar programas académicos y apoyo profesional, observó, la escuela «es mucho más que un lugar donde se reparten y califican ejercicios». Construir una comunidad unida de voluntarios que dedican su tiempo y recursos a sentar una sólida base de apoyo deja huella tanto en el personal como en el alumnado. «Planificar actos, organizar recaudaciones de fondos, donar tiempo y energía para limpiar y embellecer las instalaciones y recurrir a contactos profesionales y personales en beneficio del centro requiere un equipo serio de trabajo. La escuela de tu hijo es la aldea y tú, amigo mío, eres un aldeano, así que pon manos a la obra.»[6]

Antes he mencionado el estudio de la Universidad de Chicago sobre el impacto de los padres en el rendimiento escolar del alumnado. El estudio también observó que la colaboración entre las escuelas y las familias era un factor importante en el mejoramiento general de los centros educativos. Cuando estos construyen relaciones sólidas con las familias y escuchan sus ideas y preocupaciones con una actitud positiva, tienden a crear mejores entornos de aprendizaje para todos.

Tener unos lazos fuertes con los padres y la comunidad es uno de los cinco pilares fundamentales para el éxito y transformación de las escuelas. Los otros son un liderato escolar firme, la calidad del profesorado y del resto del personal, un entorno de aprendizaje centrado en el alumnado y un buen acoplamiento entre los objetivos y valores de la escuela y el plan de estudios. Los padres y las organizaciones de la comunidad son importantes propulsores de

mejoras en las instalaciones y dotación de personal e influyen posi-
tivamente en la forma y contenido del plan de estudios y en la
provisión de actividades extraescolares. La experiencia demuestra
que, cuando las familias y las comunidades ejercen suficiente presión, hay más probabilidades de que los distritos escolares realicen
cambios positivos en la política, las prácticas y los recursos.

Eric Schaps propone un sencillo cuestionario anual que los
colegios podrían pasar al alumnado para determinar si están creando un verdadero espíritu de comunidad. Aunque es probable que
un cuestionario de este tipo sea un instrumento útil para los padres
en la valoración de una escuela, puedes hacerlo por tu cuenta pre-
guntando a otros padres y a los propios alumnos. Es importante
identificar si reina un ambiente familiar en las clases, si los alumnos
se ayudan unos a otros a aprender, si el profesorado es sensible a
sus preocupaciones, y si la escuela está dispuesta a cambiar reglas
que a los estudiantes les parecen injustas.

DIRECCIÓN DE LA ESCUELA

Otra manera de mejorar la calidad de la educación de tus hijos es
influir en la gestión de la escuela. En Estados Unidos, la vía más
eficaz suele ser a través de la asociación de madres, padres y profesores (PTA, del inglés Parent-Teacher Association). Las PTA se
reúnen con regularidad, proporcionan una línea de comunicación
directa con la administración de la escuela y brindan a los progenitores la oportunidad de expresar sus preocupaciones, enterarse
con antelación de propuestas de cambios e influir en la aprobación
y aplicación de estos. Las PTA también suelen tener una presencia
importante en lo que atañe a recaudar fondos, reconocer el buen
hacer del profesorado y apoyar programas extraescolares.

La Asociación Nacional de Madres, Padres y Profesores es la organización más grande y antigua de Estados Unidos consagrada a la mejora de los centros educativos. La integran millones de familias, profesionales de la educación y miembros de la comunidad. La asociación ha establecido seis pautas nacionales para la colaboración entre familias y escuelas.

- *Acoger a todas las familias:* dejar claro a madres y padres que pertenecen a la comunidad escolar, que la escuela respeta e integra a grupos diversos, y que ofrece actos y programas para que participe la mayor variedad y cantidad de progenitores.

- *Comunicarse de manera eficaz:* mantener informadas a las familias de todas las cuestiones importantes que conciernen a la escuela y por vías que tienen en cuenta las barreras lingüísticas e invitan al diálogo.

- *Contribuir al éxito de los alumnos:* comunicar a las familias, y a tiempo, el apoyo que el colegio brinda a sus hijos, y permitirles participar de forma activa en su aprendizaje tanto en el centro como en casa.

- *Defender a todos los estudiantes:* proporcionar a las familias una idea clara del funcionamiento de la escuela y mostrarles cómo pueden actuar como defensoras de sus hijos.

- *Compartir el poder:* contar plenamente con las familias para tomar decisiones sobre cuestiones que conciernen a sus hijos tanto en la escuela como en la comunidad. El objetivo es que todos los centros tengan una asociación de madres y padres de base amplia que brinde a las familias y al personal escolar oportunidades frecuentes para tratar los asuntos que les preocupan, entre ellos y con la dirección de la escuela, el funcionariado público y las personas con responsabilidad local.

- *Colaborar con la comunidad:* conectar la escuela con la comunidad que le rodea. Esto facilita a esta un mayor acceso a los recursos de que dispone la comunidad y la hace partícipe de su éxito.[7]

El presidente de la Asociación Nacional de Madres, Padres y Profesores Otha Thornton arguye que el objetivo de estas pautas es demostrar que la participación de las familias no se limita a ayudar a los niños con los deberes, asistir a reuniones escolares y hablar con el profesorado. También comporta «mediar en los consejos escolares locales y en el gobierno estatal y federal para asegurar que las escuelas tengan los recursos necesarios para impartir una educación de calidad al alumnado».[8]

Esto solo da resultado si la escuela de tu hijo está dispuesta a que te impliques. Sé de profesores, centros e incluso sistemas escolares que no permiten que los padres hagan nada más que vender repostería casera de vez en cuando para recaudar fondos, pero en mi experiencia la mayoría de las escuelas conoce el valor de la implicación de las familias. Para captarlas, necesitan adoptar un papel activo: organizar seminarios, celebrar reuniones con regularidad y cultivar la confianza entre el profesorado, las familias y la comunidad.

Edutopia, una organización sin ánimo de lucro creada por la Fundación Educativa George Lucas, ofrece diez consejos a los educadores para convertir sus escuelas en entornos más acogedores, que los padres también pueden utilizar como guía para sus interacciones con el colegio de sus hijos:

- *Ir donde están los progenitores:* utilizar las redes sociales para mantener informadas a las familias y favorecer la interacción con ellas.

- *Acoger a todo el mundo:* ser conscientes de que muchas familias de la comunidad no son hablantes nativos de inglés y recurrir a la tecnología para comunicarse mejor con ellos.

- *Estar presentes virtualmente:* valerse de internet para ofrecer ventanas virtuales al aula.

- *Teléfonos inteligentes, escuelas inteligentes:* utilizar dispositivos móviles para implicar a las familias, lo que incluye grupos de mensajes de texto y aplicaciones.

- *Aprovechar la difusión mediática:* recurrir a noticias de actualidad (la publicación de un libro o el estreno de una película relacionados con la educación, por ejemplo) como plataforma para crear un foro abierto de discusión sobre actividades escolares y la reforma educativa.

- *Hacer de la lectura un asunto familiar:* utilizar programas como Read Across America, First Book y Experience Corps para fomentar la lectura como actividad familiar.

- *Llevar el diálogo a las casas:* invertir las reuniones entre padres y profesores haciendo que los docentes acudan al hogar de los alumnos.

- *Reuniones de padres y profesores coordinadas por los alumnos:* permitir que los alumnos dirijan estos encuentros presentando una muestra de su trabajo que ponga de manifiesto sus cualidades, dificultades y objetivos.

- *Poner a las familias en movimiento:* organizar actos en la escuela que fomenten el ejercicio y el juego como actividad familiar.

- *Crear asociaciones con los padres:* utilizar diversas herramientas, como organizar un club de lectura para madres y padres o crear trabajos de curso que incluyan entrevistas a las familias, para que los progenitores tomen parte activa en las tareas escolares de sus hijos.[9]

La política educativa

Si quieres influir en la educación a una escala incluso mayor, en Estados Unidos existe la figura del consejo escolar. Sus miembros pertenecen a todos los ámbitos de la vida, suelen estar elegidos por los ciudadanos de a pie y ejercen una influencia considerable en las normativas de todo el distrito escolar. En la mayoría de los distritos, el superintendente responde ante el consejo, el consejo asigna el presupuesto, aprueba el plan de estudios y decide qué recursos se destinan a las escuelas. Es un gran paso comparado con echar una mano en las actividades del colegio y no te lo deberías plantear si no dispones de tiempo y energía para dedicarte de lleno. Si decides dar el paso, podrías tener una gran influencia en la educación de la comunidad de escuelas que supervisa el consejo.[10]

Si no dispones de tiempo para ser miembro del consejo escolar de tu localidad, puedes participar de otras maneras. La mayoría de los consejos celebran reuniones mensuales de puertas abiertas a lo largo del año lectivo. Informan sobre los puntos del orden del día y abren la sala para preguntas y comentarios. Con los años, he hablado con diversos progenitores que nunca se pierden una reunión y creen que asistir les permite influir con sus opiniones en la política escolar de su localidad. Muchos consejos establecen grupos de discusión, y puedes ofrecerte a participar en ellos. También organizan regularmente grupos públicos para asesorar sobre cuestiones relacionadas con la comunidad escolar, y puedes comunicar al consejo que te interesa participar en ellos.

Avanzar para cambiar

El poder para efectuar cambios no se limita a seguir las «vías normales». En ocasiones, esas vías no van en la dirección en la que necesitas avanzar. Algunas comunidades ponen serias trabas a la participación de las familias en las escuelas. La acción colectiva con otros progenitores y educadores puede tener mucha fuerza para impulsar cambios.

Tellin' Stories («contar cuentos») es una iniciativa de Teaching for Change en Washington, D.C. Allyson Criner Brown, directora asociada de la organización, me explicó que comenzó como un proyecto para el alumnado. «Teaching for Change había trabajado en escuelas donde se había producido una gran afluencia de alumnos centroamericanos a barrios de Washington, D.C. que hasta entonces habían sido baluartes afroamericanos. En el plano organizativo, nuestra labor comenzó proporcionando recursos para que los profesores tuvieran información sobre estos nuevos alumnos. ¿Quiénes eran sus familias? ¿De dónde venían?» Teaching for Change había puesto en marcha un proyecto en el que los padres creaban un cuadro de fieltro con un cuento de su cultura para incluirlo en una gran colcha. «Las personas que participaban invitaron a más padres a compartir cuentos y hacer otra colcha. Veían que era una manera de conseguir que las familias afroamericanas y latinas se juntaran y se conocieran mejor.»[11]

La estrategia de Tellin' Stories se basa en tres principios. El primero es que las escuelas y el plan de estudios no son los únicos vehículos de aprendizaje; los padres tienen conocimientos válidos que transmitir a sus hijos y otros miembros de la comunidad escolar. El segundo es que la implicación de las familias es fundamental para crear una escuela de base sólida. El tercero es que, para que todo el mundo tenga voz, es crucial que la comunidad se organice.

«Reconocemos que hay injusticias en nuestra sociedad y están relacionadas con el poder —dijo Criner—. En los colegios también hay diferencias de poder que se vinculan a la raza, la clase, el idioma, etc. Si estamos en el grupo que no tiene poder, ¿cómo lo ganamos? Creemos que organizar a la comunidad brinda el mejor modelo para quienes no tienen poder por el grupo social al que pertencen.»[12]

Teaching for Change trabaja para tener un coordinador de familias en todas las escuelas. Organiza reuniones frecuentes con la dirección del centro, donde el orden del día no solo está fijado por el colegio sino también por los padres. Inaugura cada curso con un desayuno de bienvenida, donde informa a los progenitores de los diversos recursos que tienen a su disposición. Aún más importante, deja claro que estos tienen voz en la comunidad escolar, una voz que se amplifica enormemente cuando colaboran. Es un espíritu impulsado por el proverbio «Si quieres ir rápido, ve solo. Si quieres llegar lejos, ve acompañado».

«A muchos de los padres con los que trabajamos les han disuadido de desafiar a la autoridad, sobre todo solos —dice Criner—. La clave para Teaching for Change reside en empezar construyendo relaciones y un espíritu de comunidad. Hay que crear relaciones con otros padres y abrir un diálogo para saber qué tenemos en común en lo que queremos para nuestros hijos. Se puede luchar solo. Si se quiere apoyo, hay que dedicar tiempo a crear esas relaciones, a escuchar a los demás. Cuando se hace, lo que se oye va más allá de cada uno. Para modelar la escuela como una institución, creemos que tiene que hacerse como comunidad. Podemos mandar a una o dos personas a la central, y con eso es posible que obtengamos una respuesta, pero si nos presentamos con cincuenta o setenta y cinco personas y exigimos una reunión, eso son palabras mayores.»[13]

La escuela de primaria Bruce Monroe tenía un inestimable programa extraescolar que proporcionaba a sus alumnos ayuda con los deberes y un entorno seguro una vez que terminaban las clases. El programa tenía una falta de personal deplorable y una lista de espera de setenta y cinco alumnos. Después de una campaña por correo electrónico y teléfono para exponer la situación, las Escuelas Públicas de D.C. (EPDC) acordaron reunirse con los progenitores. La nutrida asistencia y las apasionadas exposiciones de padres que intervinieron instaron a las EPDC a aumentar la financiación con el fin de crear seis puestos para el programa extraescolar, los suficientes para acabar con la lista de espera. Teaching for Change ha ejercido una influencia similar en muchas otras iniciativas que conciernen a escuelas de Washington, D.C., como pedir más financiación, lidiar con los problemas del encarecimiento de barrios pobres que adquieren popularidad y reclamar financiación necesaria desde hace ya tiempo para centros que necesitan reformas urgentes.

CAMBIAR EL SISTEMA

Las escuelas pueden cambiar. Lo cierto es que tienen que cambiar y lo están haciendo. Enseñar y aprender es una relación entre alumnado, profesorado, contenidos y contextos. Todos estos elementos se están transformando, razón por la cual también debe hacerlo la relación entre ellos. Los padres pueden influir en estas modificaciones por todas las vías que hemos descrito. Como he mencionado en el capítulo 1, puedes impulsar cambios dentro del sistema actual, concretamente en la escuela de tus hijos; puedes hacer presión para que el sistema cambie, o puedes educar a tus hijos al margen del sistema.

MARGEN DE MANIOBRA

Hay más margen para efectuar cambios en el sistema educativo actual del que mucha gente cree. Las escuelas no funcionan como lo hacen por necesidad, sino porque así lo han decidido. No tienen que ser como son; pueden cambiar y muchas lo hacen. Escuelas innovadoras de todo el mundo están rompiendo el molde de las convenciones en beneficio de su alumnado, familias y comunidades. Además de tener buenos profesores, su característica común es la visión de futuro de sus líderes. Todas tienen directivos que están dispuestos a efectuar los cambios que se requieren para favorecer el éxito de todos sus alumnos, al margen de sus circunstancias y talentos personales. Un director o directora creativos con dotes de liderazgo puede convertir una escuela que anda mal en un centro de innovación e integración que beneficie a todos los que pasen por él.

Tomemos el caso de la escuela de primaria Orchard Gardens de Roxbury, Massachusetts. Hace diez años, este centro educativo estaba estancado. En casi todos los aspectos, era uno de los más problemáticos del estado. Había tenido cinco directores en sus primeros siete años. Cada otoño, la mitad del profesorado no regresaba. Sus notas se clasificaban en la franja del 5 por ciento inferior de todas las escuelas de Massachusetts. El alumnado estaba resentido y en pie de guerra, y la violencia era una amenaza constante. No les permitían llevar mochilas a la escuela por temor a que las utilizaran para esconder armas de fuego, y tenían contratado un caro equipo de guardas jurados, que costaba más de 250.000 dólares anuales, para garantizar que no lo hicieran. Recuerda, era una escuela de primaria.

El sexto director, Andrew Bott, llegó en 2010. Le habían dicho que ocupar este cargo en Orchard Gardens acabaría con su carrera. Conocía su reputación como una de las escuelas con peor rendimiento de Massachusetts y reconoce que al verla le pareció una cárcel. Bott tenía una solución radicalmente distinta para sus problemas, lo que sorprendió a muchos observadores. Decidió prescindir de los servicios de los guardas jurados y, en cambio, invertir el dinero en programas de arte.

Orchard Gardens fue una de las ocho escuelas piloto que participaron en un nuevo plan para las Artes y Humanidades creado por el Comité del Presidente Obama (PCAH, del inglés President's Committee on the Arts and Humanities). En los dos años siguientes, Bott sustituyó el 80 por ciento de los docentes y contrató otros con conocimientos en arte: personas que creían en su nueva visión para la escuela. «Fue una inversión mucho mejor —dijo Bott— que gastarnos un cuarto de millón de dólares para que seis personas persigan a unos cuantos alumnos que se portan mal.» Juntos introdujeron eficaces sistemas para apoyar a los alumnos como individuos. Alargaron la jornada escolar y pusieron en marcha un enfoque metodológico basado en datos para medir la mejora de la escuela que abarcaba desde el control de la asistencia hasta las calificaciones. Y se centraron en revitalizar la cultura escolar. Compraron instrumentos de música, invitaron a artistas para que trabajaran con los alumnos y también organizaron talleres creativos para profesores y padres. Las clases de artes renovaron el entusiasmo por aprender de los alumnos, y las paredes y pasillos pronto se llenaron con sus obras, lo que creó un entorno más estimulante y un sentimiento de pertenencia en el alumnado. «Los niños rinden más —explicó Bott— cuando se proyecta y construye una escuela en la que quieren estar. Tener buenos programas de artes y atletismo convierte el colegio en un lugar agradable para estar y es entonces cuando vemos el éxito.»[14]

Orchard Gardens tenía más de ochocientos alumnos, la mayoría con derecho a comer gratis o por un precio reducido. La mitad estudiaba inglés como segunda lengua, y uno de cada cinco participaba en planes personalizados de aprendizaje para necesidades especiales. El problema no residía en el alumnado, afirmó Bott. Necesitaba otro enfoque educativo. Tener un plan de estudios más amplio con mucha representación de las artes interesó a los alumnos y favoreció un mayor rendimiento en todos los ámbitos.

Estudiantes que tenían problemas en el antiguo sistema revivieron y se graduaron con la confianza necesaria para continuar con su formación. Para algunas personas, abandonar la seguridad en favor de los programas de artes parecía una idea descabellada. Bott sabía, y los acontecimientos le dieron la razón, que era una audaz innovación basada en una comprensión cabal de lo que verdaderamente motiva a los alumnos a aprender. La transformación no ha terminado todavía, pero los progresos han sido considerables. Bott ya no dirige el centro, pero la escuela sigue avanzando bajo el liderazgo de su actual directora, Megan Webb.[15]

La transformación de Orchard Gardens no dependió de la aprobación de ninguna nueva ley. Solo hizo falta un líder que, más allá de las costumbres convencionales, supo ver las posibilidades para educar de otra manera. El caso de Orchard Gardens (y de otras como ella)[16] ilustra una verdad fundamental en educación. El problema no suele ser el alumnado, sino el sistema. Si cambias el sistema en la dirección correcta, muchos de los problemas de mala conducta, poca motivación y falta de participación tienden a desaparecer. Puede ser el propio sistema el que crea los problemas.

CAMBIAR EL CLIMA GENERAL

Gran parte de lo que ocurre en los centros educativos es fruto de la costumbre más que de la legislación. También es cierto que las le yes ejercen una presión considerable y tienden a reforzar esas costumbres. Los intentos de transformar escuelas concretas, como Orchard Gardens, no son fáciles, entre otras cosas porque las normativas locales y nacionales y las restricciones impuestas a la financiación tienden a obstaculizarlos. La implacable presión de los exámenes normalizados es un ejemplo clave. En vez de mejorar el rendimiento, tiende a disminuir el entusiasmo por aprender —tanto en el alumnado como en el profesorado— del cual depende un rendimiento eficaz. Por eso son tantos los padres y educadores que alzan la voz en contra de esos exámenes y actúan juntos para cambiar el clima de la educación, el cual les perjudica a todos.

En los últimos años, familias de todo el mundo han protestado por el impacto negativo de los exámenes normalizados. Han acabado tan frustrados por la cantidad de exámenes de alto impacto que sus hijos se ven obligados a realizar que han adoptado una forma de desobediencia civil para dejar constancia de su protesta: se negaron a que sus hijos asistieran a las pruebas. Los padres organizadores fueron tan eficaces en Nueva York que en torno al 20 por ciento de los alumnos de tercero de primaria a segundo de secundaria que estudiaban en escuelas públicas optaron por no presentarse a los exámenes normalizados de 2015. La iniciativa restó fiabilidad a los datos de estas pruebas y frustró, por tanto, la razón de su existencia. En Colorado, una campaña provocó que la mayor parte de los distritos grandes del estado no alcanzaran el índice de participación del 95 por ciento requerido por la ley «Que ningún niño se quede atrás», lo que transmitió otro convincente mensaje sobre el descontento de las familias con la dependencia y riesgos vinculados a los exámenes normalizados.[17]

Si quieres participar a una escala aún mayor, puedes colaborar con un grupo de defensa de ámbito local o incluso nacional. Estos grupos aceptan con gusto la participación de los padres en su lucha por reformar la educación desde perspectivas diversas. Por ejemplo, dos blogueras que escriben sobre educación pusieron en marcha Parents Across America, y la han convertido en una organización nacional que aboga por la reforma de las escuelas públicas, la diversidad, y una financiación equitativa, y contra la privatización y los exámenes de alto impacto.[18] Como su nombre indica, está constituida por padres y madres de todo Estados Unidos.

El Centro para la Reforma de la Educación tiene otras prioridades, centradas en las escuelas concertadas y la posibilidad de elegir centro, pero dispone de una serie de recursos y ofrece vías para que los padres participen.[19] Parent Revolution es un grupo de California que hizo presión para que el estado aprobara la controvertida ley «Derecho de acción de los padres», que permite a estos impulsar cambios en escuelas con un bajo rendimiento, como cesar al director o convertirlas en centros concertados.[20] Hay muchos otros grupos con posturas que se reparten a lo largo de todo el espectro de la reforma educativa. Se los conoce como *organizaciones en defensa de la reforma educativa*, y una búsqueda de este término en internet arrojará muchos resultados.

Salir del sistema

Como hemos visto en el capítulo 6, un número reducido pero cada vez mayor de familias opta por sacar a sus hijos del sistema educativo. La educación en casa y la educación libre les permiten desarrollar su propia metodología, sin las limitaciones de la normativa oficial. A medida que los recursos en línea aumentan y las redes evolucionan para sustentar estas opciones, es probable que más personas se decidan por esta vía. Así pues, en este y otros aspectos, puedes elegir cómo educar a tus hijos. Tomar una vía alternativa no es fácil, pero aquí, como en todas partes, conocimiento más colaboración es poder.

A LAS DURAS Y A LAS MADURAS

En este capítulo hemos tratado las diversas maneras en las que puedes influir en el carácter general de la educación de tus hijos, en su escuela en particular y en el sistema educativo en su conjunto, si optas por esa vía de participación. Tomes el rumbo que tomes, no hay dos niños iguales y un colegio o profesor que es conveniente para uno puede no serlo para otro. El camino de la educación, como todo lo demás en la vida, rara vez es llano. Siempre hay cuestiones que atender y problemas que abordar. En las mejores circunstancias, tus hijos pueden meterse en líos o recibir un trato que a ti te preocupa. ¿Qué hacer en esos casos, y qué opciones tienes?

9

Encarar el problema

En una situación ideal, tus relaciones con la escuela serían fructíferas y tendrías la sensación de que todos obran siempre en beneficio de tu hijo. Para ser realistas, pueden surgir asuntos más preocupantes, que quieras abordar con el colegio o el distrito. Estás en tu derecho de hacerlo. Debes sentir que puedes interpelar al centro sobre el desempeño de sus funciones y buscar soluciones si crees que no cumple su cometido.

En este capítulo vamos a evitar algunos de los problemas que surgen en la escuela. Si tú y tu hijo estáis lidiando con problemas como trastornos alimentarios, adicciones o conductas autolesivas, hay muchos recursos excelentes a tu disposición y te recomiendo que busques ayuda. Necesitarás la clase de asesoramiento individualizado que sencillamente no es posible en este libro. Aquí me centraré en preocupaciones más generales.

Las dificultades que surgen en los centros educativos varían en gravedad, y su manera de abordarlos debe ser proporcionada. Podrían tener relativamente poca importancia, como una nota que tu hijo no entiende o un docente con cuya metodología no se aviene; o pueden ser de mayor envergadura, como problemas de disciplina, enfrentamientos con el profesor, o un diagnóstico de complicaciones de aprendizaje o conducta con el que discrepas.

Cuando surgen problemas como estos, es muy probable que

quieras intervenir. Muchas personas no tienen claro cómo hacerlo de manera eficaz. Quieren poner remedio a la situación de su hijo y evitar, al mismo tiempo, ser «padres problema». Como en política internacional, las respuestas que guardan justa proporción con el conflicto suelen ser las mejores. Tu forma de enfocar que no hayan dado a tu hijo el papel principal en la función escolar, si es que decides intervenir, puede ser distinta de cómo abordarías que lo acusaran de intimidar a otros alumnos.

Las escuelas no siempre pueden amoldarse a todas las peticiones de los padres, y tampoco deben; no todas son razonables o ni siquiera buenas. La página web Reddit preguntó al profesorado por las quejas de padres «más absurdas y triviales» con las que habían tenido que lidiar. Estas son solo algunas:

- Tuvimos una madre que estaba enfadada porque no dejábamos que su hijo fuera al curso que él quería. Hacía segundo, pero durante los dos primeros meses más o menos fue a párvulos todos los días porque los juguetes le gustaban más. Cuando estaba en la clase, se burlaba de los alumnos más pequeños y les pegaba si hacían «el tonto». Cuando le explicamos lo que ocurría y le dijimos que necesitábamos que apoyara la transición, la madre pensó que simplemente no queríamos que su hijo fuera feliz en la escuela. Al final, conseguimos que el niño fuera al curso que le correspondía, pero su conducta conflictiva continuó, y también las ideas de la madre de que solo nos estábamos metiendo con él.

- Una madre me preguntó de dónde eran nuestros limpiadores porque no sabía si podía confiar en que no robaran a su hija. Le expliqué que no utilizábamos una empresa y que la escuela contrataba directamente a todos los limpiadores. «No —me aclaró—, ¿de qué país?» La invité de inmediato a salir de mi despacho.

- En nuestro registro de buena conducta, si los alumnos no están por debajo de un determinado nivel de buen comportamiento, les damos una piruleta todos los viernes. A uno no se la dimos porque escupió a un compañero, entre otras cosas. Los padres irrumpieron en la escuela hechos una furia, gritando y exigiendo una piruleta para su hijo.

- Un padre se olvidó de prepararle la comida a su hija. Llamó a la escuela para decirme que tenía que salir de clase y atravesar la calle para comprarle un bocadillo al niño.

- Un padre casi me agredió físicamente por poner un suficiente en lectura a su hijo.

- Puntué los deberes de un alumno con un insuficiente. El padre me llamó para quejarse de que le tenía manía. Estaba de acuerdo en que casi todas las respuestas de su hijo eran incorrectas, pero decía que «no debería haber sido tan duro con él».

- Una madre se quejó porque puse en clase un CD de música clásica de flauta persa. La asignatura era Lenguas y Culturas del Mundo y yo ponía un CD de una parte del mundo todos los días. La madre opinaba que estaba apoyando el terrorismo y solo debería «enseñar cosas de Estados Unidos».

- Una madre de un alumno de quinto pensaba que yo no exigía lo suficiente a su hijo. Aumenté el nivel de trabajo y dificultad a un grado que me parecía que él podía asumir. Cuando sus notas bajaron solo un poco, la mujer se quejó de que estaba siendo demasiado dura con su hijo. Ay, Dios.

- Un padre se quejó de que hablaba demasiado francés en clase, lo que sería una preocupación justificada si no se tratara de una clase de francés de secundaria.

- Una madre quería que pusieran a su hijo con otro profesor de secundaria. Afirmaba que mi «voz fuerte y ronca» lo intimidaba y que por eso no podía prestar atención mientras leíamos pasajes de literatura. Él era un jugador de fútbol de casi metro noventa. Yo mido metro setenta y soy soprano.

- Me acuerdo de una vez que la madre de uno de mis alumnos llamó para decirme que había decidido educar a su hijo en casa. Quería saber a qué hora llevaría el material a SU CASA todos los días y cuándo pasaría a recogerlo para corregirlo.

Tu queja puede estar plenamente justificada, pero antes de actuar, intenta ponerte en la piel de la escuela además de en la tuya. Los profesores tratan con muchos alumnos y familias. Recuerda también que tu hijo puede no actuar igual en el colegio que en casa y que es muy posible que se haya portado de esa manera que a ti te parecía inconcebible, y que sobreprotegerlo cualesquiera que sean las circunstancias no es siempre el mejor camino. Tu papel no es conseguir que la escuela acate todas tus peticiones. Aun así, no hay nadie como tú para defender a tu hijo y deberías hacer oír su voz.

EXPECTATIVAS RAZONABLES

Si tus preocupaciones son justificadas, ¿cómo debes esperar que responda la escuela? Como mínimo, con consideración y respeto. He conocido a padres, sobre todo algunos cuya primera lengua no es el inglés, que me han dicho que el colegio les transmitía el mensaje de que no deberían entrometerse en absoluto y los trataba de idiotas cuando intervenían. Esto nunca está bien. Aquí tienes algunas pautas para abordar problemas generales con sentido de la proporción.

- Debes contar con que en la escuela estarán dispuestos a escuchar tus preocupaciones y ofrecerte una explicación razonable en el caso de que no puedan satisfacer tu petición. Debes contar también con que estarán accesibles en algún momento durante cualquier día lectivo y dispondrán de tiempo justo antes o después de las clases para reunirse contigo. La escuela debe estar predispuesta a hablar de todo lo que afecte a la educación o socialización de tu hijo. Por ejemplo, si sabes que le cuesta escribir, puedes pedirles que le brinden más ayuda o que su profesor le preste atención individualizada. Si tiene verdaderos problemas con un determinado grupo de niños, es razonable pedirles que busquen maneras de resolverlos.

- La escuela debe facilitarte un foro donde expresar tus preocupaciones sobre el plan de estudios, la normativa escolar, la oferta de actividades extraescolares, etc. Los centros educativos suelen tener reuniones periódicas de su asociación de madres, padres y profesores en las que se pueden expresar tales preocupaciones. Si el centro educativo de tus hijos no celebra estas reuniones, estaría bien solicitar hablar de este asunto con alguien que pueda ponerlas en marcha.

- Los profesores deben estar dispuestos a hablar de todas las formas de evaluación contigo y, cuando corresponda, con tu hijo. Esto es distinto, por cierto, de negociar para que le suban la nota. Si crees que una calificación es injusta, es razonable pedir información sobre las evaluaciones utilizadas para ponerla. Si los datos los respaldan, «sigo pensando que se merece un sobresaliente» no es un buen argumento.

Si tu hijo se queja habitualmente de su profesor, parece ir apurado en clase, se aburre o piensa que le exigen poco, es importante que te hagas una idea más clara de la razón. Tal vez esté pasando por algo que solo guarda una relación tangencial con la escuela, en cuyo caso tendrás que abordar el asunto de otras maneras. También podría estar quejándose del colegio porque es lo que hacen sus amigos. No obstante, si expresa un problema, o si tú lo percibes o te has enterado por otros padres, es probable que el asunto requiera tu atención. Antes de hacer nada, el primer paso es tener una conversación sincera con tu hijo para conocer su opinión.

Si te parece justificado, el siguiente paso es hablar con su profesor. Es razonable que lo hagas porque tú sabes más de tu hijo que cualquier otra persona. Por otra parte, debes respetar el papel del profesorado, quienes se ocupan de muchos niños, no solo del tuyo, y lidian además con otras presiones de toda clase. Debes ser firme en tu postura, pero tener buena disposición para escuchar la versión del docente, pues es más probable que así lleguéis a una resolución positiva que si te enfadas o te pones exigente o intransigente.

Si este paso no da resultado, o si, por alguna razón, piensas que no puedes acudir al profesor de tu hijo, es el momento de hablar con la dirección. Para que esta reunión sea provechosa, lo mejor es tener presente la perspectiva del responsable del centro. Si el profesor de tu hijo parece no dar abasto con sus grupos de alumnos, imagina ser el responsable de toda la escuela. Esa es la función del director, además de tratar con la administración educativa, la comisión de educación y muchos otros agentes y partes interesadas.

Michelle Crouch es una periodista premiada especializada en educación y problemas de salud. Entrevistó a directores y exdirectores de todo Estados Unidos y escribió un artículo titulado «22 cosas que el director de tu hijo no te dirá».[1] Aquí tienes varias que pueden resultarte útiles:

- «Si quieres hablarme de un problema, pide una cita conmigo por la mañana, cuando estoy descansado. Por la tarde, puedo acabar bastante hecho polvo.»
- «Tienes razón, esa profesora es pésima. De hecho, estoy haciendo trámites para despedirla. Pero, legalmente, no te puedo decir eso, así que por eso estoy aquí callado mientras tú te quejas.»
- «¿Lo que más me molesta? Los padres que vienen a quejarse antes de hablar con el profesor.»
- «Los niños son fáciles. Los difíciles son los padres. Siempre están intentando resolver los problemas de sus hijos en su lugar.»

Esto no significa que los directores tengan pavor a reunirse con los padres: por el contrario, la mayoría de los que conozco están volcados en asegurar el éxito de sus escuelas y el bienestar de sus alumnos y sus familias. Saben que atender las preocupaciones de los padres es fundamental para desempeñar bien su cometido. Tú solo debes asegurarte de que la situación reviste la suficiente gravedad antes de dar el paso.

En la reunión, explícate con claridad. Expón al director cuál es el problema desde tu punto de vista, qué pruebas hay y qué solución querrías. Refiérele cualquier conversación que hayas tenido con el profesor de tu hijo y ten preparados buenos argumentos. Esto es de especial importancia si se trata de un asunto delicado, como cambiar a tu hijo de clase o pedir a la escuela que le brinde ayuda especial.

Si hablar con el director no te ayuda, puedes hacerlo con la asociación de madres, padres y profesores. Ya hemos descrito sus funciones, de manera que no voy a repetirlas aquí, pero los miembros de su junta suelen tener una buena relación de trabajo con la administración de la escuela y un alto grado de confianza. Si puedes exponerles tu caso de manera convincente, es posible que sean más eficaces en interceder por tu hijo y por ti.

Si nada de esto da resultado y sigues pensando que la escuela se equivoca, y es una posibilidad, en Estados Unidos puedes dirigirte al superintendente o al consejo escolar local. En ese caso, te recomiendo que hagas un primer acercamiento por escrito adjuntando toda la información que puedas aportar. De ese modo, el gobernador escolar tendrá tiempo para conocer tu situación antes de que os veáis en persona, lo cual será de especial importancia si sucede durante una de las sesiones públicas que se celebran periódicamente.

Por último, podrías pedir ayuda a grupos de defensa externos. Por ejemplo, si crees que tu hijo necesita atención especial debido a un trastorno y la escuela es reacia a proporcionártela, es probable que haya organizaciones locales o regionales que ejerzan cierta presión. La opción más radical es contratar un abogado. Solo deberías tomar ese rumbo como último recurso y ser plenamente consciente de las posibles consecuencias.

Examinemos tres áreas más específicas que suelen preocupar a los padres y las mejores maneras de abordarlas con la escuela: estrés, acoso escolar y medicación.

ESTRÉS

Recordarás que el porcentaje de padres que creen que sus hijos están estresados es muy inferior al porcentaje de niños que sienten que lo están. Como hemos visto, para los padres no siempre es fácil darse cuenta. ¿Cómo puede ayudar el colegio?

Momentous School es una escuela laboratorio de Dallas, Texas.

Acoge a alumnos de entre tres y diez años y, además de impartir el plan de estudios, pone un énfasis especial en su salud social y emocional. Michelle Kinder es directora ejecutiva de Momentous Institute, del cual el centro forma parte. Su plan de estudios, dice, «queda reforzado por la profunda implicación de los padres, pues los alumnos progresan cuando pueden ser reconocidos y elogiados tanto en la escuela como en casa». Como característica destacada, se enseña a los alumnos, ya desde los tres años, a entender y dominar sus sentimientos aprendiendo cómo funciona su cerebro. El instituto les explica que «su amígdala controla sus emociones, que su corteza prefrontal les induce a tomar buenas decisiones y que su hipocampo les ayuda a recordar. Los alumnos aprenden la biología básica de sus emociones para tener una mayor sensación de control en su gestión. Una vez que entienden lo que sucede biológicamente, cuando se disgustan (secuestro de la amígdala), pueden utilizar estrategias de respiración y concentración para autorregularse».[2]

Una de las estrategias preferidas de la escuela es utilizar una bola de purpurina como modelo del cerebro. «Cuando la bola se agita, la purpurina se arremolina y enturbia el agua, lo que es una metáfora de los momentos en los que el cerebro está inundado de emociones y es imposible ver con claridad y tomar buenas decisiones.» Cuando los niños se toman tiempo para respirar y centrar la atención en la purpurina, esta se posa y ellos «pueden ver con claridad y acceder a la corteza prefrontal para tomar buenas decisiones. [Los profesores] se cuidan siempre de reconocer que la purpurina, o problema, sigue ahí. Pero, cuando está posada, los alumnos tienen el control y pueden ver el camino que les llevará a una solución». La premisa fundamental del programa es que «si aprenden a conocer su cerebro, autorregularse y entender a los demás, los niños desarrollan todo su potencial».[3] La escuela reconoce que el motor de nuestra vida son los sentimientos, nuestro mundo interior, y que cuando aprendemos a entender y manejar nuestros sentimientos, sobre todo los negativos, desde que somos pequeños, somos más capaces de lidiar con las situaciones o problemas que los originan. Todos los centros educativos deberían seguir su ejemplo.

Si crees que tu hijo sufre un grado de estrés perjudicial debido a la escuela, es importante hablarlo con el centro. Es posible que ya dispongan de programas para abordar este problema y, en caso contrario, tienes derecho a pedirles que te ofrezcan una estrategia. Es poco probable que tu hijo sea el único alumno estresado. El colegio puede tomar ejemplo de otros centros que se están tomando en serio su responsabilidad de poner freno a los crecientes niveles de estrés. Aquí tienes algunos ejemplos más:[4]

- *Yoga:* en el centro secundaria de Smithtown, Nueva York, la asignatura de gimnasia ofrece a los alumnos cuatro opciones de educación física: deportes de equipo e individuales, deportes de aventura, fitness personal y yoga.

- *Amor animal:* los animales de compañía pueden ser una forma muy eficaz de aliviar el estrés, y hoy en día las escuelas de secundaria están cobrando conciencia de los beneficios de la terapia con perros para alumnos saturados de trabajo. En el colegio de secundaria Prospect de Mount Prospect, Illinois, el equipo de psicoterapia cuenta con Junie, una golden retriever de dieciocho meses que actúa como perra terapeuta para reconfortar y calmar a los alumnos.

- *Meditación trascendental:* se ha demostrado que la meditación trascendental, una forma de meditación que conlleva repetir un mantra de quince a veinte minutos diarios con los ojos cerrados, reduce el estrés psicológico de los alumnos, y muchos centros de secundaria actuales ofrecen sesiones.

Escuelas de San Francisco se han beneficiado mucho con la introducción de un programa de tiempo de reflexión/meditación trascendental.

- *Siesta:* para tener más energía y aprender mejor, dormir la siesta suele ser mejor táctica que tomarse una chocolatina o un refresco. Escuelas como el instituto de educación secundaria Lakeside de Georgia ayudan a sus alumnos a tener más energía y estimular su capacidad cognitiva brindándoles horas de estudio de treinta minutos y la opción de echarse un rato.

- *Salas de bienestar:* en la escuela de secundaria del área de Belfast en Maine, una antigua aula de idiomas se ha transformado en una sala de bienestar para el disfrute de toda la comunidad escolar: profesorado, alumnado y personal de administración. Practicantes de medicina alternativa locales ofrecen breves sesiones de masajes, reiki, acupuntura, quiropráctica, etc., para aliviar el estrés.

- *Recreo:* como he explicado en el capítulo 6, algunas escuelas están redescubriendo prodigiosamente la importancia del recreo. Para reconocer el valor de la relajación, las relaciones sociales y el juego, han instaurado descansos de veinte minutos para que sus alumnos tengan más pausas entre clases. En la escuela secundaria de Chanhassen en Minnesota, el alumnado disfruta de estos descansos diarios, así como de noches sin deberes repartidas a lo largo del curso, para ayudarles a sobrellevar la presión de posibles sobrecargas de trabajo.

- *Coloquios sobre autoestima:* los problemas de autoestima e imagen corporal en secundaria pueden aumentar de forma considerable la presión de los estudios y las tensiones sociales. Algunos centros brindan a los alumnos recursos para lidiar con ellos mediante clases y coloquios sobre una autoestima e imagen corporal saludable. En la escuela secundaria del condado de Union, Nueva Jersey, se invita a todas las alumnas a asistir a una jornada llamada Happy, Healthy & Whole: A Conference to Empower Young Women («Felices, sanas y completas: una reunión para empoderar a las mujeres jóvenes»), donde participan en actividades que mejoran la autoestima. En G. W. Graham de Columbia Británica, una iniciativa dirigida por el alumnado invita a las chicas a celebrar la belleza natural y que no lleven productos para el cabello ni maquillaje durante una semana.

- *Instrucción en conciencia plena:* cada vez más escuelas enseñan conciencia plena a sus alumnos a través de la meditación para que estén relajados y centrados durante el día lectivo. Uno de los métodos de este tipo más conocidos es MindUp («Despertando mentes»), un elogiado programa que se centra en el aprendizaje social y emocional.

Fundado por la galardonada actriz Goldie Hawn, MindUp se concibió con un equipo de neurocientíficos y psicólogos cognitivos y se practica con éxito en centenares de escuelas de América del Norte y Europa. Incluye siete estrategias para ayudar a los padres a no perder el contacto con el estado emocional de sus hijos:

- *No ignores las señales de que tus hijos tienen problemas:* un cambio de conducta podría ser una anomalía, pero también un indicio de que les ocurre algo.
- *No trivialices cómo se sienten tus hijos:* en vez de suponer que están atravesando una fase por la que pasan todos los niños (como «los terribles dos años»), observa y asegúrate de que no hay nada específico que está modificando su actitud y conducta.

- *Sé sensible y empático, no reactivo o paternal:* tener una buena comunicación con tus hijos es una de las claves para no perder el contacto con su salud emocional. Si quieres que sean sinceros contigo, debes evitar ponerte a la defensiva cuando te explican cómo se sienten.

- *Invítalos a pasar tiempo contigo:* jugar o simplemente estar juntos puede propiciar una conversación que te dará pistas de los problemas que pueden tener.

- *Si se niegan a hablar contigo, ayúdales a encontrar una situación en la que confíen:* a veces no querrán hablar *contigo*. De ser así, es importante que les apoyes para que lo hagan con alguien.

- *Si tienen verdaderos problemas, consígueles la asistencia que necesitan:* algunos padres no buscan ayuda para sus hijos porque no quieren que la gente piense que son conflictivos. Si es tu caso, tienes que superarlo.

- *Cuida tu propia salud emocional:* tus hijos se dan más cuenta de tu estado emocional de lo que quizá eres consciente. Es importante llevar un control periódico de tu estado emocional.

ACOSO ESCOLAR

Una de las mayores causas de estrés en las escuelas es sufrir intimidaciones. El acoso escolar puede tener consecuencias devastadoras, como depresión y ansiedad, trastornos físicos y bajo rendimiento escolar. Estas consecuencias pueden ser duraderas y seguir afectando a adultos que sufrieron intimidaciones en el colegio. A veces, pueden ser letales.

En 2012, la quinceañera Amanda Todd publicó un vídeo de nueve minutos en YouTube. Utilizó tarjetas para describir cómo la habían coaccionado para hacerse una fotografía en línea con los pechos al aire y cómo eso había ocasionado un escalofriante nivel de acoso cibernético que la obligó a cambiar de domicilio múltiples veces, la convirtió en el blanco de burlas y agresiones en la escuela y la empujó a autolesionarse y consumir sustancias. El vídeo se convirtió en un grito de guerra internacional contra el acoso escolar, con más de diecisiete millones de visualizaciones. Por desgracia, eso no ayudó a Amanda, quien acabó suicidándose.[5]

En torno a la tercera parte de los alumnos estadounidenses dicen haber sufrido alguna clase de acoso escolar. Tu hijo bien podría ser uno de ellos sin que lo sepas. A muchos niños, la experiencia les resulta demasiado dolorosa para hablar de ella, y algunos incluso creen que el acoso es culpa suya y se sienten culpables. ¿Qué señales debes buscar? La página web NoBullying.com ofrece varios recursos útiles para padres, alumnos y personal educativo. Dice que tu hijo podría estar sufriendo acoso si:

- A menudo le desaparecen objetos personales.
- Te pide habitualmente más dinero o con frecuencia «pierde» el dinero de la comida.
- Suele quejarse de que le duele la cabeza o la tripa.
- Evita las actividades extraescolares.
- Va habitualmente a la escuela antes o después de la hora.
- Cada vez más, finge que está enfermo para no ir a clase.[6]

¿Qué es el acoso escolar y qué podéis hacer tú y la escuela para combatirlo?

Hay dos formas principales de acoso: *directa*, la que tiene lugar en presencia de la persona acosada, e *indirecta,* la que ocurre por alguna otra vía, como difundir rumores. Hay cuatro clases principales de acoso: *físico*, *verbal*, *relacional* y *vandalismo*. Las más comunes son el acoso verbal y relacional, y suceden, en su mayor parte, entre sexto de primaria y los primeros cursos de secundaria. El acoso cibernético es menos frecuente de lo que a veces insinúan los medios de comunicación: en torno a uno de cada diez alumnos de sexto de primaria a segundo de bachillerato afirma haberlo sufrido, aunque, en el caso del colectivo LGBT, la cifra aumenta a uno de cada dos alumnos.[7]

Hay un límite a lo que los padres pueden hacer por sí solos para combatir el acoso de sus hijos en la escuela. Si tu hijo sufre intimidaciones, debes informar al colegio de inmediato. Este debe tener una normativa explícita contra el acoso y ser diligente en su cumplimiento. Es probable que haya organizado reuniones con el alumnado y sesiones con los padres para tratar el tema. La mera condena de este comportamiento rara vez basta para pararlo. NoBullying.com propone un útil modelo para una iniciativa contra el acoso en las escuelas. Teniendo en cuenta que los abusones son menos proclives a portarse mal delante de una figura de autoridad, recomienda la presencia evidente de monitores y profesores, quienes están formados para actuar como corresponde, en los lugares de reunión de los estudiantes. Es importante que la cultura escolar condene el acoso con firmeza para que los alumnos sepan cuánto daño hace y empiecen a observar su propia conducta.

La respuesta de la escuela al acoso tiene que ser firme, con expectativas y consecuencias claras. Y debe transmitir su mensaje a la comunidad de padres en un esfuerzo por conseguir que todos los alumnos reciban ese mismo mensaje en todo momento.[8]

¿Qué haces si tu hijo resulta ser el abusón? A lo mejor te parece imposible, pero en torno a una tercera parte de los alumnos ha reconocido haber intimidado a alguien en alguna ocasión.[9] La doctora Mary L. Pulido es directora ejecutiva de la Sociedad de Nueva York para la Prevención de la Crueldad a Niños. Señala que «hay abusones de todo tipo. Son de cualquier grupo étnico, raza, nivel socioeconómico, género y religión. Probablemente, los padres se sorprenderán de saber que su hijo hace sufrir y humilla a otros niños de forma intencionada».[10]

Al saber que tu hijo está acosando a otros compañeros, el primer paso es evitar perder la calma. A continuación, reúne la mayor información posible sobre la situación y las circunstancias, y explícale el daño que ha hecho, ayúdale a ponerse en la piel de la víctima, déjale claro que no tolerarás el acoso, y busca ayuda profesional si la situación no mejora. Pulido también incide en la importancia de dar ejemplo en casa. Los niños a menudo incurren en acoso porque su situación familiar es difícil o porque han visto ejemplos de esta conducta en el propio hogar.[11]

MEDICACIÓN

Por desgracia, muchos niños toman medicación para ir a clase y encarar la vida. Una de las razones es el incremento del diagnóstico de TDAH. El término TDAH (trastorno por déficit de atención con hiperactividad) hace referencia a un espectro de rasgos conductuales asociados a inquietud motora, incapacidad para concentrarse, nerviosismo, impulsividad y facilidad para distraerse. Cada vez son más los niños, y adultos, a los que diagnostican TDAH, y a muchos les prescriben medicación para tratarlo. Hay diversas controversias sobre la naturaleza, estatus y tratamiento de este trastorno que los padres deben conocer. ¿Cuáles son y qué debes hacer si tu hijo recibe este diagnóstico? ¿Cómo puedes saber si es fundado y, de serlo, deberías acceder a un tratamiento farmacológico? De no hacerlo, ¿cuáles son las alternativas?

La hiperactividad es probablemente tan antigua como la propia humanidad. Cuando la investigación médica, y en especial la psicológica, se tornó más sistemática en el siglo xx, se estudió en profundidad y recibió diversos nombres, como *disfunción cerebral mínima* y *discapacidades de aprendizaje/conducta*. El actual concepto de TDAH se basa en la labor del doctor Charles Bradley, un psiquiatra que ejerció en Providence, Rhode Island, en los años treinta del siglo pasado. Descubrió por casualidad que un grupo de niños que trataba por problemas de conducta, entre ellos la hiperactividad, respondía bien a dosis de bencedrina, una anfetamina. En los años siguientes, otros médicos e investigadores comenzaron a relacionar estas conductas con un funcionamiento cerebral anómalo y también observaron que podían mitigarse con un tratamiento farmacológico.

En Estados Unidos, el *Manual diagnóstico y estadístico de los trastornos mentales* (DSM, del inglés *Diagnostic and Statistical Manual of Mental Disorders*), publicado por la Asociación Estadounidense de Psiquiatría, es la guía oficial para los trastornos mentales y conductuales.[12] Según el DSM, el TDAH está relacionado con dieciocho características generales, o síntomas, nueve para la falta de atención y nueve para la hiperactividad/impulsividad:

Síntomas de la falta de atención:
A menudo...
- No presta atención a los detalles o comete errores por no poner cuidado.
- Le cuesta mantener la atención en tareas o en actividades lúdicas.
- Parece que no escucha cuando le hablan directamente.
- No sigue las instrucciones hasta el final y no termina las tareas.
- Le cuesta organizar tareas y actividades.

- Es reacio a ocuparse en tareas que requieren un esfuerzo mental continuado.
- Pierde las cosas necesarias para tareas o actividades.
- Se distrae fácilmente con estímulos externos.
- Es despistado en las actividades cotidianas.

Síntomas de hiperactividad/impulsividad:
A menudo...

- Toquetea cosas, golpetea superficies con las manos y se mueve en el asiento.
- Se levanta en situaciones en las que debe quedarse sentado.
- Corretea o se encarama en situaciones que no debe.
- Es incapaz de jugar o participar en actividades de ocio sin alterarse.
- «No para quieto» y actúa como si «tuviera un motor interno».
- Habla demasiado.
- Responde de sopetón antes de que terminen de hacerle una pregunta.
- Le cuesta esperar su turno.
- Interrumpe o molesta a otros.

Para que le diagnostiquen TDAH, un individuo tiene que manifestar cinco de estos síntomas como mínimo, en cualquier combinación. Los especialistas en este campo afirman que, por regla general, los síntomas varían entre niños y niñas. El trastorno suele diagnosticarse entre los tres y los siete años, y en aproximadamente la tercera parte de los casos perdura en la edad adulta. El diagnóstico se basa en entrevistas con un psiquiatra o pediatra, combinadas con descripciones del comportamiento del niño por parte de los padres, profesores y otras personas.

Debido a estas variaciones, las estimaciones de quién tiene TDAH y quién no lo tiene varían mucho. En Estados Unidos, la Asociación Estadounidense de Psicología calcula que en torno a uno de cada diez niños y uno de cada veinte adultos ha recibido un diagnóstico de TDAH. Las estimaciones de los Centros para el Control y Prevención de Enfermedades (CDC, del inglés Centers for Disease Control and Prevention) duplican estas cifras. En Reino Unido, se estima que entre el 3 y el 7 por ciento de los niños de trece años (unos cuatrocientos mil) padece TDAH. Aunque las estimaciones varían, no cabe duda de que el número de casos referidos tanto en Reino Unido como en Estados Unidos ha aumentado mucho en los últimos diez años.

Hay dos tipos principales de tratamiento del TDAH: terapia farmacológica y terapia cognitiva/conductual. El tratamiento a menudo es una combinación de las dos, y la forma de ambas depende de lo graves que se consideren los síntomas. En Estados Unidos, el TDAH suele tratarse con metilfenidato y feniletilamina.[13]

CONTROVERSIAS

Muchos profesionales de la psiquiatría, pediatría, educación, organizaciones profesionales y familias no tienen ninguna duda de que el TDAH es un verdadero trastorno ni de que los niños y adultos a quienes se les diagnostica respondan bien al tratamiento correcto. Hay casos bien documentados de personas cuyas vidas y las de sus familias han hecho inmanejables algunos de los síntomas del TDAH, y que han hallado un alivio necesario con una terapia farmacológica o conductual. No les cabe duda de que el TDAH es real y les molesta que se insinúe que no lo es. Hay una considerable cantidad de investigaciones y opiniones clínicas que respaldan su punto de vista.

Un estudio reciente sugiere que hay pruebas físicas de este trastorno: que los cerebros en desarrollo de los niños con TDAH difieren poco pero en aspectos importantes de los que no lo tienen.[14] Los encefalogramas mostraban que cinco regiones cerebrales eran más pequeñas en las personas con TDAH y que estas diferencias eran más pronunciadas en los niños con TDAH que en los adultos. El estudio sugiere que dichas diferencias pueden ser temporales y que, cuando los cerebros de los niños con este trastorno maduran, «alcanzan» a los que no lo tienen. Los autores del estudio esperan que su investigación ayude a disipar «malentendidos muy extendidos sobre el TDAH»: por ejemplo, que es un fallo de carácter o de la educación de los padres más que un «trastorno real».[15] La autora principal del estudio es la doctora Martine Hoogman, genetista en la Universidad de Radboud de los Países Bajos. «La investigación demuestra —dijo— que se producen cambios cerebrales, al igual que en otros trastornos psiquiátricos, como la depresión o el trastorno obsesivo-compulsivo, y no hay razón para tratar el TDAH de un modo distinto.»

Otros especialistas y familias no tienen claro que el TDAH exista tal como se promulga; o que, si de verdad existe, los métodos de diagnóstico sean fiables; o que la incidencia sea tan elevada; o que las terapias farmacológicas sean recomendables. Otros aceptan que es un trastorno genuino, pero arguyen que se diagnostican muchos más casos de los que hay en realidad.

El doctor Richard Saul es neurólogo conductual con consulta en la ciudad de Nueva York y miembro de la Academia Estadounidense de Neurología y la Academia Estadounidense de Pediatría. Teniendo en cuenta que, para reunir los requisitos para un diagnóstico de TDAH, un niño solo necesita manifestar cinco de los dieciocho posibles síntomas, pregunta cuántos de nosotros podemos afirmar que no tenemos ni uno solo de ellos: «Todos hemos pasado por momentos así, y en dosis moderadas son una parte normal de la condición humana». Según estos «criterios subjetivos», arguye, toda la población de Estados Unidos podría reunir los requisitos para tener TDAH.[16]

La mayoría de los síntomas podrían deberse a otras causas, sostiene. A lo largo de su carrera profesional, ha hallado más de veinte trastornos que ocasionan algunos de los síntomas del TDAH, cada uno de los cuales requiere un tratamiento distinto. Comprenden trastornos del sueño, problemas de visión y audición, abuso de sustancias (marihuana y alcohol en particular), deficiencia de hierro, alergias (en especial las transmitidas por el aire y la intolerancia al gluten), trastorno bipolar y depresión mayor, trastorno obsesivo-compulsivo y problemas de aprendizaje como la dislexia. Cualquiera que tenga estos trastornos, alega, podría cumplir los criterios para el TDAH, y los estimulantes no son la manera de tratarlos.

A algunos niños pueden diagnosticarles TDAH porque son menores y no tan maduros como sus compañeros de clase.[17] Otro estudio examinó a casi cuatrocientos mil sujetos de entre cuatro y diecisiete años y halló que el porcentaje con un diagnóstico de TDAH variaba de manera significativa según el mes de nacimiento. Los niños nacidos en agosto tenían más probabilidades de que les diagnosticaran TDAH que los nacidos en septiembre; cabe la posibilidad de que su diagnóstico sea erróneo porque su conducta se está comparando con la de sus compañeros de clase, quienes pueden ser incluso un año mayores.

Hay dudas sobre los métodos de diagnóstico. Como el TDAH se considera un trastorno, y no una enfermedad —como la malaria o la poliomielitis, que pueden contraerse y transmitirse—, su dictamen no es fácil ni completamente fiable. Identificar verdaderos casos de TDAH requiere esmero, pericia y tiempo. Sé por mis conversaciones con padres y especialistas en este campo que las valoraciones a menudo se realizan deprisa y bajo presión.

A veces hay razones para poner en duda los motivos de un diagnóstico. Algunos alumnos, padres o escuelas desean que se declare el TDAH porque brinda más tiempo a los alumnos en los exámenes normalizados. Los medicamentos para este trastorno también están muy solicitados en la actualidad como ayuda para estudiar con mayor concentración, tanto si se tienen síntomas de TDAH como si no. Debido a las presiones de los estudios y los exámenes, muchos alumnos utilizan estimulantes solo para mantenerse despiertos y terminar los trabajos, y un diagnóstico de TDAH es una vía legal de obtenerlos.

Legal o no, la venta de medicamentos para tratar el TDAH, en especial de metilfenidato y feniletilamina, se ha disparado en los últimos diez u once años. En Reino Unido, se extienden casi un millón de recetas anuales de estos medicamentos, casi el doble que hace diez años. En Estados Unidos, la venta de fármacos para el TDAH ha aumentado de forma considerable todos los años desde 2010 y se calcula que reportará unos beneficios brutos de 17.500 millones en 2020, lo que los convierte en una de las primeras categorías de psicofármacos del mercado.[18] Las compañías farmacéuticas han invertido mucho dinero en estos medicamentos y ofrecen muchos incentivos a los profesionales de la medicina para que los recomienden y prescriban.

Richard Scheffler es profesor de salud, economía y administración pública en la Universidad de California, Berkeley, y coautor de *The ADHD Explosion*. Arguye que el aumento explosivo de la venta de medicamentos para el TDAH forma parte de una tendencia mundial, especialmente en las culturas que confieren mucha importancia a la productividad y el buen rendimiento académico. Las ventas fuera de Estados Unidos, sobre todo en Israel, China y Arabia Saudí, están aumentando a un ritmo dos veces mayor que en Estados Unidos.[19]

Dejando aparte el estatus del TDAH como trastorno y los problemas de diagnóstico, existe preocupación por los efectos secundarios, no divulgados en su mayor parte, de los medicamentos para el TDAH. En algunos pacientes, pueden comprender inhibición del apetito y pérdida de peso, problemas hepáticos, falta de sueño, ansiedad, irritabilidad, depresión e incluso pensamientos suicidas. Con menor frecuencia, pueden producir alucinaciones, paranoia y adicción.

Hay pruebas de que, en niños pequeños, los fármacos para tratar el TDAH pueden inhibir el desarrollo puberal normal. Aún más preocupante es el ritmo al que están prescribiéndose en bebés. En 2016, un informe de los CDC puso en evidencia que los profesionales de la salud habían diagnosticado TDAH a por lo menos diez mil niños de dos o tres años, y después les habían prescrito medicamentos como la feniletilamina sin atenerse a las pautas de la Academia Estadounidense de Pediatría.

El doctor Ed Tronick es profesor de neurociencia y ciencia del desarrollo en la Universidad de Massachusetts en Boston. «Creo que es sencillamente imposible hacer nada parecido a un diagnóstico de estos tipos de trastornos en niños de esa edad —afirmó—. Hay un margen muy estrecho de cómo cree la gente que debería ser un niño típico. Cualquier desviación de la norma la lleva a realizar intervenciones como estas. Me parece una verdadera locura.»[20]

Bruce D. Perry es el fundador de la Academia para el Trauma Infantil de Houston y una autoridad reconocida en trastornos de conducta. Le preocupa que pongan a los niños la etiqueta de TDAH cuando tienen una variedad de problemas fisiológicos distintos. También es cauto con el uso de medicamentos cuyos efectos no se conocen del todo. Arguye que los tratamientos conductuales y de otro tipo —terapias somáticas como el yoga y actividades motoras como la percusión— pueden ser tan o más eficaces a la larga y no tienen ninguno de los efectos adversos de los fármacos. También es importante, observa, orientar y apoyar a los padres y profesores, quienes pueden estar exacerbando los problemas de conducta del niño sin darse cuenta. «Se puede enseñar a los adultos a autorregularse —dijo—, a ser realistas con lo que exigen a los niños, a brindarles oportunidades que ellos pueden asumir, y acompañarles en el proceso de ayudar a niños que tienen dificultades [...] Si se pueden combinar esas cosas —mejorar la conducta de los adultos, brindar a los niños metas alcanzables, brindarles oportunidades para autorregularse—, se minimizará un enorme porcentaje de los problemas que se han etiquetado como TDAH.»[21]

En abril de 2014, siete destacados miembros del Centro para el TDAH y los Trastornos del Neurodesarrollo a lo Largo de la Vida (CANDAL, del inglés Centre for ADHD and Neurodevelopmental Disorders Across the Lifetime) de la Universidad de Nottingham, en Inglaterra, publicaron una carta en la que rechazaban las opiniones del doctor Perry y argüían, en cambio, que las investigaciones no demuestran que las intervenciones conductuales sean tan eficaces para tratar el TDAH y que las pruebas de su eficacia en el tratamiento del trastorno «se han exagerado [...] Los niños con TDAH y sus familias [...] merecen una mayor concienciación sobre la naturaleza compleja y multifactorial de este trastorno incapacitante y acceso a mejores tratamientos, no titulares sensacionalistas y difamatorios que insinúan que estos niños y jóvenes no tienen un verdadero trastorno».[22]

¿Qué deberías hacer?

A la luz de estas diversas cuestiones y controversias, ¿qué debes hacer si existe la sospecha de que tu hijo tiene TDAH o ya hay un diagnóstico confirmado? A continuación, te hago algunas sugerencias.

- *Mira al individuo:* aunque tengas la certeza de que el TDAH es un verdadero trastorno, recuerda que no todas las personas que manifiestan algunos de los síntomas son verdaderos casos. Mira a tu hijo como el individuo que es, no como una tendencia. Unos niños son más extravertidos y bulliciosos que otros por naturaleza; unos tienen mucha energía física, mientras que otros son más tranquilos e introspectivos por carácter. En especial a los niños pequeños les encanta corretear y jugar. Procura no tratar la infancia como una patología.
- *Ten en cuenta el contexto:* considera si intervienen otros factores: falta de sueño, estrés, poco ejercicio o solo su edad y etapa de desarrollo. Recuerda que, para muchos niños, la escuela actual es una experiencia muy sedentaria. Si los alumnos tienen que pasarse el día sentados, realizando tediosos ejercicios de poco nivel para exámenes normalizados, no te sorprendas si no paran de moverse en la silla y quieren corretear. Tú también lo harías.
- *Pide una segunda opinión:* si diagnostican TDAH a tu hijo, pide una segunda opinión con toda libertad. El diagnóstico no es una ciencia exacta en este campo; no es como encontrar un virus o un hueso roto. Intervienen muchos factores y no debes vacilar en cuestionarlos si tienes reservas.
- *Explora otras opciones:* antes de aceptar el tratamiento farmacológico, explora otras posibilidades. Si tus hijos hacen

poco ejercicio, haz que se muevan. Si tienen problemas para concentrarse en cosas que les parecen aburridas, motívalos con actividades que les resulten más estimulantes. En el capítulo 4 he descrito varias maneras de mejorar el equilibrio entre el desarrollo físico, emocional, cognitivo y espiritual. Prueba algunas de ellas.

- *Infórmate:* si sospechas que tu hijo tiene TDAH o cualquier otro trastorno mental para el que se recomienda medicación, averigua todo lo posible sobre él antes de acceder, y exige que respondan a tus preguntas como es debido.

- *Recuerda que no todo es malo:* algunos de los síntomas del TDAH pueden ser difíciles de tratar, pero no todos son negativos, destructivos o perjudiciales a largo plazo. Muchas personas no encajaron en el molde cuando iban a la escuela pero han acabado realizándose en la vida, no pese a su carácter poco convencional, sino a menudo gracias a él.

Antes he mencionado que la educación no solo es una preparación para la vida futura. Eso es cierto, pero la vida continúa después de secundaria. ¿Qué rumbo deberían tomar tus hijos entonces, y cómo deberías guiarlos?

10

Pensar en el futuro

Cuando tus hijos entran en la adolescencia, la pregunta sobre qué harán después del instituto (o de estudiar en casa) surgirá continuamente. Unos jóvenes lo saben, posiblemente desde hace tiempo. Ya han descubierto un talento y una pasión (su Elemento), a los que están deseando dedicarse, y los siguientes pasos para hacerlo pueden ser evidentes. Otros todavía no tienen una idea clara y admiten sugerencias. ¿Cómo los guías y según qué criterios? La respuesta no siempre es evidente, y la respuesta evidente bien podría ser la equivocada.

El cuento de siempre

Hoy en día se suele dar por supuesto que los jóvenes estudiarán hasta los dieciocho años en un instituto de educación secundaria. Después, iniciarán la transición para ser independientes y ganarse la vida. Al menos, esa es la teoría. Cada vez más se da por hecho que esta transición conlleva pasar varios años en la universidad. Se trata de una idea más o menos nueva. Hace una o dos generaciones, relativamente pocas personas seguían estudios superiores. La mayoría dejaba de estudiar y se ponía a trabajar, siempre que pudiera encontrar empleo. Una de las razones por las que tantas personas van a la universidad en nuestros tiempos reside en que los gobiernos reconocen que, en un mundo impulsado por la alta tecnología y la información, las economías prósperas necesitan más personas con estudios superiores que antes. Si relees el capítulo 5, verá que yo, y muchos otros, tenemos serias reservas sobre el enfoque que han adoptado los gobiernos. La razón principal por la que animan a sus ciudadanos a ir a la universidad es económica. Los padres pueden tener otras razones de diversa índole. Estas son algunas de las más frecuentes:

- *Estudio y realización personal:* es posible que tu hijo esté interesado en un determinado campo de estudio y quiera dedicarse a este porque le gusta. Podría ser cualquier cosa —matemáticas puras, bellas artes, astronomía, música medieval— y tal vez no tener un nexo evidente con una profesión concreta. Es posible que tu hijo quiera estudiarlo por el valor intrínseco de hacerlo.

- *Desarrollo e independencia:* puedes pensar que la universidad ayudará a tu hijo a conocerse mejor y saber defenderse en un entorno relativamente seguro antes de asumir todas las responsabilidades de la edad adulta. Puedes concebir la universidad como una escuela para señoritas moderna: un período para hacer amistades y explorar intereses y estilos de vida.

- *Requisitos profesionales:* si tu hijo se ha decidido por una determinada profesión, una titulación universitaria puede ser un requisito básico, como aún es en muchas profesiones, como derecho y medicina.

- *Posición social y oportunidades:* para algunos padres, la universidad es una útil plataforma social. Es importante que tu hijo vaya a la universidad correcta: una que ofrezca oportunidades para conectar con círculos sociales que tendrán ventajas personales y profesionales a medio y largo plazo.

- *Ingresos y estabilidad:* al margen de los intereses y talentos de tu hijo, quizá presupones que un título universitario será la mejor garantía para que encuentre un trabajo bien remunerado con estabilidad y prestaciones laborales.

- *Porque sí...:* quizá des por hecho, como hacen muchos jóvenes, que tus hijos deberían ir a la universidad porque es lo que se hace al terminar el instituto. En definitiva, ese es el propósito de tanto examen y presión para sacar buena nota en la media global de las calificaciones de secundaria y el examen de acceso a la universidad. La finalidad de tener buenas notas no es mejorar la vida en los institutos de educación secundaria, sino impresionar a los seleccionadores de las universidades. Si no se va a la universidad, ¿de qué sirve?

Tus razones para aconsejar a tus hijos que hagan estudios superiores pueden ser una combinación de todas las anteriores, o quizá tengas otras dependiendo de tus circunstancias. En ambos casos, merece la pena que te preguntes si las esperanzas que tenéis cifradas en la universidad son fundadas y si esta es la mejor opción para tu hijo.

En el capítulo 5, hemos analizado las cuatro principales funciones de la educación: económica, social, cultural y personal. Es totalmente razonable que esperes que la formación capacite a tu hijo para encontrar trabajo y tener independencia económica. Una titulación universitaria puede ayudar, pero no es la única vía. Estudiar para obtener una titulación académica tradicional en una facultad convencional puede ser lo más idóneo para algunos jóvenes, pero no es la mejor vía ni la única para todos. Y ni siquiera lo es ir a la universidad. Hay opciones igual de ventajosas en programas de

formación técnico-profesional o en ponerse directamente a trabajar con una formación en empresa.

Hay dos factores principales que debes tener presentes. El primero son los talentos, intereses y caracteres de tus hijos y las opciones que más pueden convenirles como individuos. El segundo es
cómo está cambiando el mundo del trabajo y las competencias y
requisitos generales que los jóvenes necesitan hoy en día para
abrirse camino en la vida.

Encontrar su Elemento

Encontrar nuestro Elemento puede ser complicado, tanto que hemos dedicado un libro entero al tema.[1] Ayudar a tus hijos a encontrar el suyo puede ser incluso más difícil. Una manera de relajarte
a este respecto reside en comprender que tu papel no es identificar
las pasiones de tus hijos en su lugar; es crear las condiciones óptimas para que ellos descubran sus talentos e intereses por sí solos.
Katie Hurley está de acuerdo. Es autora de *The Happy Kid Hand-
book: How to Raise Joyful Children in a Stressful World.* Propone
cuatro estrategias para ayudar a tus hijos a dedicarse a lo que les
apasiona.[2]

- *Averigua los intereses únicos de tu hijo.* Evita apuntarlo al
  equipo de fútbol local o a clases de chino porque es lo que
  hacen tus vecinos. En vez de eso, busca indicios (sobre todo
  cuando juega) de intereses serios en actividades concretas.
- *Piensa diferente.* La pasión no está limitada a las canchas
  deportivas y los escenarios teatrales. Puede existir en la cocina, en el taller, en el bosque que hay detrás de tu casa, o en
  muchos otros lugares. Es comprensible que los padres se

preocupen por enriquecer la vida de sus hijos, pero eso no equivale automáticamente a completos programas organizados.

- *Promueve el optimismo.* «Los niños optimistas están más dispuestos a asumir riesgos saludables, a mejorar sus habilidades para resolver problemas y a experimentar relaciones positivas», señala Hurley. Dado que el fracaso es una realidad y tus hijos sufrirán sin duda algunos reveses en la vida, ayúdalos a encarar lo que hacen con optimismo.

- *Evita juzgar.* Cuando emites un juicio negativo sobre el área de interés que tu hijo ha expresado, corres el riesgo de robarle gran parte del placer de dedicarse a él. Aparte de ser único y distinto a cualquier otro niño del mundo, tu hijo también es único para ti. Si pisoteas sus potenciales pasiones o le presionas para que se dedique a una ocupación que no le gusta especialmente, es probable que le crees importantes conflictos internos.

La escritora de éxito Valerie Frankel estaba obsesionada con la ausencia de un interés que definiera a sus hijas adolescentes, hasta que comprendió que esa obsesión le impedía ver sus verdaderos intereses, de los que había claros indicios. En su impaciencia para que sus hijas descubrieran su pasión, comprendió que las había «bombardeado con un millón de opciones pero no había buscado indicios». Al final, dejó de presionarlas, escuchó y observó: «Pasaron semanas; entonces, mientras recogía un montón de papeles de Maggie, me fijé en que había hecho garabatos en todas las hojas. Antes, habría criticado esa costumbre por distraerla en clase. Esa vez, me reservé la opinión y me fijé bien». Vio que los garabatos eran dibujos elaborados y detallados de un perro monstruo que escupía fuego.

«"Fido —dijo Maggie cuando le pregunté—. Mi personaje. Llevo un tiempo trabajando en él." "¿Te gusta dibujar?", pregunté. La llevé a clases de dibujo tan rápido que la cabeza aún le da vueltas. Por increíble que parezca, su interés está creciendo, no disolviéndose. En una exposición reciente de obras de los alumnos, no me cupo duda de que tenía talento además de pasión. Por supuesto, ya la estoy viendo en Pixar con una fabulosa carrera.»[3]

Bueno, tal vez. En cualquier caso, nunca es demasiado pronto (o, como descubrió Valerie Frankel, demasiado tarde) para crear en tu casa las condiciones que ayudarán a tus hijos a sacar lo mejor de sí mismos. Retomemos la definición de *genialidad* de Thomas Armstrong. ¿Cómo ayudas a tus hijos a engendrar su alegría? Como en la canción de Paul Simon sobre cómo dejar a un amante, Armstrong tiene una lista de cincuenta maneras.[4] No podemos enumerarlas todas en este libro, pero aquí tienes algunas sugerencias interesantes:

- Permite que tus hijos cometan errores; si tienen que hacerlo todo perfecto, jamás asumirán los riesgos necesarios para descubrir y desarrollar un talento.
- No los presiones demasiado a aprender; si los mandas a clases especiales todos los días con la esperanza de que desarrollen sus talentos, pueden estresarse o agotarse demasiado para brillar.
- Anímalos, pero no les aprietes. Mantén viva su propia pasión por aprender; tu ejemplo influirá en tus hijos.
- Celebra sus éxitos en familia. Hablad de cosas buenas que han sucedido durante el día para mejorar la confianza personal de tus hijos.
- Concédeles tiempo libre para simplemente fantasear y maravillarse.

- Cuando sean mayores, anímalos a pensar en su futuro de manera positiva y creativa.

- Respalda sus opiniones sin dirigirlos hacia ningún campo específico.

- Anímalos a confiar en sus intuiciones y creer en sus capacidades.

- Media entre los talentos de tus hijos y el mundo que les rodea. Ayúdales a encontrar oportunidades para descubrir y desarrollar sus talentos.

EL MUNDO DEL TRABAJO

El mundo del trabajo está cambiando a toda velocidad y aún cambiará más en los años venideros: también lo harán los desafíos a los que se enfrenten tus hijos. Muchas personas dan por hecho que si sus hijos van a la universidad y se titulan en disciplinas «seguras» como derecho, medicina o contabilidad, tendrán el futuro asegurado. En algunos países, esto aún es cierto. En los llamados países desarrollados como Estados Unidos, no lo es. Este país tiene más abogados per cápita que cualquier otro del mundo, casi cuarenta por cada diez mil ciudadanos, y hay muchos más graduados que no ejercen la abogacía, ya sea porque no quieren o porque no hay suficientes puestos de trabajo para todos. Una de las consecuencias de este exceso de letrados en Estados Unidos es una maraña cada vez más enrevesada de leyes y litigios. Después de todo, estos profesionales tienen que emplear su tiempo en algo.

Antes de continuar, piensa que un título universitario aún es una conocida vía para tener una relativa prosperidad económica. Según un estudio de 2014 realizado por el centro de investigación Pew, la diferencia de ingresos entre los titulados universitarios y los graduados de secundaria es mayor que nunca y ha aumentado en un período de tiempo relativamente corto.[5] Aun así, un título superior ya no es garantía para conseguir un empleo estable o cualquier otro trabajo.

El precio del éxito

Según una estimación, el 45 por ciento de los graduados universitarios recientes trabajó en «empleos no universitarios». Un «empleo universitario» es aquel en el que al menos el 50 por ciento de quienes lo desempeñan han indicado que hace falta una licenciatura o más. Esto respalda el discurso de la Gran Recesión de que hay graduados universitarios trabajando como taxistas y dependientes, pero los autores señalan que esa no es una cifra exacta, ya que un porcentaje de estas personas pasará a ejercer empleos universitarios en los años venideros.[6]

Los otros factores que hay que tener en cuenta son los costes cada vez mayores de la universidad y el aumento de la deuda estudiantil. Estas cifras indican que el guión aceptado de escuela/universidad/estabilidad no es tan prometedor para muchas personas. Por una parte, los costes de cursar estudios superiores en Estados Unidos se han disparado: de una media de 18.574 dólares en 2000 a 38.762 dólares en 2015.[7] Esto es un índice de inflación del 209 por ciento, o 71 puntos porcentuales por encima del índice general de inflación durante el mismo período. Muchas familias no pueden seguir este ritmo, lo que ha ocasionado los mayores niveles de deuda estudiantil hasta la fecha: más de 35.000 dólares por prestatario en 2015.[8] Esta generación de estadounidenses empieza su vida adulta con cargas económicas que la mayoría de sus padres no tuvieron que soportar.

Esta situación —cargar con una deuda considerable mientras se está subempleado en un campo que puede ofrecer posibilidades de promoción pero está muy por debajo de las propias aspiraciones— debes tenerla en cuenta antes de aconsejar a tus hijos que sigan estudiando durante cuatro o más años. Una de las razones para este problema reside en que hemos dado tanta prioridad a la necesidad de que nuestros hijos sean médicos o abogados o se especialicen en administración de empresas que les hemos transmitido, sin darnos cuenta, el mensaje subliminal de que todo lo demás equivale a venderse barato.

¿APTOS PARA EL TRABAJO?

Por otra parte, el problema del desempleo juvenil es cada vez más grave. En algunos países, casi el 50 por ciento de los jóvenes no están empleados o nunca lo han estado. En Estados Unidos, el índice total de desempleo juvenil roza el 10 por ciento. En algunas partes, la cifra casi se duplica. En todo el país, uno de cada siete jóvenes, unos seis millones en total, no trabaja, estudia ni se forma. Estos jóvenes no tienen ningún papel ni peso en la economía. En ocasiones, se los denomina «los desconectados».[9]

Paradójicamente, millones de ofertas de empleo se quedan sin ocupar. Se ha estimado que en 2020 habrá noventa y cinco millones de estos puestos en el mundo.[10] En 2016, había 5,5 millones de puestos de trabajo desocupados en Estados Unidos.[11] Muchos de ellos eran en áreas de mano de obra cualificada, lo cual requiere una formación especializada en empresa pero no una titulación universitaria.

Bob Morrison, de Quadrant Research, sabe por experiencia el grave problema que puede acarrear la insistencia excesiva en que todo el mundo vaya a la universidad, incluso en el sector de la formación técnico-profesional: «Lo veo en mi papel de presidente de un gran distrito escolar regional aquí en Nueva Jersey. Uno de los indicadores de un buen centro de educación secundaria es el porcentaje de alumnos que se matriculan en universidades. Las escuelas se esmeran por convencer a todos sus alumnos para que cursen estudios superiores por el impacto en su clasificación. También hay una tendencia preocupante en los centros de enseñanza técnico-profesional. Hoy en día, la mayoría se están convirtiendo en centros de élite que forman en las disciplinas STEM con un marcado enfoque tecnológico. Muchos han abandonado la rama de la formación técnico-profesional. Necesitamos más alumnos que contemplen otras opciones profesionales aparte de las carreras universitarias, pero también debemos analizar a fondo la transformación que experimentan nuestros centros de formación técnico-profesional. Ahora que todos, incluidos estos centros, están empecinados en "mandar a todo el mundo a la universidad", mi preocupación es que quizá pronto no tengamos la infraestructura para sustentar las opciones no universitarias que tantos alumnos necesitan y quieren».[12]

Una de las consecuencias es la pérdida de cursos prácticos y técnico-profesionales en las escuelas. La ausencia de estos programas y la disminución de los contratos de prácticas y otras posibilidades de formación han contribuido a lo que se ha llamado desajuste de competencias a escala mundial. «Muchos estadounidenses carecen de las competencias que requieren esos puestos de trabajo sin ocupar —señaló Patrick Gillespie, periodista de CNNMoney—. El desajuste de competencias se ha convertido en un problema grave en Estados Unidos.»[13] Hoy en día, alrededor de la tercera parte de las ofertas de trabajo de Estados Unidos requiere alguna clase de formación técnico-profesional no universitaria, pero solo el 12 por ciento de la población activa tiene algún tipo de certificación técnica.[14] Hay excepciones. Una de las más significativas es el creciente éxito de Big Picture Learning.

UNA VISIÓN DE CONJUNTO

Big Picture Learning (BPL) se fundó en Rhode Island en 1995 con el objetivo de convertir a los alumnos en protagonistas de su aprendizaje. Los cofundadores de BPL Dennis Littky y Elliot Washor unieron sus treinta años de experiencia como profesores y directores para demostrar que la educación y las escuelas pueden y deberían ser radicalmente distintas. La primera promoción de Big Picture Learning se graduó en 2000 con un índice de graduación del 96 por ciento. En la actualidad, hay más de sesenta y cinco escuelas Big Picture en Estados Unidos y muchas más en todo el mundo, por ejemplo, en Australia, Países Bajos, Italia y Canadá. Dos de las características distintivas de los centros Big Picture son su énfasis en la educación personalizada y en conectar a los estudiantes de la escuela con el mundo del trabajo. Los alumnos pasan un tiempo considerable en la comunidad supervisados por mentores. Su evaluación no se basa únicamente en exámenes normalizados, sino en exposiciones y demostraciones prácticas, la motivación, «y en las habilidades del siglo XXI, lo que refleja los juicios y valoraciones del mundo real a los que todos nos enfrentamos en nuestra vida cotidiana».[15]

El plan es el siguiente

Big Picture Learning brinda una formación personalizada dividiendo a los alumnos en grupos reducidos de quince, denominados grupos de orientación. Cada grupo está apoyado y dirigido por un orientador, un profesor que trabaja estrechamente con el grupo y forma relaciones personalizadas con cada uno de ellos. Los alumnos permanecen en el mismo grupo de orientación durante cuatro años, y todos trabajan en estrecha colaboración con su orientador para personalizar su aprendizaje identificando sus intereses y averiguando cómo aprenden mejor y qué los motiva. Las familias también participan de forma activa al favorecer la continuidad del aprendizaje del alumnado. Una parte importante de este proceso es el desarrollo de un Plan de Aprendizaje personal.

El Plan de Aprendizaje es una descripción de todo el trabajo y aprendizaje que un alumno debe realizar a lo largo del trimestre. Cada estudiante tiene un Equipo del Plan de Aprendizaje, formado por el propio alumno, los padres, el orientador y el mentor. También puede incluir a otras personas, como un pedagogo, u otro pariente o profesor. El equipo trabaja con el alumno para elaborar el Plan de Aprendizaje, que se revisa y actualiza conforme el estudiante progresa. Cuatro veces a lo largo del curso, los alumnos exponen su trabajo y demuestran lo que han aprendido delante de un jurado.

Hacerlo posible

Como BPL anima a los alumnos a dedicarse a sus intereses y pasiones, no hay dos alumnos con el mismo Plan de Aprendizaje. Este se centra, sobre todo, en el aprendizaje mediante prácticas (LTI, del inglés Learning Through Internship) y proyectos relacionados. Incluye asistir a seminarios, cursos universitarios y clases extraescolares. Los alumnos realizan las prácticas con un mentor adulto en un entorno profesional del campo que han elegido. Cada práctica los pone en contacto con adultos de la comunidad que trabajan en su área de interés. Al establecer una relación de aprendiz/mentor con un adulto que comparte su pasión, el alumno tiene oportunidades prácticas para desarrollar útiles competencias y conocimientos. El orientador ayuda a aprendiz y mentor a desarrollar proyectos y apoya su consecución mediante el desarrollo de competencias en la escuela. El resultado es un aprendizaje centrado en las experiencias del alumno donde este participa activamente en su formación y se siente estimulado a cultivar sus intereses por una comunidad de educadores, profesionales y familiares que lo apoya y conoce como individuo.

Los progenitores cuentan

Los progenitores desempeñan un papel único en las escuelas Big Picture. Toman la decisión de llevar a su hijo a una. Cuando presentan la solicitud, la acompañan de un escrito donde exponen sus razones para querer que su hijo estudie en la escuela, acuden a la entrevista con él para asegurarse de que es adecuada para la familia y firman un contrato con el centro para apoyar el aprendizaje de múltiples maneras. A continuación, asisten a reuniones sobre el Plan de Aprendizaje, exposiciones y actos escolares. Esencialmente, los padres se matriculan en la escuela junto con su hijo. Cuando las familias se apuntan en una escuela Big Picture, convienen en asociarse con ellos, lo que conlleva comprometerse a trabajar juntos en beneficio del alumno. Los compromisos son los siguientes.

Los *padres* convienen en:
- Asistir cada año a las cuatro exposiciones de su hijo.
- Asistir cada año a entre dos y cuatro reuniones sobre el Plan de Aprendizaje de su hijo.
- Asistir al menos a un acto de toda la comunidad escolar (jorna-

da de puertas abiertas, feria de competencias familiares y talentos, etc.), además de a la celebración de cada final de curso.
- Mantener un contacto regular con el orientador de su hijo.
- Supervisar el trabajo en casa todos los días y ayudarle con él.
- Asegurarse de que llega puntual a clase todos los días.
- Proporcionar a la escuela al menos diez horas al año de servicio comunitario (hacer voluntariado durante el día, formar parte del comité que orienta a los padres, acompañar en viajes, etc.).

Los *alumnos* convienen en:
- Llegar puntuales a clase todos los días.
- Hacer su trabajo en la escuela todos los días.
- Hacer su trabajo en casa todos los días.
- Respetar a sus compañeros de clase y profesores.
- Trabajar cada año con un mentor como aprendiz.
- Escribir en su diario tres veces a la semana.
- Desarrollar un Plan de Aprendizaje con su equipo cada trimestre.
- Exponer lo que han aprendido cada trimestre ante un jurado.

La *escuela* conviene en:
- Respetar a todos sus alumnos.
- Esperar mucho de todos sus alumnos.
- Mantener la comunicación con la familia sobre el trabajo del alumno.
- Desarrollar Planes de Aprendizaje personalizados, escribir un mínimo de cuatro informes anuales por alumno y ayudarles en el proceso de elegir universidad/planificar su vida.
- Ayudar a los alumnos a exponer su trabajo en público al menos cuatro veces al año.

Piensa en cuántos más jóvenes podrían optar al mercado de trabajo si las escuelas y universidades colaboraran, con el apoyo de los padres, para ofrecer medios adecuados de formación técnico-profesional. En cambio, lo único que importa es ir a la universidad y obtener un título.

Esto ha llevado a una situación en la que hay demasiados abogados y ejecutivos infelices y poquísimos maestros de obras felices: paradójico, teniendo en cuenta que la superabundancia de abogados y la escasez de maestros de obras implica que en algunos casos este último puede ganar más que el abogado. «Para algunos de mis alumnos, unos estudios superiores de cuatro años son con mucho su mejor opción —escribió la profesora Jillian Gordon en un artículo para *PBS NewsHour*—. Pero ese no es el caso de todos, y tenemos que dejar de pretender que lo es. Una licenciatura no es un papel que dice "¡Has triunfado!", de igual manera que la falta de una no dice "¡Has fracasado!".»[16]

Por suerte, hay otras muy buenas opciones fuera del ámbito académico.

OTRAS OPCIONES

Si tu hijo no va a la universidad, ¿cuáles son las alternativas? Según la Asociación para la Educación Profesional y Técnica, en Estados Unidos, más de nueve mil instituciones de enseñanza postsecundaria ofrecen programas técnicos.[17] Algunos de ellos se encuentran en el centro de estudios postsecundarios local, mientras que a otros se accede a través de centros de formación técnico-profesional, institutos técnicos y centros de desarrollo profesional.[18]

Otra opción son los programas de aprendizaje profesional. La ventaja de esta vía es que, en lugar de pagar para formarse, la persona gana dinero mientras aprende. Mike Taylor no descubrió estos programas hasta después de ir a la universidad y acumular una deuda de 75.000 dólares por préstamos estudiantiles. Cuando terminó sus estudios, se dedicó a diversos trabajos, como servir mesas, que no estaban especialmente bien pagados. Entonces encontró el programa de formación profesional con Plumbers Local 1 en Queens, Nueva York.[19] En la actualidad, gana dinero suficiente para tener casa propia, y cuando haya terminado su programa de formación profesional de cinco años, podrá ganar más de 100.000 dólares anuales, bastante más que muchos graduados universitarios o incluso doctores.[20]

Otros países tienen estudios de formación técnico-profesional más acordes con las necesidades de la población activa que Estados Unidos. En *Escuelas creativas* hablo del extraordinario éxito de Finlandia en reformar su sistema educativo hasta el punto de estar ampliamente reconocido como uno de los mejores del mundo. Hay mucha información sobre las buenas notas de Finlandia en comparación con el resto de los países en matemáticas, ciencias y lenguaje. Lo que no se sabe tanto es que el 45 por ciento de los alumnos finlandeses eligen una rama técnica más que académica en el equivalente de su enseñanza secundaria. «Fue revelador estar en un país donde la formación técnico-profesional gozaba de mucho prestigio, estaba bien financiada y tenía alumnos que podrían haber estudiado medicina de haberlo preferido.»[21] Allí la formación profesional no se percibe como una alternativa de menos nivel. Los alumnos de este sector se tratan con la misma dignidad que los que estudian carreras estrictamente académicas, y las instituciones de formación técnico-profesional se consideran instituciones de aprendizaje respetadas. Debido a ello, los estudiantes tienen otro concepto de sí mismos y otra percepción de la utilidad de la formación técnico-profesional.

Austria tiene un modelo de formación técnico-profesional de especial solidez. Todos los alumnos austríacos estudian en escuelas generales durante los primeros nueve años de su trayectoria académica. Después optan por prepararse para la universidad o estudiar formación profesional. Esto difiere radicalmente del actual modelo de Estados Unidos, donde la mayoría de los centros de secundaria preparan a todos sus alumnos para la universidad, aunque esta no entre ni remotamente en los planes del alumno. El 80 por ciento de los estudiantes austríacos eligen seguir la formación profesional: la mitad de este porcentaje se inscribe en programas de formación profesional cualificada (mientras sigue recibiendo clases académicas uno o dos días a la semana) y la otra mitad estudia a jornada completa para formarme en profesiones como enfermería, banca y contabilidad. Los alumnos de los programas de formación profesional reciben un certificado cuando los completan y siguen teniendo la posibilidad de ir a la universidad después. El índice de desempleo juvenil en Austria es la mitad del de Estados Unidos y la tercera parte de la media de la Unión Europea.[22]

Australia también ha creado un programa de formación técnico-profesional que atrae a más de cuatrocientos mil alumnos extranjeros al continente insular todos los años. Uno de los factores que sustenta la calidad de este sistema de formación australiano es la importancia que concede a la docencia. Todos los profesores de formación técnico-profesional necesitan tener al menos cinco años de experiencia en su industria relacionada y reciclarse de forma periódica. Al tener en cuenta la rapidez con la que cambian los mercados de trabajo, el sistema australiano permite mucha flexibilidad a sus alumnos. Casi el 40 por ciento de los alumnos australianos de entre quince y diecinueve años cursan programas de formación técnico-profesional.[23]

Gabriel Sánchez Zinny es director ejecutivo del Instituto Nacional de Educación Tecnológica (INET) del Ministerio de Educación de Argentina. Se reunió con los creadores de los programas de formación técnico-profesional australianos durante un simposio en Buenos Aires. «Me llamó la atención lo avanzado que era el debate sobre la calidad de la educación y lo orgullosos que están de la formación técnico-profesional quienes participan en el sistema. Tanto el Partido Laborista, de izquierdas, como la Coalición, de derechas, las instituciones públicas, las fundaciones, las empresas privadas, todos consideran que el alumno y la calidad de la enseñanza son piezas centrales del sistema.»[24]

Cualesquiera que sean las destrezas o intereses de tu hijo, es conveniente que te asegures de que conoce la oferta de programas de formación técnico-profesional que su escuela puede brindar. Valorar cómo esta enfoca la enseñanza de destrezas prácticas debe ser un criterio importante en tu decisión de dónde matricularlo.

Espíritu empresarial

Otra alternativa es tomar el camino empresarial. Muchos prósperos empresarios hicieron fortuna y cambiaron la cultura sin tener una titulación universitaria. Sus casos son una excepción, pero hay tantas personas que se ganan la vida blogueando, creando aplicaciones, vendiendo artesanía por internet y comercializando sus servicios y productos que merece la pena considerar si esta es la opción más conveniente para tu hijo. Montar una empresa no es para todos —requiere pasión, resiliencia, visión de futuro, aguante y, por supuesto, un mercado en el que vender—, pero si tu hijo tiene estas características y suficiente estabilidad económica como para sobreponerse a un posible fracaso, la vía empresarial quizá sea la idónea.

Donna M. De Carolis es la decana fundadora de la Escuela de Iniciativa Empresarial Charles D. Close de la Universidad de Drexel. Cree que todos somos emprendedores hasta cierto punto. «Todos nacemos con una capacidad innata para sobrevivir; y la supervivencia conlleva tener ideas innovadoras —escribió en un artículo para *Forbes*—. Cuando tenemos ideas innovadoras y las ponemos en práctica, somos emprendedores.»[25] Es posible que el espíritu emprendedor esté integrado en cada uno de nosotros.

TOMARSE UN TIEMPO

Tal vez la universidad sea la opción ideal para tu hijo, pero no ahora mismo. Muchos alumnos, sobre todo los que son buenos estudiantes, acaban sencillamente agotados después de las tensiones y presiones que han soportado durante la secundaria, y tomarse un par de meses libres durante el verano no es ni por asomo suficiente para que se recuperen. Otros saben que quieren ir a la universidad, pero no tienen claro qué estudiar ni dónde. En estos casos, un año sabático resulta útil.

La finalidad de los años sabáticos no es estar un año de vacaciones. No se trata de dormir hasta mediodía y no quitarse nunca el pijama. En el mejor de los casos, tomarse un año libre brinda a los adolescentes la oportunidad de desarrollarse, entrar en contacto con el mundo que existe más allá de sí mismos y sus escuelas, y alcanzar un grado de madurez que quizá no adquirirían si solo pasaran de un entorno académico a otro. Su utilidad es tan importante que varias de las mejores universidades de Estados Unidos, incluidas Harvard y Princeton, han desarrollado programas para promoverlos. Las investigaciones sugieren que los adolescentes que se toman un año sabático son más educados cuando van a la universidad y sus notas tienden a ser mejores de lo que habrían sido en otro caso.[26]

Gaya Morris se tomó un año sabático porque quería experimentar las disciplinas en las que iba a centrarse antes de estudiarlas en la universidad. Fue a Senegal con un programa denominado Año Ciudadano del Mundo (en inglés, Global Citizen Year) y pasó siete meses en el país; allí trabajó de voluntaria en una escuela de primaria local, asistió a los encuentros de un grupo de alfabetización para mujeres y organizó un club de inglés para alumnos de secundaria. «En mi año sabático, descubrí muchas nuevas pasiones —escribió—. La pasión por la enseñanza primaria en el mundo en vías de desarrollo, por enseñar a niños a leer, por una lengua brusca y rítmica llamada wolof, por picar cebollas en la palma de la mano y lavar la ropa en un cubo, en solo unos dedos de agua turbia, con la piel escociéndome por el jabón y el sol. Terminé este año de descubrimientos y desafíos entusiasmadísima con ir a la universidad: con abrir los libros e incluso Microsoft Word, con conocer gente nueva y tropezarme con más desafíos inesperados, y con dedicarme a pasiones e intereses nuevos y antiguos en un contexto académico.»[27]

Elijah Tucker pasó un año viajando solo por Costa Rica antes de graduarse en el Bard College. En su caso, el objetivo de tomarse un año sabático residía en aprender a vivir de forma independiente. «Quería ir a un lugar donde pudiera perderme. Perderme y sentirme solo, y no hablar el idioma me obligó, por necesidad emocional, a conocerme de verdad. Aprendí a rezar mientras estuve allí. Miré en mi interior y aprendí a ser sincero conmigo mismo de verdad.» Elijah dijo que terminó su año sabático «valorando muchísimo lo que era la universidad. No era la primera vez que tenía libertad e independencia y probaba cosas. Disponer de ese tiempo me ayudó a definir con más precisión y miras de futuro lo que quería estudiar en la universidad».[28]

Addison Voelz iba camino de estudiar en la Universidad de Indiana como la mayoría de sus compañeros de clase e incluso había solicitado residir en el campus. No obstante, cuando pidió que le asignaran una compañera de habitación al azar y acabó emparejada con una amiga de secundaria, comprendió que estaba atrapada en una rutina y necesitaba salir de ella antes de que fuera demasiado tarde. Fue a Nueva York, hizo una visita el Instituto de Moda y Tecnología (FIT, del inglés Fashion Institute of Technology) y sintió una afinidad con este que era nueva para ella. Pasó un año trabajando en la industria de la moda y realizó dos programas de formación profesional en moda. «Sabía que aquel era mi momento de conocer gente nueva y hacer contactos para mi futura carrera profesional, y quedarme en el mismo círculo no iba a proporcionarme nada de eso —dijo—. Pero, desde luego, estaba un poco asustada cuando me mudé a Nueva York y solicité plaza en un centro en el que no estaba segura de que me aceptaran. Empecé a pensar en un plan B, pero lo cierto era que no tenía ninguno.» Por suerte, Addison no necesitó un plan B, pues obtuvo plaza en el FIT, donde se graduó al cabo de tres años.[29]

Como puedes ver en todos estos ejemplos, los alumnos utilizaron su año sabático para adquirir un grado de comprensión y experiencia que no habrían alcanzado de haber ido derechos a la universidad. Si tu hijo está pensando en tomarse un tiempo libre o si crees que podría beneficiarle, siempre es mejor planificarlo como es debido y con un propósito claro. Cada vez más universidades tienen programas de voluntariado para los jóvenes que deciden tomarse un año sabático, con lo que puede ser conveniente que tu hijo solicite plaza en las facultades que le interesan, aunque quiera hacer un paréntesis antes de empezar, y después investigue las posibilidades de voluntariado que cada una ofrece. En países como Estados Unidos también se celebran jornadas sobre este tipo de programas que brindan a los alumnos un amplio abanico de posibilidades.[30]

LA UNIVERSIDAD

Esto no quiere decir que la mejor opción para tu hijo no sea ir directo a la universidad. Muchos jóvenes han tenido mucho éxito en la vida tomando ese camino. Conozco numerosas personas que describen sus experiencias en la facultad como los mejores años de su vida, como el lugar donde se descubrieron a sí mismas y la pasión a la que se dedican desde entonces. Solo digo que no es la única alternativa o ni siquiera la mejor en todos los casos, y que es importante tener en cuenta a tu hijo en particular, pensar seriamente en sus intereses y talentos (así como en otras consideraciones como su grado de madurez e independencia), y decidir si la universidad es el vehículo que mejor lo llevará a su destino.

Hay bibliotecas enteras sobre cómo escoger la universidad idónea, de manera que no necesitas consejo mío a ese respecto. No obstante, es importante reconocer que ahora hay muchas otras maneras de estudiar para obtener un título universitario y titulaciones de grado superior que ir físicamente a una facultad durante cuatro o más años. Sobre todo en la última década han proliferado los cursos y escuelas superiores virtuales, que ofrecen programas de grado superior por mucho menos de lo que cuestan en los centros convencionales, y una flexibilidad considerable en cómo y cuándo estudiarlos. El mundo del aprendizaje virtual es hoy como el Salvaje Oeste, con muchas empresas nuevas que fracasan, falsas promesas y estafadores entre los centros legales que ofrecen cursos excelentes y titulaciones serias. En este terreno, al igual que en todas las transacciones virtuales, necesitas ser prudente y obrar con la debida cautela. Pero las opciones existen y es probable que mejoren conforme se acumula experiencia y los sistemas maduran.

EL CAMINO HACIA EL FUTURO

Uno de los peligros que encierra la educación normalizada es el concepto de que una sola fórmula sirve para todos y la vida es lineal. Lo cierto es que hay muchos caminos que llevan a la realización. La vida de la mayoría de las personas no discurre por los derroteros más habituales. La gente a menudo toma rumbos inesperados, descubre nuevos intereses o aprovecha oportunidades que no había previsto. En lo que respecta a la enseñanza, es importante no limitar el porvenir de tus hijos dando por hecho que la educación que tú tuviste será de manera inevitable la más conveniente para ellos. Quizá das por sentado que algunas asignaturas serán necesariamente más útiles que otras para su futuro profesional. Con este mundo en continuo cambio, eso podría no ser cierto.

Lo mejor que puedes hacer es ayudar a tus hijos a desarrollar sus diversas facetas e identificar los talentos e intereses que más los motivan. De este modo, crearán y vivirán su propia vida igual que has hecho tú. Por mucho que debas cuidarlos, y por mucho que lo intentes, no puedes hacer eso por ellos.

Notas

1. SITUARTE

1. Emma Robinson publicó el poema en su blog *Motherhood for Slackers* y lo compartió en Facebook.

2. Peter Gray, «Welcome to the World of Self-Directed Education», Alternatives to School, en <http://alternativestoschool.com>, consultado el 2 de noviembre de 2016.

3. *Learning Less: Public School Teachers Describe a Narrowing Curriculum*, Grupo de Investigación Farkas Duffett, marzo de 2012, en <http://greatminds.net/maps/documents/reports/cc-learning-less-mar12.pdf>.

4. Para más información sobre este tema, véase el informe *A Review of State and Regional Arts Education Studies*, redactado para Americans for the Arts por las pedagogas Yael Z. Silk y Stacey Mahan, de Silk Strategic Arts LLC, y Robert Morrison, de Quadrant Research, en <http://www.americansforthearts.org/sites/default/files/State_Status_Report_Final.pdf>. Para más detalles, véase también <http://www.quadrantresearch.org/group-list/priorresearch>.

5. Anya Kamenetz, *The Test: Why Our Schools are Obsessed with Standardized Testing-But You Don't Have to Be,* Nueva York, Public Affairs, 2015, p. 5.

6. *Ibid.,* p. 7. Para más información sobre la expansión e impacto de

los exámenes, la normalización y la privatización de la educación pública, véase Diane Ravitch, *Reign of Error: The Hoax of the Privatization Movement y Danger to America's Public Schools*, Nueva York, Vintage Books, 2014.

7. «The Future of Jobs: Employment, Skills and Workforce Strategy for the Fourth Industrial Revolution», Foro Económico Mundial, enero de 2016, en <http://www3.weforum.org/docs/WEF_FOJ_Executive_Summary_Jobs.pdf>, consultado el 20 de octubre de 2017.

8. Steven Peters, «Cities Where the Most (and Least) People Graduate High School», 24/7 Wall Street, 18 de julio de 2016, en <http://247wallst.com/special-report/2016/07/18/cities-where-the-most-and-least-people-graduate-high-school/>, consultado el 30 de octubre de 2017.

9. *Ibid.*

10. «Closing the Achievement Gap: Charter School FAQ», PBS, en <http://www.pbs.org/closingtheachievementgap/faq.htm>, consultado el 3 de septiembre de 2017.

11. «Average Private School Tuition Cost (2016-2017)», *Private School Review*, 7 de septiembre de 2016, en <http://www.privateschool-review.com/tuition-stats/private-school-cost-by-state>. El coste medio anual de estudiar en un instituto privado de secundaria en Vermont asciende a 37.119 dólares.

12. John S. Kiernan, «Private Schools vs. Public Schools—Experts Weigh», WalletHub.com, 30 de julio de 2016, <https://wallethub.com/blog/private-school-vs-public-school/23323>.

13. Christopher A. Lubienski y Sarah Theule Lubienski, *The Public School Advantage: Why Public Schools Outperform Private Schools*, Chicago, University of Chicago Press, 2013.

14. Trato este tema más a fondo en *Out of Our Minds: The Power of Being Creative,* Hoboken, Nueva Jersey, Wiley, 2017.

15. Lily Eskelsen García, entrevista personal, julio de 2017.

16. *Ibid.*

17. John S. Kiernan, *op. cit.*

18. De vez en cuando, volveré a referirme a *Escuelas creativas* para respaldar algo de lo que expongo aquí, lo que significa que no tienes que leer ese libro para seguir el hilo de este. Por supuesto, si también quieres leer *Escuelas creativas*, no se me ocurre mejor manera de pasar una tarde.

2. CONOCER TU PAPEL

1. Phillip Cohen, «Family Diversity Is the New Normal for America's Children», Family Inequality, 4 de septiembre de 2014, en <https://familyinequality.files.wordpress.com/2014/09/family-diversity-new-normal.pdf>.

2. Natalie Angier, «The Changing American Family», *New York Times*, 25 de noviembre de 2013, en <http://www.nytimes.com/2013/11/26/health/families.html?pagewanted=all&mcubz=1>.

3. La población mundial también crecía con rapidez y se duplicó de uno a dos mil millones de habitantes entre 1800 y 1930.

4. Aunque por tradición el apellido del varón es el que pasa a la siguiente generación y, en las familias nobles, las riquezas y títulos también pasan antes a los hijos varones.

5. El premiado documental *La hija de la India* explora la espantosa violación y muerte de la joven de veintitrés años Jyoti Singh. Su asesinato provocó protestas en toda la India, en parte por no ser un hecho aislado. Unas veinticinco mil niñas y mujeres son violadas en la India todos los años, la mayoría por un conocido. Al menos mil mujeres y niñas son asesinadas en los llamados crímenes de honor, habitualmente por miembros de su familia. Pueden ser asesinadas por estar enamoradas de la persona equivocada o incluso, como en el caso de Jyoti Singh, a manos de desconocidos por haber salido de noche con un amigo. Casi tan estremecedor como los crímenes es el supuesto de que están justificados para expiar la vergüenza de la familia.

6. Compassion International, «What Is Poverty?», en <http://www.

compassion.com/poverty/what-is-poverty.htm>, consultado el 3 de septiembre de 2017.

7. Virginia Morell, «Why Do Animals Sometimes Kill Their Babes?», *National Geographic*, 28 de marzo de 2014, en <http://news.nationalgeographic.com/news/2014/03/140328-sloth-bear-zoo-infanticide-chimps-bonobos-animals>.

8. Foggy Mommy, «Do Parents Feel Peer Pressure Too?», 8 de diciembre de 2014, en <http://www.foggymommy.com/parents-face-peer-pressure>.

9. Muchas personas se sorprenden de oír esto y presuponen que el castigo físico es ilegal en las escuelas. No lo es. En 1977, la Corte Suprema dictaminó que azotar o zurrar a los niños continúa siendo legal donde los distritos locales no lo han prohibido. Treinta y un estados han abolido el castigo físico en las escuelas públicas, pero este continúa ejerciéndose de forma generalizada o habitual en al menos nueve estados, en su mayoría sureños.

10. *Storge* no depende de las cualidades personales del niño, aunque, como es natural, estas le influyen cada vez más conforme tu hijo desarrolla su personalidad. *Storge* es inherente a la relación padres-hijos. Cuando tu hijo es pequeño, a veces, tu amor por él puede parecerte unilateral y unidireccional. A medida que cumplís años juntos y vuestras respectivas necesidades y perspectivas cambian, el equilibrio varía.

11. He escrito en otro libro que mi padre se rompió el cuello en un accidente laboral cuando tenía cuarenta y cinco años y se quedó tetrapléjico para el resto de su vida.

12. Foggy Mommy, *op. cit.*

13. Angela Mulholland, «"Super Parent" Pressure Taking Mental Health Toll, Research Shows», CTVNews, 12 de septiembre de 2014, en <http://www.ctvnews.ca/lifestyle/super-parent-pressure-taking-mental-health-toll-research-shows-1.2003955>.

14. Kendra Cherry, «The 4 Styles of Parenting», About.com Health, 12 de octubre de 2014, en <http://psychology.about.com/od/develop mentalpsychology/a/parenting-style.htm>.

15. IU News Room, Universidad de Indiana, «"Helicopter Parents" Stir Up Anxiety, Depression», en <http://newsinfo.iu.edu/web/page/normal/6073.html>, consultado el 27 de septiembre de 2017.

3. Conocer a tu hijo

1. Macrina Cooper-White, «Nature or Nurture? The Long-Running Debate May Finally Be Settled», *Huffington Post*, 29 de mayo de 2015, en <http://www.huffingtonpost.com/2015/05/20/nature-nurture-debate-settled_n_7314120.html>.

2. Alison Gopnik, Andrew N. Meltzoff y Patricia K. Kuhl, *The Scientist in the Crib: What Early Learning Tells Us about the Mind*, Nueva York, HarperPerennial, 2001, p. 1.

3. Harvey Karp y Paula Spencer, *The Happiest Toddler on the Block: How to Eliminate Tantrums and Raise a Patient, Respectful and Cooperative One-to Four-Year-Old*, Nueva York, Bantam Books, 2008. [Hay trad. cast.: *Portarse bien de uno a cuatro años*, Barcelona, Ediciones Medici, 2006.]

4. Priyanka Pulla, «Why Do Humans Grow Up so Slowly? Blame the Brain», *Science*, 25 de agosto de 2014, en <http://www.sciencemag.org/news/2014/08/why-do-humans-grow-so-slowly-blame-brain>.

5. El inconveniente de este proceso más lento de mielinización es que los seres humanos son más vulnerables durante la juventud y adolescencia a trastornos emocionales y psiquiátricos, como la depresión y la esquizofrenia, las cuales también son más frecuentes en los humanos.

6. Ethan Remmel, «The Benefits of a Long Childhood», *American Scientist*, mayo-junio de 2008, en <http://www.americanscientist.org/bookshelf/pub/the-benefits-of-a-long-childhood>.

7. Saul McLeod, «Jean Piaget», *Simply Psychology*, en <http://www.simplypsychology.org/piaget.html#stages>, consultado el 18 de abril de 2016.

8. Otras teorías y modelos abordan distintos aspectos del desarrollo

infantil. Por ejemplo, Erik Erikson argüía que existen cinco etapas, cada una construida en torno a una tensión principal: *confianza frente a desconfianza* (de 0 a 1 año), en la que el niño decide en quién puede confiar para que lo cuide; *autonomía frente a vergüenza y duda* (primera infancia), en la que empieza a tomar decisiones sencillas y adquirir un cierto control de su cuerpo y del entorno; *iniciativa frente a culpa* (etapa preescolar), en la que experimenta y desarrolla su capacidad de dirigir a otras personas y hacerse valer al tiempo que aprende la importancia de colaborar con los demás; *laboriosidad frente a inferioridad* (de 5 a 11 años), en la que desarrolla el concepto de éxito y la sensación de orgullo en sus logros; e *identidad frente a confusión* (adolescencia), en la que desarrolla su identidad e independencia al tiempo que aprende a vivir en una estructura social.

9. Fritha Keith, «10 Modern Cases of Feral Children», Listverse, 7 de marzo de 2008, en <http://listverse./2008/03/07/10-modern-cases-of-feral-children/>; Dainius, «Shocking Real Stories of Feral Children Told with Dark Photos», BoredPanda, en <http://www.boredpanda.com/feral-children-wild-animals-photos-julia-fullerton-batten>, consultado el 19 de abril de 2016.

10. Kitty Stewart y Kerris Cooper, «Does Money Affect Children's Outcomes? A Review of Evidence on Casual Links», UNICEF, noviembre de 2013, en <http://www.unicef.org/socialpolicy/ files/CPI_October_2013.pdf>.

11. Lawrence M. Berger, Christina Paxson y Jane Waldfogel, «Income and Child Development», Science Direct, septiembre de 2009, en <http://www.sciencedirect.com/science/article/pii/S0190740909001108>.

12. También se conocen veinticuatro trastornos del desarrollo sexual (TDS). Las personas intersexuales tienen cromosomas XX y XY y tejido tanto testicular como ovárico. Algunos TDS son poco frecuentes; otros lo son tanto como los gemelos. En ciudades como Londres o Nueva York, se estima que unas cien mil personas pueden tener algún tipo de TDS.

13. «Understanding Gender», Gender Spectrum, en <https://www.genderspectrum.org/quick-links/understanding-gender>.

14. Alice Robb, «How Gender-Specific Toys Can Negatively Impact a Child's Development», *New York Times*, 12 de agosto de 2015, en <http://nytlive.nytimes.com/womenintheworld/2015/08/12/how-gender-specific-toys-can-negative-impact-a-childs-development>.

15. Thomas Armstrong, *Awakening Genius in the Classroom*, Alexandria, Virginia, Association for Supervision and Curriculum Development, 1998.

16. «The Components of MI», Multiple Intelligences Oasis, en <http://multipleintelligencesoasis.org/about/the-components-of-mi>, consultado el 27 de abril de 2016.

17. «Intelligence—Triarchic Theory of Intelligence», State University.com, en <http://education.stateuniversity.com/pages/2104/Intelligence-TRIARCHIC-THEORY-INTELLIGENCE.html>, consultado el 27 de abril de 2016.

4. Criar hijos fuertes

1. Sharon Jayson, «Teens Feeling Stressed, and Many Not Managing It Well», *USA Today*, 11 de febrero de 2014, en <http://www.com/story/news/nation/2014/02/11/stress-teens-psychological/5266739>.

2. «Promoting Children's Mental Health», Academia Estadounidense de Pediatría, en <https://www.aap.org/en-us/advocacy-and-policy/federal-advocacy/pages/mentalhealth.aspx>, consultado el 2 de junio de 2016.

3. Public Relations Staff, «APA Stress Survey: Children Are More Stressed Than Parents Realize», APA Practice Organization, 23 de noviembre de 2009, en <http://www.apapracticecentral.org/update/2009/11-23/stress-survey.aspx>.

4. Antes teníamos teléfonos móviles, pero no eran inteligentes. La mayoría ni siquiera tuvimos teléfono móvil hasta finales de los años noventa.

5. «The Top 20 Valuable Facebook Statistics—Updated August

2017», Zephoria Digital Marketing, 1 de agosto de 2017, en <https://ze-
phoria.com/top-15-valuable-facebook-statistics>.

6. En 2016, se estimó que los videojuegos eran una industria que
generaba 99.600 millones de dólares y estaba en expansión. Véase Mike
Minotti, «Video Games Will Become a $99.6B Industry this year as mo-
bile overtakes consoles and PCs», Venture Beat, en <https://venturebeat.
com/2016/04/21/video-games-will-become-a-99-b-industry-this-year-
as-mobile-overtakes-consoles-and-pcs>.

7. Christopher Bergland, «Social Media Exacerbates Perceived Social Isolation», *Psychology Today*, 7 de marzo de 2017, en <http://www.
psychologytoday.com/blog/the-athletes-way/201703/social-media-exa-
cerbates-perceived-social-isolation>. El equipo preguntó a mil setecientos ochenta y siete adultos de entre diecinueve y treinta y dos años por su
uso de las once plataformas de redes sociales que gozaban de mayor popularidad en el momento en que se llevó a cabo la investigación en 2014:
Facebook, YouTube, Twitter, Google Plus, Instagram, Snapchat, Reddit,
Tumblr, Pinterest, Vine y LinkedIn. Véase David Hopper, «Brian Primack, University of Pittsburgh—Social Media and Depression», *Academic Minute*, 18 de mayo de 2016, en <https://academicminute.org/2016/
05/brian-primack-university-of-pittsburgh-social-media-and-depres-
sion/>. Los participantes en el estudio que visitaban las redes sociales
cincuenta y ocho o más veces a la semana tenían un riesgo tres veces mayor de aislarse que los que las visitaban menos de nueve veces a la semana.
El vínculo con el aislamiento se halló incluso después de tener en cuenta
factores sociales y demográficos que podrían haber influido en los resultados. La coautora Elizabeth Miller, profesora de pediatría en la Universidad de Pittsburgh, dijo: «Aún no sabemos qué fue lo primero: el uso de
las redes sociales o la sensación de aislamiento social. Es posible que jóvenes adultos que se sentían socialmente aislados en un principio acudieran
a las redes sociales. Podría ser que su uso cada vez mayor de las redes
sociales les indujera por alguna razón a sentirse aislados del mundo real.
También podría ser una combinación de ambas cosas. Pero, incluso si el
aislamiento social era lo primero, no parecía mitigarse pasando tiempo en

internet, ni siquiera en situaciones supuestamente sociales». Véase «Social Media Is Increasing Loneliness among Adults, Say Psychologists», *HuffPost United Kingdom*, 3 de junio de 2017, en <http://www. huffingtonpost.co.uk/entry/social-media-making-adults-feel-lonely-study_uk_ 58bd26c9e4b05cf0f4016e11>.

8. «How Technology Is Changing the Way Children Think and Focus», *Psychology Today*, 4 de diciembre de 2012, en <https://www. psycho logytoday.com/blog/the-power-prime/201212/how-technology-is-changing-the-way-children-think-and-focus>.

9. Cris Rowan, «The Impact of Technology on the Developing Child», *Huffington Post*, 29 de mayo de 2013, en <http://www.huffingtonpost.com/cris-rowan/technology-children-negative-impact_b_3343 245. html>.

10. «Childhood Obesity Facts», Centros para el Control y Prevención de Enfermedades, 27 de agosto de 2015, en <http://www.cdc.gov/ healthyschools/obesity/facts.htm>.

11. Rowan, *op. cit.*

12. «Drug Use Hurts Families», Instituto Nacional sobre el Abuso de Drogas, en <https://easyread.drugabuse.gov/content/drug-use-hurts-families>, consultado el 31 de marzo de 2017.

13. PersilUK, «Free the Kids—Dirt Is Good», YouTube, 21 de marzo de 2016, en <https://www.youtube.com/watch?v=8Q2WnCkBTw0>.

14. «The Decline of Walking and Bicycling», Saferoutesinfo.org, en <http://guide.saferoutesinfo.org/introduction/the_decline_of_walking_and_bicycling.cfm>, consultado el 1 de agosto de 2016.

15. David Finkelhor, «Trends in Children's Exposure to Violence, 2003 to 2011», *JAMA Pediatrics* 168, n.º 6 (2014): 540. De 50 tendencias delictivas estudiadas, 27 disminuyeron de forma significativa y ninguna experimentó un aumento relevante entre 2003 y 2011. Recientemente, la página web Free-Range Kids publicó lo siguiente: el índice de delincuencia vuelve a ser el que era cuando el gas costaba 29 centavos el galón y antes de la televisión en color; las muertes de peatones, ciclistas y por accidentes de carretera tienen el índice más bajo desde hace décadas.

16. Doctora Lisa Firestone, «7 Tips to Raising an Emotionally Healthy Child», *Psychology Today*, 20 de noviembre de 2012, en <https:// www.psychologytoday.com/blog/compassion-matters/201211/7-tips-raising-emotionally-healthy-child>.

17. Victoria Tennant, «The Powerful Impact of Stress», Facultad de Educación de la Universidad Johns Hopkins, septiembre de 2005, en <http://archive.education.jhu.edu/PD/newhorizons/strategies/topics/ Keeping%20Fit%20for%20Learning/stress.html>. Continúa diciendo: «Los niveles elevados de la principal hormona del estrés, el cortisol, pueden deprimir el sistema inmunológico e incluso han contribuido a la incidencia del sida, la esclerosis múltiple, la diabetes, el cáncer, la aterosclerosis, la enfermedad de Alzheimer y la enfermedad de Parkinson».

18. Melissa Cohen, «Student Guide to Surviving Stress and Anxiety in College & Beyond», LearnPsychology, en <http://www. learnpsychology.org/student-stress-anxiety-guide>, consultado el 12 de mayo de 2017.

19. «Identifying Signs of Stress in Your Children and Teens», Asociación Estadounidense de Psicología, en <http://www.apa.org/helpcenter/stress-children.aspx>, consultado el 22 de noviembre de 2016.

20. Matthew Walker, *Why We Sleep: Unlocking the Power of Sleep and Dreams*, Nueva York, Scribner, 2017.

21. *Ibid.*

22. Arianna Huffington, *The Sleep Revolution: Transforming Your Life One Night at a Time,* Nueva York, Harmony Books, 2016, p. 20. [Hay trad. cast.: *La revolución del sueño*, Barcelona, Plataforma Editorial, 2016.]

23. Los libros de Matthew Walker y Arianna Huffington tienen excelentes pautas prácticas sobre cómo hacer esto, para ti y tus hijos. Ambos son muy recomendables. Véase también <http://www.thrive.com>.

24. «Report of the Commission on Ending Childhood Obesity», Organización Mundial de la Salud, 2016, en <http://apps.who.int/iris/ bitstream/10665/204176/1/9789241510066_eng.pdf?ua=1>, consultado el 30 de octubre de 2017.

25. John J. Ratey, *Spark: The Revolutionary New Science of Exercise and the Brain*, Nueva York, Little, Brown, 2008, p. 3.

26. Continúa: «Llevan nombres tales como factor de crecimiento insulínico tipo 1 (IGF-1; del inglés *insulin like growth factor*) y factor de crecimiento endotelial vascular (VEGF; del inglés *vascular endothelial growth factor*), y aportan una perspectiva sin precedentes de la relación entre cuerpo y mente. Aún hay muchas cosas que no sabemos de lo que sucede en el microambiente del cerebro, pero creo que lo que sí sabemos puede cambiar la vida de la gente. Y quizá la sociedad misma».

27. John J. Ratey, *op. cit.*, p. 5.

28. «A Conversation with Dr. Alison Gopnik», Asociación Nacional para la Educación de los Niños Pequeños, en <http://www.naeyc.org/files/tyc/file/TYC_V3N2_Gopnik.pdf>, consultado el 2 de junio de 2016.

29. Richard Louv, *Last Child in the Woods: Saving Our Children from Nature-Deficit Disorder*, Chapel Hill, Carolina del Norte, Algonquin, 2005, p. 3.

30. Alan Henry, «Surround Yourself with Nature to Boost Your Productivity», Lifehacker, 16 de enero de 2012, en <http://lifehacker.com/5876390/surround-yourself-with-nature-to-boost-your-productivity>.

31. Tim Smedley, «Swings, Slides and iPads: The Gaming Companies Targeting Kids' Outdoor Play», *The Guardian*, 11 de abril de 2016, en <http://www.theguardian.com/sustainable-business/2016/apr/11/ipads-playground-gaming-companies-targeting-kids-outdoor-play>.

32. Gever Tulley y Julie Spiegler, *50 Dangerous Things (You Should Let Your Children Do)*, Nueva York, New American Library, 2011, p. xv. [Hay trad. cast.: *50 cosas peligrosas (que deberías dejar hacer a tus hijos)*, Valencia, Litera Libros, 2016.]

33. Angela Lee Duckworth, «Transcript of "Grit: The Power of Passion and Perseverance"», TED, abril de 2014, en <https://www.ted.com/talks/angela_lee_duckworth_grit_the_power_of_passion_and_perseverance/transcript?language=en>.

34. «Six Declines of Modern Youth—Kurt Hahn», Wilderdom, 30 de agosto de 2004, en <http://www.wilderdom.com/sixdeclinesofmodernyouth.html>.

35. «Four Antidotes to the Declines of Modern Youth—Kurt

Hahn», Wilderdom, 10 de marzo de 2007, en <http://www.wilderdom.com/fourantidotes.html>.

36. «Philosophy», Outward Bound International, en <http://www.outwardbound.net/about-us/philosophy>, consultado el 3 de agosto de 2016.

5. Entender el propósito de la escuela

1. Para obtener información, véase Mark Muro, «Manufacturing Jobs Aren't Coming Back», *MIT Technology Review*, 18 de noviembre de 2016, en <https://www.technologyreview.com/s/602869/manufacturing-jobs-arent-coming-back>.

2. Jóvenes y niños juntos, es decir, todos los habitantes del planeta de veinticuatro o menos años, representan casi el 40 por ciento de la población mundial.

3. Mark Phillips, «Why We Need Vocational Education», *Washington Post*, 5 de junio de 2012, en <https://www.washingtonpost.com/blogs/answer-sheet/post/why-we-need-vocational-education/2012/06/04/gJQA8jHbEV_blog.html?utm_term=.90984ddd6e62>.

4. Estas incluyen: el museo Hammer de la Universidad de California en Los Ángeles (UCLA), el centro cultural Skirball, la biblioteca central de Los Ángeles y Readers of Homer, la iniciativa «Project 51: Play the LA River», el museo Chino Estadounidense, el museo Afroamericano de California, el museo de los GRAMMY y el Centro de Arte y Salud Mundial de la UCLA.

5. Además de participar en los talleres de artworxLA de Grado 1 de su escuela durante tres años, lo hizo en las sesiones extraescolares de once semanas de duración del Centro Artístico de Diseño y Street Poets (Grado 2). Mediante el programa de becas de artworxLA (Grado 3), asistió en 2014 al programa GRAMMY de sesiones de verano, de una semana de duración, del museo de los GRAMMY y, en el verano de 2015, exploró la escultura y la confección de artesanía en la UCLA.

6. Normalmente, las universidades de Estados Unidos buscan lo siguiente: matemáticas, de tres a cuatro años (álgebra, geometría, cálculo); lenguaje, cuatro años (composición, literatura, oratoria); ciencias sociales, de tres a cuatro años (historia, sociología, psicología, ciencias políticas, geografía, economía); ciencias, tres años (biología, química, física, geología).

7. Grace Fleming, «What Are Core Classes?», ThoughtCo, 11 de marzo de 2016, en <https://www.thoughtco.com/what-are-core-academic-classes-1857192>.

8. Para un análisis detallado de la creatividad y su mecánica, véase mi libro *Out of Our Minds: The Power of Being Creative*, Nueva York, Wiley, 2017.

9. El pensamiento crítico genera cada vez más interés y bibliografía. Para un buen punto de partida, véase Edward M. Glaser, *An Experiment in the Development of Critical Thinking,* Nueva York, Teachers College, Universidad de Columbia, 1941.

10. Ken Robinson con Lou Aronica, *Finding Your Element: How to Discover Your Talents and Passions and Transform Your Life*, Nueva York, Viking, 2014. [Hay trad. cast.: *Encuentra tu Elemento: El camino para descubrir tu pasión y transformar tu vida,* Barcelona, Conecta, 2013.]

11. Martin Seligman, *Flourish: A Visionary New Understanding of Happiness and Well-Being,* Nueva York, Free Press, 2011. [Hay trad. cast.: *La vida que florece*, Barcelona, Ediciones B, 2011.]

12. *Ibid.*

13. Tom Rath, *Well Being: The Five Essential Elements*, Nueva York, Gallup Press, 2011. [Hay trad. cast.: *La ciencia del bienestar: los 5 elementos esenciales*, Madrid, Alienta Editorial, 2011.]

14. *Ibid.*, p. 6.

15. *Ibid.*, p. 16.

16. Sonja Lyubomirsky, *The How of Happiness*, Nueva York, Penguin, 2008, p. 21. [Hay trad. cast.: *La ciencia de la felicidad*, Madrid, Urano, 2008.]

17. *Ibid.*

18. Matthieu Ricard, *Happiness: A Guide to Developing Life's Most Important Skill*, Nueva York, Little, Brown, 2007, p. 7. [Hay trad. cast.: *En defensa de la felicidad: un auténtico tratado de la felicidad*, Madrid, Urano, 2011.]

6. Elegir la escuela correcta

1. Para algunos ejemplos prácticos, véase *Escuelas creativas* y en especial el de la escuela primaria Grange en Inglaterra.

2. Véase, por ejemplo, *Arts Education Data Project, California Executive Summary Report*, Quadrant Research, octubre de 2016, en <http:// www.createca.dreamhosters.com/wp-content/uploads/2016/09/California-Data-Project-Executive-Summary-Report1.pdf>.

3. Desde entonces, mi charla «¿Las escuelas destruyen la creatividad?» se ha visto por internet más de cuarenta y siete millones de veces en ciento cincuenta países y es la charla más vista en la historia de la TED. Está claro que el mensaje llega. Aunque menciono las artes, la conferencia no trata específicamente de ellas: trata de la educación en su conjunto y de la necesidad de métodos de enseñanza y aprendizaje más creativos en todas las disciplinas. La respuesta a la charla confirmó que personas de muchos ámbitos —como las artes, las ciencias, la tecnología, las matemáticas, la vida pública y las empresas— están igual de preocupadas de que las políticas públicas hayan estado llevando a la educación por el camino equivocado y piensan que es esencial, por el bien de nuestros hijos y comunidades, que cambiemos de rumbo. Si tienes interés en verla, el vídeo de la charla completa está en YouTube, en <https://www.youtube.com/watch?v=5oNrxHX5GKU>.

4. En Reino Unido, la forma abreviada de *matemáticas* es el plural *maths*, no el singular *math*, como en Estados Unidos. Qué cosa, como ellos dicen.

5. Charlotte Svendler Nielsen y Stephanie Burridge, *Dance Education around the World: Perspectives on Dance, Young People and Change*, Nueva York, Routledge, 2015.

6. Según una evaluación del programa en la ciudad de Nueva York a lo largo de dos años realizada por Rob Horowitz, director asociado del Centro para la Investigación de la Educación en Artes de la Facultad de Magisterio de la Universidad de Columbia. Para obtener más información sobre este tema y sobre Dancing Classrooms, véase Audrey Cleo Yap, «Learning Empathy Through Dance», *The Atlantic*, 22 de enero de 2016, en <https://www.theatlantic.com/education/archive/2016/01/learning-empathy-through-dance/426498/>. Dancing Classrooms también figuró en el documental de 2005 *Mad Hot Ballroom*.

7. «Dancing Principals Special Edition—Toni Walker, Lehigh Elementary, Lee County, FL», Dancing Classrooms, 25 de abril de 2014, en <http://www.dancingclassrooms.org/principalspotlight>.

8. «Dancing Principals—Antwan Allen, St. Mark the Evangelist School, Harlem, NY», Dancing Classrooms, 19 de febrero de 2013, en <http://www.dancingclassrooms.org/principalspotlight>.

9. «Principal Spotlight», Dancing Classrooms, en <http://www.dancingclassrooms.org/principalspotlight>.

10. John J. Ratey, *Spark: The Revolutionary New Science of Exercise and the Brain*, Nueva York, Little, Brown, 2013, p. 8.

11. Como Ratey señala, Naperville 203 es un distrito escolar demográficamente favorecido: «De raza blanca en un 83 por ciento, con solo un 2,6 por ciento en la franja de renta baja, comparado con el 40 por ciento de población de renta baja que hay en todo Illinois. Sus dos escuelas de secundaria tienen un índice de graduación del 97 por ciento. Y los principales empresarios de la ciudad tienen compañías de corte científico como Argonne, Fermilab y Lucent Technologies, lo que indica que los padres de muchos alumnos de Naperville tienen estudios superiores. A Naperville le han tocado buenas cartas, tanto en lo referente al entorno como a la genética».

12. John J. Ratey, *op. cit.*, p. 15.

13. *Ibid.*

14. *Ibid.*, p. 22.

15. Informe *A Review of State and Regional Arts Education Studies*

redactado para Americans for the Arts por las doctoras Yael Z. Silk y Stacey Mahan, de Silk Strategic Arts LLC, y Robert Morrison de Quadrant Research, mayo de 2015, en <http://www.americansforthearts.org/sites/default/files/State_Status_Report_Final.pdf>. Para obtener más información, véase <http://www.quadrantresearch.org/group-list/priorresearch>.

16. Doctora Maryellen Weimer, «Five Things Students Can Learn through Group Work», Magna: Faculty Focus, 15 de marzo de 2017, en <https://www.facultyfocus.com/articles/teaching-professor-blog/five-things-students-can-learn-through-group-work>.

17. Lilian G. Katz, «The Benefits of Mixed-Age Grouping», *ERIC Digests* (mayo de 1995): 1-6, en <http://files.eric.ed.gov/fulltext/ED382411.pdf>.

18. Hay varios ejemplos en *Escuelas creativas*. Una búsqueda rápida en internet arrojará muchos más.

19. «Eric Schaps», Instituto Aspen, en <https://www.aspeninstitute.org/our-people/eric-schaps>, consultado el 31 de octubre de 2016.

20. Eric Schaps, «Creating a School Community», *Educational Leadership* 60, n.º 6 (marzo de 2003): 31-33, en <http://www.ascd.org/publications/educational-leadership/mar03/vol60/num06/Creating-a-School-Community.aspx>.

21. Para más información, véase <http://www.educationrevolution.org>.

22. Jerry Mintz, *School's Over: How to Have Freedom and Democracy in Education*, Alternative Education Resource Organization, 2017.

23. Para obtener más información sobre este movimiento, véase Instituto para la Educación Democrática en <http://www.democratic.co.il/en/local-municipalities>.

24. Si te estás planteando educar a tus hijos en casa, la revista *Parents* tiene una útil guía de recursos en <http://www.parents.com/kids/education/home-schooling/best-homeschooling-resources-online>.

25. Bridget Bentz Sizer, «Unschooling 101», PBS, en <http://www.pbs.org/parents/education/homeschooling/unschooling-101>, consultado el 8 de diciembre de 2016.

26. Algunos estados de Estados Unidos ponen muchas más trabas a la educación libre que otros. Si te estás planteando educar a tu hijo según esta metodología, es recomendable que te informes sobre la normativa y restricciones locales.

27. Earl Stevens, «What Is Unschooling?», The Natural Child Project, en <http://www.naturalchild.org/guest/earl_stevens.html>, consultado el 8 de diciembre de 2016.

28. Luba Vangelova, «How Do Unschoolers Turn Out?», MindShift, 2 de septiembre de 2014, en <https://ww2.kqed.org/mindshift/2014/09/02/how-do-unschoolers-turn-out/>. La cadena pública de radio y televisión KQED ha recopilado una lista de recursos para la educación en casa y libre en <https://ww2.kqed.org/mindshift/2014/06/17/guide-to-the-best-homeschooling-and-unschooling-resources>.

29. Ken Robinson con Lou Aronica, *Creative Schools: The Grassroots Revolution That's Transforming Education*, Nueva York, Penguin Random House LLC, 2015, p. 254. [Hay trad. cast.: *Escuelas creativas: la revolución que está transformando la educación*, Barcelona, Penguin Random House Grupo Editorial, 2015.]

30. Para más información, véase «What Is Steiner Education?», en <http://www.steinerwaldorf.org/steiner-education/what-is-steiner-education>.

31. Para más información, véase <http://www.summerhillschool.co.uk/about.php>.

7. IR AL ORIGEN

1. Alistair Smith, *High Performers: The Secrets of Successful Schools*, Carmarthen, Gales, Crown, 2011.

2. Sarah M. Fine, «A Slow Revolution: Toward a Theory of Intellectual Playfulness in High School Classrooms», *Harvard Educational Review* 84, n.º 1 (2014): 1-23.

3. Judy Willis, *Research-Based Strategies to Ignite Student Learning:*

Insights from a Neurologist and Classroom Teacher, Alexandria, Virginia, Asociación para la Supervisión y Desarrollo del Plan de Estudios, 2006.

4. Christopher Emdin, «Transcript of "Teach Teachers How to Create Magic"», TED, octubre de 2013, en <http://www.ted.com/talks/christopher_emdin_teach_teachers_how_to_create_magic/transcript?language=en>. Emdin es el fundador de Science Genius B.A.T.T.L.E.S. (del inglés Bring Attention to Transforming Teaching, Learning and Engagement in Science: poner atención en la transformación de la enseñanza, el aprendizaje y la motivación en ciencias), una iniciativa que muestra cómo llevar a las aulas las herramientas del hip-hop.

5. Kremer, William, «Does Confidence Really Breed Success?», *BBC News*, 4 de enero de 2013, en <http://www.bbc.com/news/magazine-20756247>, consultado el 30 de octubre de 2017.

6. «Overview», Building Learning Power, en <https://www.buildinglearningpower.com/about/>, consultado el 20 de junio de 2017.

7. Anthony F. Grasha, «A Matter of Style: The Teacher as Expert, Formal Authority, Personal Model, Facilitator, and Delegator», *College Teaching* 42, n.º 4 (1994): 143, en <http://www.jstor.org/stable/27558675?origin=JSTOR-pdf>.

8. Pasi Sahlberg, «Q: What Makes Finnish Teachers So Special? A: It's Not Brains», *The Guardian*, 31 de marzo de 2015, en <https://www.theguardian.com/education/2015/mar/31/finnish-teachers-special-train-teach>.

9. *Ibid.*

10. Amanda Ripley, «What Makes a Great Teacher», *The Atlantic*, enero-febrero de 2010, en <http://www.theatlantic.com/magazine/archive/2010/01/what-makes-a-great-teacher/307841>.

11. *Ibid.*

12. El éxito de los Edcamps en empoderar a los educadores ha sido reconocido por numerosas organizaciones, como el Departamento de Educación de Estados Unidos, la Asociación para la Supervisión y Desarrollo del Plan de Estudios (ASCD, del inglés Association for Supervision and Curriculum Development), las charlas TED y la Fundación Bill y

Melinda Gates. Más importante aún, ha tenido eco y muchos seguidores entre su colectivo fundamental: los educadores dedicados a mejorar su práctica profesional, el sector y el aprendizaje de los alumnos. Para obtener más información, véase <http://www.edcamp.org>.

13. Anthony S. Bryk, Penny Bender Sebring, Elaine Allensworth, Stuart Luppescu y John Q. Easton, «Organizing Schools for Improvement: Lessons from Chicago», Instituto Urbano de Educación, Universidad de Chicago, enero de 2010, en <https://consortium.uchicago.edu/publications/organizing-schools-improvement-lessons-chicago>.

14. Anne T. Henderson, Karen L. Mapp y Amy Averett, *A New Wave of Evidence: The Impact of School, Family, and Community Connections on Student Achievement*, Austin, Texas, Centro Nacional para las Relaciones de las Familias y Comunidades con las Escuelas, 2002.

15. Alfie Kohn, *The Homework Myth: Why Our Kids Get Too Much of a Bad Thing,* Cambridge, Massachusetts, Da Capo Press, 2008. [Hay trad. cast.: *El mito de los deberes: ¿por qué son perjudiciales para el aprendizaje y la convivencia familiar?*, Madrid, Kaleida Forma, 2013.]

16. El sondeo por internet de más de mil profesores estadounidenses de segundo de bachillerato que trabajaban a jornada completa fue realizado por Harris Poll para la Facultad de Educación de la Universidad de Phoenix. Véase <http://www.phoenix.edu/news/releases/2014/02/survey-reveals-how-much-homework-k-12-students-are-assigned-why-teachers-deem-it-beneficial.html>.

17. Centro Nacional para la Estadística en Educación, «Table 35: Average Hours Spent on Homework per Week and Percentage of 9th-through 12th-Grade Students Who Did Homework outside of School and Whose Parents Checked That Homework Was Done, by Frequency of Doing Homework and RaceEthnicity: 2007», en <http://nces.ed.gov/pubs2012/2012026/tables/table_35.asp>, consultado el 6 de septiembre de 2017.

18. Centro Nacional para la Estadística en Educación, «NAEP 1994 Trends in Academic Progress», noviembre de 1996, en <https://nces.ed.gov/nationsreportcard//pdf/main1994/97095a.pdf>.

19. Universidad de Phoenix, «Homework Anxiety: Survey Reveals How Much Homework K-12 Students Are Assigned and Why Teachers Deem It Beneficial», comunicado de prensa, 25 de febrero de 2014, en <http://www.phoenix.edu/news/releases/2014/02/survey-reveals-how-much-homework-k-12-students-areassigned-why-teachers-deem-it-beneficial.html>.

20. Allie Bidwell, «Students Spend More Time on Homework but Teachers Say It's Worth It», *US News & World Report*, 27 de febrero de 2014, en <https://www.usnews.com/news/articles/2014/02/27/students-spend-more-time-on-homework-but-teachers-say-its-worth-it>.

21. Harris Cooper, Jorgianne Civey Robinson y Erika A. Patall, «Does Homework Improve Academic Achievement? A Synthesis of Research, 1987–2003», *Review of Educational Research* 76, n.º 1 (2006), 1-62.

22. Duke Today, «Duke Study: Homework Helps Students Succeed in School, As Long as There Isn't Too Much», comunicado de prensa, 7 de marzo de 2006, en <https://today.duke.edu/2006/03/homework.html>.

23. Cooper reconoce muchas limitaciones en las investigaciones actuales sobre los deberes. Por ejemplo, apenas se ha investigado si la raza, el nivel socioeconómico o el grado de aptitud influyen en la importancia de los deberes para el rendimiento de los alumnos.

24. Duke Today, *op. cit.*

25. Katie Reilly, «Is Homework Good for Kids? Here's what the Research Says», *Time*, 30 de agosto de 2016, en <http://time.com/4466390/homework-debate-research>.

26. Maureen Healy, «New Trend: No Homework for Elementary Students», *Psychology Today*, 1 de agosto de 2017, en <https://www.psychologytoday.com/blog/creative-development/201708/new-trend-no-homework-elementary-students>.

27. Valerie Strauss, «What Happened When One School Banned Homework—and Asked Kids to Read and Play Instead», *Washington Post*, 26 de febrero de 2017, en <https://www.washingtonpost.com/news/answer-sheet/wp/2017/02/26/what-happened-when-one-school-

banned-homework-and-asked-kids-to-read-and-play-instead/?utm%5
fterm=.bce0129859e4>.

28. Healy, «New Trend: No Homework for Elementary Students».

29. Patrick F. Bassett, «When Parents and Schools Align», *Independent School*, invierno de 2009, en <http://www.nais.org/Magazines-Newsletters/ISMagazine/Pages/When-Parents-and-Schools-Align.aspx>.

8. Construir la relación

1. Allan Ahlberg, *Collected Poems*, Londres, Puffin, 2008.

2. Más información sobre Blackboard Learn en <http://www.blackboard.com/learning-management-system/blackboard-learn.aspx>. En <https://www.edmodo.com> hay información sobre Edmondo. Para saber más de Fresh Grade, consulta <https://www.freshgrade.com>.

3. El trabajo de Richard se describe en *El Elemento*. Hoy en día, es escritor, conferenciante y asesor de educación y desarrollo empresarial. Véase <http://www.richardgerver.com>.

4. Lisa Capretto, «38 Easy Ways to Get Involved in the Classroom», Oprah.com, 18 de junio de 2010, en <http://www.oprah.com/relations hips/38-Ways-for-Parents-to-Get-involved-in-the-Classroom-Back-to-School>.

5. Marian Wilde, «Real-Life Stories about Improving Schools», Great Schools, 2 de abril de 2015, en <http://www.greatschools.org/gk/articles/improving-schools>.

6. Jo Ashline, «5 Reasons You Should Volunteer at Your Child's School», *Orange County Register*, 15 de octubre de 2012, en <http://www.ocregister.com/articles/child-374635-reasons-volunteer.html>.

7. «National Standards for Family-School Partnerships: E-Learning Course Notes», PTA.org, septiembre de 2014, en <http://www2.pta.org/NewNationalStandards/story_content/external_files/National%20Standards%20Course%20Notes%20(v1.0).pdf>.

8. Otha Thornton, «Families: An Essential Ingredient for Student

Success and Excellent Schools», HuffingtonPost.com, 29 de abril de 2014, en <http://www.huffingtonpost.com/otha-thornton/families-an-essential-ing_b_5232446.html>.

9. «Home-to-School Connections Resource Guide», Edutopia, en <http://www.edutopia.org/home-to-school-connections-resource-guide>, consultado el 3 de septiembre de 2017.

10. Si crees que podría interesarte desempeñar esta labor, puedes obtener más información acerca de cómo presentarte como candidato al consejo escolar de tu estado en <https://www.nsba.org/services/state-association-services>.

11. Allyson Criner Brown, entrevista personal, 5 de octubre de 2016.

12. *Ibid.*

13. *Ibid.*

14. Para más información de esta y otras iniciativas relacionadas, véase President's Committee on the Arts and Humanities, 2015, *Turnaround Arts, summary of Key Finding*, <https//pcah.gov./sites/default/files/Turnaround%20Arts%20phase%201%20Final%20Evaluation–Summary.pdf>.

15. Para más información sobre Orchard Gardens, véase <http://orchardgardensk8.org/about/a-message-from-principal-megan-webb/>. Véase también <http://www.huffingtonpost.com/2013/05/02/orchard-gardens-andrew-bott_n_3202426.html>.

16. Para muchos otros ejemplos, véase *Escuelas creativas*.

17. Valerie Strauss, «Concrete Victories Won by the Anti-Testing Movement (So Far)», *Washington Post*, 17 de noviembre de 2015, en <https://www.washingtonpost.com/news/answer-sheet/wp/2015/11/17/concrete-victories-won-by-the-anti-testing-movement-so-far>.

18. «What We Believe», Parents Across America, 5 de julio de 2016, en <http://parentsacrossamerica.org/what-we-believe-2>.

19. «Advocacy», Centro para la Reforma de la Educación, en <https://www.edreform.com/issues/choice-charter-schools/advocacy>, consultado el 29 de noviembre de 2016.

20. «School Transformation», Parent Revolution, en <http://paren-trevolution.org/school-transformation>, consultado el 29 de noviembre de 2016.

9. Encarar el problema

1. Michelle Crouch, «22 Things Your Kid's Principal Won't Tell You», *Reader's Digest*, en <http://www.rd.com/advice/parenting/13-things-your-kids-principal-wont-tell-you>, consultado el 13 de septiembre de 2016.

2. «Services», Momentous School, Momentous Institute, en <http://momentousinstitute.org/services/momentous-school>.

3. *Ibid.*

4. Carolyn Gregoire, «School Stress: 8 Awesome Ways High Schools Are Helping Students Unplug & Recharge», *Huffington Post*, 4 de marzo de 2013, en <http://www.huffingtonpost.com/2013/03/04/school-stress-8-awesome-w_n_2806869.html>.

5. «The Unforgettable Amanda Todd Story», NoBullying.com, 19 de mayo de 2017, en <https://nobullying.com/amanda-todd-story>.

6. «School Bullying», NoBullying.com, 13 de octubre de 2016, en <https://nobullying.com/school-bullying>.

7. «Facts about Bullying», StopBullying.gov, 14 de octubre de 2014, en <https://www.stopbullying.gov/news/media/facts/#listing>.

8. «Designing Effective Bullying Prevention Response», NoBullying.com, 22 de diciembre de 2015, en <https://nobullying.com/designing-effective-bullying-prevention-response>.

9. «Facts about Bullying», StopBullying.gov.

10. Doctora Mary L. Pulido, «My Child Is the Bully: Tips for Parents», *Huffington Post*, 19 de abril de 2012, en <http://www. huffingtonpost.com/mary-l-pulido-phd/bullying_b_.html>.

11. *Ibid.*

12. La primera versión (DSM-1) se publicó en 1952 y desde enton-

ces se ha revisado de forma periódica. Las dos primeras ediciones no incluían el TDAH como trastorno reconocido. El DSM-2 se publicó en 1968 y aludía a la «reacción hipercinética de la infancia». La denominación *trastorno por déficit de atención* (TDA) apareció por primera vez en el DSM-3 en 1980. Las siguientes ediciones, incluida la más reciente, el DSM-5, pasaron a utilizar el término *TDAH*.

13. El metilfenidato actúa estimulando el sistema nervioso central e incrementando la concentración de dopamina en el cerebro. Fue aprobado por la Administración de Drogas y Alimentos de Estados Unidos como tratamiento para la hiperactividad a mediados de los cincuenta. La feniletilamina es una anfetamina, similar a la bencedrina, y se comercializa desde 1996.

14. Martine Hoogman *et al.*, «Subcortical Brain Volume Differences in Participants with Attention Deficit Hyperactivity Disorder in Children and Adults: A Cross-Sectional Mega-Analysis», *The Lancet* 4, n.º 4 (abril de 2017): 310-319, en <http://www. thelancet.com/pdfs/journals/lanpsy/PIIS2215-0366(17)30049-4.pdf>. Un equipo de neurocientíficos analizó los encefalogramas de más de tres mil doscientas personas de entre cuatro y sesenta y tres años (con una edad mediana de catorce años). Midieron el volumen de todo el cerebro así como el volumen de siete regiones cerebrales que se cree que están asociadas con el TDAH. Aproximadamente la mitad de los participantes tenía diagnosticado un TDAH.

15. «Myth #1: ADHD Is Not a Real Disorder», CHADD, en <http://www.chadd.org/understanding-adhd/about-adhd/myths-and-maleunderstandings.aspx#myth1>, consultado el 3 de septiembre de 2017.

16. Richard Saul, «ADHD Does Not Exist, Writes Dr. Richard Saul», *Time*, 14 de marzo de 2014, en <http://time.com/25370/doctor-adhd-does-not-exist>.

17. Mientras que solo el 2,8 por ciento de los niños nacidos en septiembre tienen el trastorno, la cifra aumenta al 4,5 por ciento en agosto, y se incrementa a un ritmo constante a lo largo del curso. En las niñas, aumenta del 0,7 por ciento al 1,2 por ciento. Los autores concluyen que la edad relativa puede influir en el diagnóstico de TDAH y la prescripción

de medicación en niños y adolescentes. Reconocen que la cuestión no es tan simple como suponer que la edad siempre influye en los síntomas de TDAH, «ya que vemos una cifra considerable de adultos que acude por primera vez a los servicios psiquiátricos con síntomas de TDAH [...] Nuestros hallazgos recalcan la importancia de tener en cuenta la edad de un niño dentro de un curso cuando se diagnostica TDAH». Sarah Knapton, «ADHD Is Vastly Overdiagnosed and Many Children Are Just Immature, Say Scientists», *The Telegraph*, 10 de marzo de 2016, en <http://www.telegraph.co.uk/news/science/science-news/12189369/ADHD-ADHD-is-vastly-overdiagnosed-and-many-children-are-just-immature-say-scientists.html>.

18. Informe de la empresa de estudios de mercado IBIS World, en <https://www.ibisworld.com/industry-trends/specialized-market-research-reports/life-sciences/prescription-drugs/adhd-medication-manufacturing.html>.

19. Véase Luke Whelan, «Sales of ADHD Meds Are Skyrocketing. Here's Why», *Mother Jones*, 24 de febrero de 2015, en <http://www.motherjones.com/environment/2015/02/hyperactive-growth-adhd-medication-sales/>; véase también Stephen P. Hinshaw y Richard M. Scheffler, *The ADHD Explosion: Myths, Medication, Money, and Today's Push for Performance*, Nueva York, Oxford University Press, 2014.

20. Alan Schwarz, «Still in a Crib, Yet Being Given Antipsychotics», *New York Times*, 10 de diciembre de 2015, en <https://www.nytimes.com/2015/12/11/us/psychiatric-drugs-are-being-prescribed-to-infants.html?_r=0>; Alan Schwarz, «Thousands of Toddlers Are Medicated for A.D.H.D., Report Finds, Raising Worries», *New York Times*, 16 de mayo de 2014, en <http://www.nytimes.com/2014/05/17/us/among-experts-scrutiny-of-attention-disorder-diagnoses-in-2-and-3-year-olds.html>.

21. Daniel Boffey, «Children's Hyperactivity "Is Not a Real Disease," Says US Expert», *The Guardian*, 30 de marzo de 2014, en <https://www.theguardian.com/society/2014/mar/30/children-hyperactivity-no-real-enfermedad-neurocientífico-adhd>.

22. «The Reality of ADHD—CANDAL Researchers», blog del IMH

(Nottingham), 14 de abril de 2014, en <https://imhblog.wordpress. com/2014/04/14/the-reality-of-adhd-candal-researchers>.

10. Pensar en el futuro

1. Ken Robinson con Lou Aronica, *Finding Your Element: How to Discover Your Talents and Passions and Transform Your Life*, Nueva York, Viking, 2014. [Hay trad. cast.: *Encuentra tu Elemento: El camino para descubrir tu pasión y transformar tu vida*, Barcelona, Conecta, 2013.]

2. Doctora Susan Newman, «How to Support and Nurture Your Child's Passions», *Psychology Today*, 20 de octubre de 2015, en <https://www.psychologytoday.com/blog/singletons/201510/how-support-and-nurture-your-childs-passions>.

3. Valerie Frankel, «Help Your Kid Find Her Passion», *Good Housekeeping,* 11 de octubre de 2011, en <http://www.goodhousekeeping.com/life/parenting/tips/a18330/nurture-your-childs-interests>.

4. Doctor Thomas Armstrong, «50 Ways to Bring Out Your Child's Best», Instituto Estadounidense para el Aprendizaje y el Desarrollo Humano, en <http://www.institute4learning.com/articles/50_ways.php>, consultado el 28 de abril de 2016.

5. La diferencia de ingresos es de más de 17.500 dólares anuales en los asalariados a jornada completa de entre veinticinco y treinta y dos años. En los nacidos en los años siguientes a la Segunda Guerra Mundial, la diferencia era de 9.690 dólares en 1979 (todos los dólares están ajustados). Danielle Kurtzleben, «Study: Income Gap Between Young College and High School Grads Widens», *US News & World Report*, 11 de febrero de 2014, en <http://www. usnews.com/news/articles/2014/02/11/study-income-gap-between-young-college-and-high-school-grads-widens>.

6. Jaison R. Abel y Richard Deitz, «Working as a Barista after College Is Not as Common as You Might Think», *Liberty Street Economics*, 11 de enero de 2016, en <http://libertystreeteconomics.newyorkfed.

org/2016/01/working-as-a-barista-after-college-is-not-as-common-as-you-might-think.html#.VpPCi_k4Fph>.

7. Travis Mitchell, «Chart: See 20 Years of Tuition Growth at National Universities», *US News & World Report*, 29 de julio de 2015, en <http://www.usnews.com/education/best-colleges/paying-for-college/articles/2015/07/29/chart-see-20-years-of-tuition-growth-at-national-universities>.

8. Jeffrey Sparshott, «Congratulations, Class of 2015. You're the Most Indebted Ever (for Now)», *Wall Street Journal*, 8 de mayo de 2015, en <http://blogs.wsj.com/economic/2015/05/08/congratulations-class-of-2015-youre-the-most-endebted-ever-for-now>.

9. Véase *One in Seven*, un informe del Proyecto «Measure of America» del Consejo de Investigación de Ciencias Sociales, en <http://www.measureofamerica.org>. Según el informe, «De las veinticinco áreas metropolitanas más grandes, Boston y Minneapolis-Saint Paul tienen el mejor rendimiento, con menos de uno de cada diez jóvenes desconectados de los mundos académico y laboral. En Phoenix, casi uno de cada cinco jóvenes está desconectado. Los afroamericanos tienen el mayor índice de desconexión juvenil, con un 22,5 por ciento. En Pittsburgh, Seattle, Detroit y Phoenix, más de uno de cada cuatro jóvenes afroamericanos está desconectado. Los latinos tienen el segundo mayor índice nacional de desconexión juvenil, con un 18,5 por ciento. En Boston, Nueva York y Phoenix, más de uno de cada cinco jóvenes latinos está desconectado».

10. «A Multilateral Approach to Bridging the Global Skills Gap», *Cornell HR Review*, 8 de mayo de 2015, en <http://www.cornellhrreview.org/a-multilateral-approach-to-bridging-the-global-skills-gap>.

11. «Table A. Job Openings, Hires, and Total Separations by Industry, Seasonally Adjusted», Oficina de Estadísticas del Trabajo de Estados Unidos, 8 de noviembre de 2016, en <http://www.bls.gov/news.release/jolts.a.htm>.

12. Bob Morrison, correspondencia personal, julio de 2017.

13. Patrick Gillespie, «America Has Near Record 5.6 Million Job Openings», CNNMoney, 9 de febrero de 2016, en <http://money.cnn.com/2016/02/09/news/economy/america-5-6-million-record-job-openings>.

14. «Report: Vocational Training Misses Mark in Many Countries», *U.S. News & World Report*, 18 de noviembre de 2014, en <http://www. usnews.com/news/articles/2014/11/18/report-vocational-training-mis- ses-mark-in-many-countries>.

15. «Our Story», Big Picture Learning, consultado el 14 de septiem- bre de 2017, en <http://www.bigpicture.org/apps/pages/index.jsp? uREC_ID=389353&type=d&pREC_ID=882353>.

16. Jillian Gordon, «Why I'm Telling Some of My Students Not to Go to College», *PBS NewsHour,* PBS, 15 de abril de 2015, en <http:// www.pbs.org/newshour/updates/im-telling-students-go-college>.

17. «Frequently Asked Questions», Asociación para la Educación Profesional y Técnica, en <https://www.acteonline.org/general.aspx? id=2733#many_cte>, consultado el 1 de diciembre de 2016.

18. Encontrarás una lista completa de los centros de formación téc- nico-profesional de Estados Unidos en <http://www.rwm.org>, y el De- partamento de Asuntos del Consumidor estadounidense proporciona una lista de las instituciones aprobadas por el Departamento para la Educación Postsecundaria Privada en <http://www.bppe.ca.gov/ schools/approved_schools.shtml>.

19. El programa empezó pagándole 28 dólares por hora y le aumen- tó a 42 dólares por hora una vez que adquirió las competencias requeri- das. Los programas de formación profesional a menudo son muy compe- titivos y pueden ser difíciles de encontrar. El Ministerio de Trabajo de Estados Unidos tiene un buscador de este tipo de programas en <https:// www.careeronestop.org/toolkit/training/find-apprenticeships.aspx>.

20. Patrick Gillespie, «The $100,000 Job: Be an Apprentice and Bridge the Jobs Skills Gap», CNNMoney, 2 de octubre de 2015, en <http://money.cnn.com/2015/10/01/news/economy/america-job-skills- gap-apprentice/?iid=EL>.

21. Mark Phillips, «Why Should We Care about Vocational Educa- tion?», Edutopia, 29 de mayo de 2012, en <https://www.edutopia.org/ blog/vocational-education-benefits-mark-phillips>.

22. Tom Duesterberg, «Austria's Successful Model for Vocational

Education: Lessons for the US», *Aspen Institute*, 1 de octubre de 2013, en <https://www.aspeninstitute.org/blog-posts/austria-s-successful-model-vocational-education-lessons-us>.

23. «Vocational Education and Training (VET)», Departamento Australiano de Estadística, 24 de mayo de 2012, en <http://www.abs.gov.au/ausstats/abs@.nsf/Lookup/by%20Subject/1301.0~2012Main%20Features~Vocational%20education%20and%20training%20(VET)~106>.

24. Gabriel Sánchez Zinny, «Vocational Education and Training: The Australian Model», *Huffington Post*, 28 de junio de 2016, en <http://www.huffingtonpost.com/gabriel-sanchez-zinny/vocational-education-and_b_10587444.html>.

25. Donna M. De Carolis, «We Are All Entrepreneurs: It's a Mindset, Not a Business Model», *Forbes*, 9 de enero de 2014, en <http://www.forbes.com/sites/forbeswomanfiles/2014/01/09/we-are-all-entrepreneurs-its-a-mindset-not-a-business-model/#7d90bcc4cd16>.

26. «Gap Year Data & Benefits», Asociación Sabática Estadounidense, 2015, en <http://americangap.org/data-benefits.php>.

27. «The Princeton Gap Year Network: Our Stories», Universidad de Princeton, en <https://gapyear.princeton.edu/blurbs>, consultado el 2 de diciembre de 2016.

28. Weezie Yancey-Siegel, «Taking a Gap Year to Get Ahead: 4 Alumni Share Their Stories», InformED, 18 de noviembre de 2016, en <http://www.opencolleges.edu.au/informed/alternative-education/taking-a-gap-year-to-get-ahead-4-alums-share-their-stories>.

29. Alex Gladu, «Taking a Gap Year before College: 3 Collegiette Success Stories», Her Campus, 12 de junio de 2013, en <http://www.hercampus.com/high-school/taking-gap-year-college-3-collegiette-success-stories?page=2>.

30. Puedes obtener más información sobre ellas en <https://usagapyearfairs.org/programs/>. La Asociación Sabática Estadounidense (<http://www.americangap.org>) también puede ser un útil recurso para informarse sobre estos programas.

Índice alfabético